AKAL/CLÁSICA 100
Clásicos Latinos
Director: Enrique Montero Cartel

AF218140

Maqueta: RAG

1.ª edición, 1989
1.ª edición en el presente formato, 2026

© Ediciones Akal, S. A., 2026
Sector Foresta, 1
28760 Tres Cantos
Madrid - España
Tel.: 918 061 996
atencion.cliente@akal.com
www.akal.com

ISBN: 978-84-460-5792-5
Depósito legal: M-8-2026

Impreso en España

Marco Tulio Cicerón

LA REPÚBLICA
LAS LEYES

Edición de
Juan María Núñez González

ARGENTINA / ESPAÑA / MÉXICO

Índice

LA REPÚBLICA

LAS LEYES

Cuadro cronológico

(Acontecimientos que atañen a los tratados La *República* y *Las Leyes*)

753 a.C. Fecha tradicional de la fundación de Roma. Comienzo del reinado de Rómulo.

509 Expulsión de Tarquinio el Soberbio y abolición de la monarquía.

451 Nombramiento de los *decenviros.*

202 Escipión Africano el Viejo derrota a Aníbal en Zama.

168 Emilio Paulo termina la guerra de Macedonia con la victoria de Pidna.

150 Cartago declara la guerra a Masinisa, rey de Numidia. Roma interviene declarando la guerra.

146 Tras un largo asedio, Cartago es conquistada y arrasada por Escipión Africano el Joven.

133 Destrucción de Numancia por Escipión Africano el Joven (Numantino). Tiberio Sempronio Graco, tribuno de la plebe, promueve una ley de reforma agraria y es asesinado por Publio Cornelio Escipión Nasica (pariente suyo).

129 Muere Escipión Emiliano Africano Numantino. En este año finge Cicerón que se mantiene el diálogo sobre la república por miembros del círculo de Escipión.

106 Nace en Arpino, municipio del Lacio, Marco Tulio Cicerón.

88-82 Primera Guerra Civil (Mario y Sila).

82-79   Dictadura de Sila. En 80, *Defensa de Sexto Roscio de Ameria* por Cicerón.

70   Consulado de Pompeyo y Craso. Abolición de la constitución de Sila: limitación del poder de los tribunos de la plebe, etc., Cicerón, edil designado. Proceso contra Verres.

66   Cicerón es nombrado pretor.

63   Consulado de Cicerón. Conjuración de Catilina.

60   Pompeyo, César y Craso firman un pacto secreto (Primer Triunvirato).

59   Consulado (primero) de César.

58   Cicerón marcha al exilio. Comienza la conquista de las Galias por César.

57   Regreso de Cicerón a Roma.

55   Cicerón publica su Diálogo sobre el orador *(De oratore)*.

54   Comienza la redacción de *La República* (¿y de *Las Leyes*?)

52   Muerte de Clodio.

51   Cicerón parte hacia Cilicia como gobernador.

49-48   Guerra Civil (César y Pompeyo).

48-44   Dictadura de César.

43   Segundo Triunvirato. Cicerón muere asesinado.

Introducción

I. *LA REPÚBLICA* Y *LAS LEYES,* OBRAS DE MADUREZ[1]

Cuando Cicerón comienza a redactar el primero de estos tratados cuenta ya con cuarenta y ocho años y hacía nueve que había ejercido la más alta magistratura de la república romana: el consulado. Nacido en 106 en Arpino, municipio del Lacio –la patria chica de otra gloria nacional, Mario–, de una familia de clase «ecuestre», fue enviado a Roma por su padre, donde pronto destacaría en sus estudios: a los veinte años compuso su primer tratado retórico *(La invención);* a los veinticinco interviene en su primera causa con la *Defensa de Quintio,* y al año siguiente obtiene un notable éxito con su *Defensa de Roscio de Ameria* –el caso de un hombre acusado de parricidio, en plena época de dictadura militar–; su prestigio como abogado comienza desde entonces un rápido ascenso y, a pesar de su condición de *homo novus* (personaje sin antecedentes en la carrera política), su futuro de estadista parece empezar a vislumbrarse. Quizá fuera este proceso (en el que por motivos de la defensa se vio obligado a acusar a un partidario del dictador Sila) lo que motivara[2] su salida de Roma en «viaje de estudios» en dirección a Grecia y Asia. Durante ese tiempo tendría ocasión de asistir a las clases de algunos de los más prestigiosos profesores de retórica y de filosofía de la época (Molón de Rodas, Posidonio, Antíoco de Ascalón, etcétera).

En 77 regresará a Roma y al año siguiente es nombrado *cuestor,* cargo con el que inicia su carrera política *(cursus honorum);*

---

[1] Cfr. E. Ciaceri, *Cicerone e i suoi tempi,* Milán, Génova, Roma, Nápoles, 1926-1930, 2 vols.; G. Boissier, *Cicéron et ses amis,* París, 1923 (19.ª).

[2] Pero véase en contra Ciaceri, *op. cit.,* vol. I, p. 31.

el 69 es *edil curul;* el 66, *pretor;* y por fin, en 63, *cónsul.* Durante el ejercicio de su mandato tuvo lugar un intento de golpe de Estado, la famosa *Conjuración de Catilina,* que el propio Cicerón se encargó de desenmascarar y desarticular, logrando la ejecución de sus cabecillas. Cicerón, un hombre hecho a sí mismo, a pesar de ser de una familia desconocida en los círculos de poder, era sin duda un convencido de la bondad de un sistema que le había permitido ascender al más alto honor. Por esa razón, probablemente, Cicerón era un conservador.

En 58, sus enemigos políticos, entre los que destacaba un aristócrata pasado a plebeyo, que por motivos demagógicos se hacía llamar Clodio, lograban hacer aprobar una ley –*Lex Clodia de capite ciuis Romani*– por la que se condenaba al exilio a todo aquel que hubiera transgredido el principio constitucional de no ejecutar a ningún ciudadano sin que previamente hubiera ejercido su derecho de apelación ante el pueblo[3]. Cicerón se vio obligado a marchar al destierro, antes incluso de ser condenado, y en él permanecería durante dieciocho largos meses; hasta que en 57, sus partidarios consiguen su regreso, en medio de manifestaciones populares y entusiastas. No obstante, la realidad le mostrará que las cosas habían cambiado en la república: un pacto secreto realizado entre tres líderes (César, Pompeyo y el rico Craso) amordaza los resortes democráticos y Cicerón se siente apartado de los centros de decisión y de poder. La república entra en una etapa en la que se vive una democracia más teórica que real[4].

En tales circunstancias comienza Cicerón a proyectar lo que parece constituir su testamento político. Ya en la *Defensa de Sestio* (uno de los que habían contribuido al regreso de Cicerón), en el año 56, aparecen unas reflexiones sobre los aristócratas, que los estudiosos[5] han visto como un avance de lo que será su tratado sobre la república.

Al año siguiente, en 55, publica su *Diálogo sobre el orador,* en el que se define a éste como un hombre esencialmente político, en cuya formación debe existir una combinación equilibrada de

---

[3] Cfr. Ciaceri, *op. cit.,* vol. II, pp. 51ss.

[4] La época en que se sitúa el diálogo sobre la república tenía, sin duda, para Cicerón características análogas a la realidad política que él encuentra a la vuelta del destierro.

[5] Cfr. P. Boyancé, «Les problèmes du *De Republica* de Cicéron», *IL* 16, 1964, 19s. (= *Études sur l'humanisme cicéronien,* Bruselas, 1970, 182s.). Del mismo, «*Cum dignitate otium*», *REA* 43 (1948), 5-22 (= *Études…* pp. 114-134).

cultura (griega) y práctica política (romana). Todo ello se daba en la persona del propio autor.

Parece que ya en 54 se encontraba redactando los primeros libros de su tratado político. En 51 se tiene noticias de que había sido publicado (véase más adelante). En este mismo año partirá para Cilicia, al ser nombrado gobernador de la misma. Durante el desempeño de este cargo llegará a obtener algunos éxitos militares que le hacen abrigar la esperanza de realizar la *entrada triunfal* en Roma, con la que se premiaba a los generales victoriosos. Pero, entonces, estalla la guerra civil entre César y Pompeyo. Cicerón se decide por el bando de este último. A pesar de todo, tras la victoria de César, se reconcilia con él y trata de convencerlo para que devuelva las libertades republicanas, sin conseguirlo. Tras el asesinato de César (en 44), el viejo conservador volverá de nuevo a la lucha política: en este tiempo pronunciará sus *Filípicas* contra Marco Antonio, lo que desencadena su muerte violenta (año 43).

2. GÉNESIS Y DESARROLLO DE LOS DOS DIÁLOGOS

2.1. *La República*

En su tratado *El arte adivinatoria* (*diu.* 2,2), publicado en 44, dirá Cicerón que escribió *La República* en la época en que sus manos sostenían el timón del Estado; noticia esta que entra en contradicción con los datos que nos proporciona su correspondencia. Algunos lo han explicado por motivo de una «ilusión retrospectiva», ya que en esos momentos acaba de vivir tiempos peores que los de su destierro, por causa de la dictadura de César[6].

En carta a su hermano Quinto (2,13,1) de mayo del 54, le manifiesta que estaba redactando una obra sobre política. En la correspondencia relativa al año 51, se da ya por publicada tal obra[7]. Sin embargo, en estos tres años ha tenido tiempo para cambiar varias veces el plan de la misma.

---

[6] Cfr. P. Boyancé, «Les problèmes …», *op. cit.,* p. 20 (= *Études…* 183).
[7] En carta a Ático de julio del 51 (*Att.* 5, 12, 2) parece dar a entender que su amigo ha leído ya *La República.* Un mes antes Celio Rufo (*epist.* 8,1,4) comunica a Cicerón que su tratado político anda en manos de todos.

El proyecto primitivo[8] comprendía la narración de un diálogo que habría sido mantenido por una serie de personas relevantes de la vida pública –Escipión Africano Numantino, Lelio, Filo, Manilio, Quinto Tuberón, Publio Rutilio, Fanio y Escévola– con ocasión de un *nouemdiale* (fiestas que duraban nueve días y que tenían como motivo una catástrofe) celebrado en el año 129, el mismo de la muerte de Escipión. El diálogo se iba a desarrollar en nueve libros, uno por cada día, y el tema de la conversación era el de la constitución política ideal así como del ideal de ciudadano.

En el mes de octubre o noviembre del 54, tenía ya redactados los dos primeros libros. Pero como, con ocasión de su estancia en Túsculo, hiciera una lectura de los mismos ante un grupo de amigos, uno de ellos, de nombre Salustio[9], le criticó la situación del diálogo en fechas tan lejanas que el lector iba a tener la impresión de que era ficticio todo lo que allí sucediera; que además, si fuera el propio Cicerón el que tomara parte en el coloquio, daría mayor «autoridad» a lo allí expuesto, por tratarse no de un teórico de la política, sino de una persona expertísima en los asuntos más graves del Estado: que también contaba con modelos griegos en este sentido, pues el propio Aristóteles había hablado directamente cuando escribió sobre este mismo tema; y que, por último, al intervenir el propio autor tendría ocasión de tratar acontecimientos recientes de suma importancia, sobre los que tendría que callar si el diálogo se situaba en el 129. Cicerón confiesa que no se había atrevido a hablar de temas actuales por temor a herir a personajes todavía vivos. No obstante, decide cambiar de plan y presentar un diálogo entre él mismo y su hermano Quinto[10].

Sin embargo, Cicerón volvió a la idea primitiva[11] situando el diálogo en el año 129, pero esta vez durante las *Ferias latinas,*

---

[8] Así se lo comunica a su hermano Quinto (*ad. Q. fr.* 3, 5, 1-2) en carta de octubre o noviembre del 54.

[9] Se duda de si se trata del historiador o bien de Gneo Salustio. Cfr. A. Michel, «L'art du dialogue dans le *De republica*», *REL*, 43, 1965, 258-60. Ciaceri, *op. cit.,* II, p. 181, n. 5.

[10] Vid. *loc. cit.* en nota 8.

[11] La actividad literaria de Cicerón en este periodo es intensísima. En carta a su hermano Quinto de mayo del 54, le comenta que si una vez terminado el tratado sobre política que está escribiendo no tuviera éxito, lo arrojaría al mar y se pondría a preparar otro, pues era incapaz de quedarse quieto (*ad. Q. fr.* 3, 12, 1).

que duraban tres días (unos días antes de la muerte del personaje principal, Escipión). Asimismo, redujo el número de libros
a seis, dos por cada día. Tal como fue publicada, contaba además con un personaje más (véase más adelante § 4.1).

2.2. Las Leyes[12]

En contraste con el número de noticias que tenemos sobre
La República, todo parece guardar silencio con respecto a *Las
Leyes.* Nada se dice sobre esta última en su correspondencia. Y
por si fuera poco, en la reseña que de sus obras filosóficas hará
Cicerón en el 44 (*diu.* 2,1), un año antes de su muerte, no se
menciona tal obra.

En *Bruto* (5,19), publicado en 46, Ático se lamenta de que
Cicerón no haya publicado nada más después de *La República.*
En *Debates de Túsculo* (año 45), se recuerdan los libros del primero de estos tratados, pero no los del segundo. En carta a
Ático (13,22,1), de ese mismo año, Cicerón le comunica a su
amigo que lo ha puesto como interlocutor en un diálogo –*Cuestiones académicas*– y que pensaba hacerlo más veces, lo cual su-
pondría que *Las Leyes* –en las que Ático es uno de los personajes que participan en el coloquio– no habrían sido publicadas
todavía. En otra carta a Ático (13,19,4) del año 45, le comunica
que sus trabajos recientes son «aristotélicos», en el sentido de
que el autor es a la vez personaje principal del diálogo (como
habría hecho Aristóteles en sus diálogos).

Éstos son algunos de los hechos que han llevado a pensar
que la publicación del tratado debió realizarse en una fecha
comprendida entre el 44 y el año de su muerte.

Algunos estudiosos modernos han querido ver una alusión
al tratado en cuestión en una carta a Varrón (*epist.* 9, 2, 5) del
año 46, lo que llevaría a pensar que es en esa época cuando Cicerón estaría trazando el plan de *Las Leyes.*

Hay no obstante otros datos que apuntan a una cronología
más temprana, concretamente a la época inmediatamente posterior a la de *La República.* En primer lugar, el hecho de que

---

[12] Cfr. E. Rawson, «The interpretation of Cicero's *De legibus*», *ANRW,* I,
4 (1973), 334-356. M. Schanz-C. Hosius, *Geschichte der römischen Literatur,*
I, Múnich, 1966 (4.ª), p. 498.

esta segunda obra fuera concebida como continuación y complemento de la anterior, aspecto éste al que se alude varias veces a lo largo de la misma (por ejemplo, *leg.* I, 15). Por otra parte, en el curso del diálogo se hacen alusiones continuas a acontecimientos anteriores al año 52 o de ese mismo año: muerte de Clodio, exilio de Cicerón y la rapiña de que fueron objeto sus bienes (*leg.* II, 42). Además, Apio Claudio Pulcro, Pompeyo y Catón de Útica son mencionados como personas todavía vivas: una de las leyes propuestas por Cicerón –que son las leyes de Roma– ordena que los pontífices velen por la correcta aplicación de las intercalaciones (*leg.* II, 21 y 29), lo que hace suponer que debe ser anterior a las reforma del calendario hecha por Julio César en el 46[13]; las medidas de este último sobre el gasto excesivo (*lex sumptuaria* del 46) hubieran hecho improbable que Cicerón hablara así sobre este mismo tema; en *Leyes* I, 9-12, Cicerón declara estar muy ocupado en el foro, por lo que no le queda tiempo suficiente para escribir, circunstancia que no parece corresponderse con momentos posteriores a la guerra civil; finalmente se ha detectado un notable paralelo entre una noticia de su correspondencia con Ático (6,1,18) y *Las Leyes* II, 15 en donde se alude al desacuerdo existente entre Teofrasto y Timeo sobre la existencia real de Zaleuco. Tal carta fue escrita desde Laodicea (Cilicia) un 20 de febrero del año 50.

De acuerdo con estos últimos datos, la redacción de nuestro diálogo debió realizarse inmediatamente después de *La República* y antes probablemente de su partida hacia Cilicia, que debió interrumpir su trabajo.

También se ha pensado que la obra ha podido ser escrita en épocas diferentes[14]: el segundo y tercer libro habrían sido redactados en torno al año 51 o 50, mientras que el primero –la extensa introducción sobre la Ley Natural– sería una adición posterior al año 46.

Una hipótesis muy sugestiva[15] es la de que el tratado en cuestión se hubiera originado en los primitivos tres libros de más de que iba a constar *La República* (véase el apartado anterior 2.1). De esa manera, uno y otro tratado habrían sido concebidos

---

[13] La cronología de la reforma juliana nos la proporciona Censorino (20,8).

[14] R. Reitzenstein, K. Büchner, etc. Vid. referencias en E. Rawson, *op. cit.,* pp. 337 y ss.

[15] Cfr. Ciaceri, *op. cit.,* II, p. 186.

como una sola obra y sólo posteriormente habrían sido separados los libros relativos a las leyes, a los que se les adaptaría la escena de apertura del diálogo mantenido por Cicerón, Ático y su hermano Quinto en Arpino, a orillas del Liris, escena que tendría preparada para servir de introducción al diálogo sobre el Estado, de acuerdo con el cambio de planes de que nos habla en su correspondencia (véase el apartado anterior). A su vez, habría redactado la escena relativa a los dos soles, que sería la que la sustituyera. Una vez terminado el primer tratado en la primavera del 51, se habría puesto a ordenar y desarrollar lo que no sería sino materia bruta, esto es, los libros separados del conjunto. Su marcha a Cilicia le impondría la interrupción de su labor (el viaje lo inicia en mayo del 51). Las continuas referencias que de *La República* se hacen en *Las Leyes* abonarían esta hipótesis. A la vuelta de Cilicia, la guerra civil constituiría un nuevo obstáculo a su trabajo. Probablemente, en torno al año 46 volvería a ponerse a ello. Y, quizá, nuevas interrupciones tuvieron lugar hasta el 43 en que sería la muerte la que le impediría darle fin. La obra fue probablemente conocida cuando Cicerón ya no vivía. Que se trata de una obra inacabada parece confirmarlo la existencia de pasajes que su autor apenas si dejó esbozados[16].

3. LO QUE CONSERVAMOS Y SU TRANSMISIÓN

3.1. *La República*[17]

El estado en que conservamos estos dos tratados nos da la impresión de esas piezas de cerámica antigua que se exponen en los museos tras haber sido reconstruidas en los talleres-laboratorio de arqueólogo: los fragmentos originales han sido unidos por medio de materiales más recientes, en ocasiones también antiguos, que permiten vislumbrar la estructura de la misma, pero no su contemplación íntegra. En medio del material de relleno nos es posible contemplar, a manera de islotes, trocitos originales de la pieza, que por sí solos no tendrían sen-

---

[16] Cfr. *leg.* I, 33, donde el epígrafe *El pasaje sobre la amistad* da toda la impresión de ser un esbozo, de acuerdo con la interpretación de Büchner en su edición del tratado (vid. más adelante en Bibliografía).

[17] Cfr. el prefacio a la 7.ª edición de Ziegler (1969) en la *Bibliotheca Teubneriana*.

tido y que, incluso, pueden proceder de otra pieza de las mismas características.

La *República* fue durante mucho tiempo una obra perdida. Los humanistas en su afanosa búsqueda de manuscritos no lograron recuperarla. Tan sólo la parte final del Libro sexto, el conocido pasaje de «El sueño de Escipión», se había conservado en la tradición manuscrita, gracias al comentario que del mismo hiciera Macrobio, un gramático de fines del siglo IV; comentario al que se le añadió el texto correspondiente.

En el siglo V, San Agustín leía todavía el texto íntegro de *La República* e incluso más tarde, en España, San Isidoro de Sevilla (siglo VI-VII d.C.). Desde entonces pasó a ser una obra perdida hasta el pasado siglo, excepción hecha del «Sueño»[18].

Pero en 1819 se produjo el milagro: Angelo Mai, a la sazón prefecto de la Biblioteca del Vaticano, adonde acababa de llegar desde Milán, y que más tarde llegaría a vestir la púrpura cardenalicia, descubrió con indescriptible alegría que bajo el comentario de San Agustín a los Salmos CXIX-CXL se podía leer un texto escrito en uncial, de mayor tamaño y trazo clarísimo, cuyo contenido no era otra cosa que La *República* de Cicerón; aunque sólo una cuarta parte de la obra, que venía a sumarse al pasaje conservado por tradición manuscrita. El estudio paleográfico mostró que, si bien el comentario a los salmos era del año 700 más o menos, el texto borrado (por el procedimiento del lavado), en cambio, no era posterior al siglo IV. Tal palimpsesto había permanecido durante casi un milenio en la biblioteca de Bobbio; en 1618 le había sido regalado, junto con otros libros, al papa Paulo V; y todavía tendrían que pasar otros dos siglos hasta que Mai, con la ayuda de Niebuhr, se encargara de hacer la edición *princeps* y así dar a la luz tan precioso tesoro. Esta primera edición se publicó a la vez en Stuttgart y Tubinga en 1822.

La lectura del palimpsesto necesitó de una ingente labor: no ya sólo la lectura del manuscrito propiamente dicha (para la que hubo que utilizar reactivos químicos que terminaron por dañarlo), sino la recomposición del mismo, pues el primitivo libro que contenía el texto de Cicerón había sido desencuadernado

---

[18] Se ha llegado a postular que el tratado fue conocido en la Edad Media y Renacimiento. Cfr. referencias en Schmidt, «Cicero *de re publica*: Die Forschung der letzten fünf Dezennien», *ANRW*, I, 4 (1973), 262-333 (concretamente 276 y ss.).

para lavarlo y, al componerlo de nuevo para copiar el texto de San Agustín, el orden de los cuaterniones había sido alterado.

El palimpsesto contiene los Libros primero y segundo casi completos; unas cuarenta páginas (veinte folios) del Libro tercero; cuatro páginas del cuarto; 6 páginas del quinto y ninguna del sexto; a este último, sin embargo, pertenece el pasaje conservado por la tradición textual. A todo ello deben añadirse los testimonios indirectos (ya recogidos por Mai), esto es, las citas, referencias, etc. que otros autores antiguos han hecho de esta obra; principalmente, San Agustín, Lactancio, San Isidoro, Nonio, Prisciano, Diomedes, Quintiliano, Séneca, etcétera.

3.2. *Las Leyes*[19]

A pesar de que probablemente no fueran publicadas nunca, *Las Leyes* se nos han conservado por el procedimiento normal de transmisión de las obras antiguas, esto es, por tradición textual manuscrita.

Todos los códices[20] que nos conservan el texto de este tratado parecen derivar de un solo ejemplar, que se perdió y que debió de estar mutilado en la parte final, razón por la cual no se ha conservado el final del Libro tercero, ni el resto de los libros de que debió constar esta obra.

En efecto, la obra debió constar de al menos dos libros más, pues se nos ha transmitido una cita hecha por Macrobio como perteneciente al Libro quinto (véanse *Las Leyes,* fragmento 5).

Pero se han llegado a postular ocho libros, e incluso más. Una de estas hipótesis parte de la cita de Macrobio (fragmento 5), en la cual se describe un momento inmediatamente posterior al mediodía; y como la cita parece claro que pertenece al proemio, Davies *(Davisius)* en 1727 propuso que debía faltar tanto de la obra como lo que había hasta allí; esto es, un total de ocho libros.

---

[19] Cfr. E. Rawson, *op. cit.,* 338 y ss. Para la tradición del texto: P. L. Schmidt, *Die Ueberlieferung von Ciceros Schrift «de legibus»,* Múnich, 1974.

[20] Hasta ahora todas las ediciones se han basado en los tres de Leiden, considerados fundamentales, el *Codex Vossianus* 84 (A) del siglo IX, el *Vossianus* 86 (B) de la misma época que el anterior y el *Heinsianus* (H) del siglo XI. No obstante, según los estudios de Schmidt (cfr. nota anterior), parece que hay otros códices que pudieran transmitirnos también el texto genuino.

4. ESTRUCTURA Y CONTENIDO[21]

4.1. *La República*

La edición definitiva de La *República* constaba de seis libros (tres menos que el proyecto primitivo), a razón de dos libros por cada uno de los días de las Ferias Latinas del año 129 a.c. La obra se presenta bajo la forma de diálogo narrativo o en relato: Cicerón nos dice que uno de los participantes en el diálogo, el entonces jovencito Publio Rutilio Rufo, se lo había contado en Esmirna, lugar en el que también se encontraba el personaje al que se le dedica esta obra[22]. El diálogo de cada uno de los días iba precedido de un prólogo –Libros primero, tercero y quinto– en los que el autor habla directamente a un personaje, a quien le dedica la obra, y cuyo nombre no nos es conocido, dado que nos falta el comienzo de este primer libro, aunque probablemente se trate de su hermano Quinto[23].

El prólogo del libro primero es el único que conservamos, si bien mutilado. En él, Cicerón realiza una apología de la vida dedicada a la práctica política, en contraste con la vida contemplativa del filósofo puro[24] , dedicado exclusivamente a la reflexión teórica, aunque sea sobre esos mismos problemas. Cicerón parece contraponer con ello dos culturas distintas: la romana y la griega; el espíritu práctico del pueblo romano, frente al reflexivo y teorético del griego. Esto es algo que está presente en toda la obra; por ejemplo, aunque Cicerón no oculta, sino que confiesa que sigue como modelo a Platón, se preocupa también de marcar las diferencias. Si Platón terminó su obra homónima con el relato del mito del panfilio Er –resurrección de un soldado que de esa manera narra lo que ha visto en la otra vida–, Cicerón recurrirá al expediente más racional

---

[21] Cfr. P. Boyancé, «Les problèmes…», *op. cit.*; A. Sáenz-Badillos, «Teoría política del *De re publica* de Cicerón», *Perficit* 1 (2.º s., 1967), 3-39. E. Rawson, *op. cit.*, 338 y ss. J. Andrieu, *Le dialogue antique. Structure et présentation*, París, 1954; R. Hirzel, *Der Dialog, ein literarhistorischer Versuch*, Leipzig, 1895 (2 vols.).

[22] *Vid. rep.* I, 13.

[23] Cfr. P. Boyancé, «Les problèmes…», *op. cit.*, p. 20 (= *Études…* p. 184) y la *Introduction* de E. Bréguet a su edición *La République* (vid. Bibliografía, I, p. 14).

[24] Cfr. sobre este tema P. Boyancé, «Cicéron et la vie contemplative», *Latomus* 26 (1967), 3-26 (= *Études…* 89-113).

–en el sentido de verosímil– de terminar la suya con el sueño de Escipión.

No obstante, si bien el hombre político ocupa en la mentalidad de Cicerón un puesto más importante que el filósofo especulativo –lo que hoy sería un científico puro–, su ideal humano es el que reúne, en proporción equilibrada, esos dos elementos: experiencia política y cultura filosófica. Este mismo criterio, el de la combinación de los distintos elementos que se dan en estado puro, es el que aplicará su «Escipión» a la hora de decidir la cuestión de cuál es la mejor de las constituciones políticas posibles, la mejor forma de Estado o de república[25].

En el primer libro tiene lugar la «puesta en escena» de los personajes que van a participar en el coloquio. La reunión de los mismos se ve propiciada por la inactividad pública derivada de la celebración de las Ferias Latinas del año 129 a.C. Varios familiares y amigos de Escipión Africano el Joven[26] deciden ir a visitarlo a su finca de recreo. Cicerón nos describe la llegada de cada uno de los contertulios: Quinto Tuberón[27], Lucio Furio[28], Publio Rutilio[29],

---

[25] Como puede verse por la definición de Escipión, *república (res publica)* no se corresponde con un régimen político determinado. De ahí la dificultad para verterlo al castellano, donde sí es equivalente. La mejor traducción quizá sea la de «constitución política» o «Estado», pero con ella se pierden todos los efectos de juegos de palabras, argumentos basados en su etimología, etc., aparte de que tampoco se corresponde exactamente. Por este motivo, en nuestra traducción hemos mantenido el término de «república» alternando con el de «Estado» y el de «constitución política» y otros. Ello exigirá del lector un esfuerzo para realizar la identificación con estos términos sinónimos (en nuestra traducción) y desprenderse de la idea de república como «régimen republicano».

[26] Publio Cornelio Escipión Emiliano Africano el Joven Numantino, hijo de Lucio Emilio Paulo, el vencedor de Pidna (en 168 a.C.) fue adoptado por un hijo de Africano el Mayor, de ahí que tomara sus apellidos y se convirtiera en el nieto adoptivo de Africano. Nacido en 185/4, fue cónsul en 147 y 134, y censor en 142. Su muerte ocurrió pocos días después de la fecha en que Cicerón sitúa este diálogo (129).

[27] Quinto Elio Tuberón, hijo de Quinto y de una hermana del Africano de nuestro diálogo –nieto por tanto de L. Emilio Paulo–. Fue tribuno de la plebe en 130 y adversario de Tiberio Graco (quien a su vez, era nieto de Africano el Mayor).

[28] Lucio Furio Filo, cónsul en 136. Su sobrenombre Filo le viene de su «amor» a la cultura griega. Se le consideraba –Cic. *Brut.* 108– un buen orador y el más erudito de los de su época.

[29] Publio Rutilio Rufo, historiador y filósofo, era un jovencito cuando tuvo lugar el diálogo. Fue procesado y condenado al destierro (en 92) primero en Mitilene y después en Esmirna, donde le refería a Cicerón las tertulias mantenidas en el círculo de Escipión.

Lelio[30], Espurio Mumio[31], Gayo Fanio[32], Quinto Escévola[33] y por último, Manio Manilio[34].

El diálogo correspondiente al primer día (Libros primero y segundo) es el mejor conservado en el palimpsesto. Como ya se ha dicho, el tema tratado es el de la mejor constitución política[35].

Escipión será el encargado de dirigir y mantener el debate, por estar especialmente capacitado para ello; en efecto, reúne en su persona los dos elementos integradores del ideal de estadista: la experiencia política y la posesión de la cultura (griega)[36].

Se va a proceder a un debate científico y por ello se aplicará con rigor un método propio de tal carácter. Así, se comienza definiendo todos los términos que van a ser utilizados en la exposición de las diferentes tesis. En primer lugar, *república,* de la que Escipión nos da su significado etimológico, esto es, «cosa del pueblo». A continuación se define el concepto de *pueblo,* por ser parte integrante de la anterior, como «reunión numerosa de individuos agrupados en virtud de un derecho por todos aceptado y de una comunidad de intereses»[37]. Posteriormente se pasa revista a los tipos posibles de república, que resultan ser tres fundamentales: *monarquía, aristocracia y democracia.* Ninguna de las tres es perfecta ni constituye el ideal de república. Las tres tienen ventajas e inconvenientes. La virtud que caracteriza a la primera es la del «amor paternal» que un rey justo siente por sus súbditos; en la segunda, la sabiduría que emana del consejo de «los mejores» *(optimates);* y en la tercera, la libertad. A su vez, la primera presenta el defecto de que una sola persona acapara todo el poder; en la aristocracia son unos po-

---

[30] Gayo Lelio Sapiens, nacido hacia 190; su íntima amistad con Escipión era bien conocida y ejerció como su lugarteniente en 146 en la guerra contra Cartago. Cónsul en 140. Fue también un célebre orador.

[31] Espurio Mumio, hermano de Lucio, el vencedor de los aqueos y destructor de Corinto. Fue un mediocre orador y seguidor de la filosofía estoica (Cic. *Brut.* 94).

[32] Gayo Fanio, yerno de Lelio. Discípulo de Panecio obtuvo el consulado en 122. También filósofo estoico, orador e historiador.

[33] Quinto Mucio Escévola, el Augur, también yerno de Lelio, fue cónsul en 117. Cicerón dice de él que no fue orador (*Brut.* 102).

[34] Manio Manilio, cónsul en 149. Fue un famoso jurista y jurisconsulto.

[35] Así se lo comunica a su hermano Quinto en carta de octubre/noviembre del 54 (*ad. Q. fr.* 3, 5, 1).

[36] Vid. *rep.* I, 34 y 36.

[37] *rep.* I, 39 «el derecho por todos aceptado» (*consensus iuris*) no debe entenderse en el sentido de «pacto social» a juzgar por lo que se dice en el libro III de *La República* y en el lib. I de *Las Leyes.*

cos los que privan al resto de toda participación, y por tanto, de libertad; y en democracia, por último, la propia igualdad que se pretende resulta injusta por no reconocer grados de dignidad[38]. Hay por otra parte un peligro que acecha a cada una de ellas, una especie de pendiente resbaladiza capaz de hacerlas precipitar y degenerar en *tiranía, oligarquía o facción* y *demagogia o tiranía de la masa*.

La forma ideal de constitución política resulta de una combinación equilibrada de estos tres modelos fundamentales. Y esta *constitución mixta* es la que precisamente se daba en Roma; en la Roma anterior a los Gracos, parece precisar Lelio[39].

Tras haber establecido que el ideal de república tenía una existencia real en la constitución romana, Escipión pasará –y éste es el tema del Libro segundo– a narrar la génesis y desarrollo de sus instituciones, hasta llegar a su etapa más perfecta. El motivo de contar la historia de Roma es mostrar que a una constitución tan perfecta se había llegado a través de una larga evolución y con el concurso de muchas y preclaras inteligencias. En eso radicaba la superioridad de Roma –decía Catón– frente a Atenas o Esparta, en que estas últimas debían sus constituciones a la acción y voluntad de una sola inteligencia y en un momento dado.

El Libro tercero se abría con otro preámbulo del que hoy no conservamos más que unos fragmentos.

Según un testimonio de San Agustín (véase *rep.* III, 1), Cicerón afirmaba en este segundo prólogo que el hombre había sido arrojado a este mundo como un ser débil e inclinado a las pasiones, pero dotado de una especie de llamarada divina (inteligencia). Esta potencialidad es la que dio origen a la civilización a partir de la articulación del lenguaje, el más amable de los vínculos humanos.

Tras una extensa laguna, Cicerón vuelve de nuevo al tema del primer prólogo, esto es, la oposición entre vida activa y vida contemplativa.

El tema sobre el que gira la conversación en este tercer libro nos es adelantado al final del segundo, donde se nos dice que de nada serviría lo hasta allí tratado si no se demuestra la necesidad de la justicia para gobernar y dirigir la república.

---

[38] *rep.* I, 43.
[39] *rep.* I, 71.

A pesar del estado fragmentario de este libro, podemos hacernos una idea aproximada de su contenido: el punto de arranque parecen haber sido los discursos que pronunció Carnéades, filósofo escéptico de la Academia Nueva, con ocasión de su estancia en Roma en el 155 como miembro de una embajada científica enviada por Atenas. Catón el Censor, que debió formar parte de su audiencia, se apresuró a denunciar el peligro que suponía para la estabilidad de las costumbres e instituciones romanas. El filósofo griego había dejado entusiasmados a los jóvenes romanos cuando, después de demostrarles en su primera intervención la necesidad de la justicia para el gobierno de los Estados, logró convencerles de lo contrario en su discurso del día siguiente.

Carnéades será representado, en su doble papel, por dos de los participantes en el diálogo ciceroniano: Lucio Furio Filo defenderá la tesis de la necesidad que se le impone al gobernante de cometer injusticias (por razón de Estado), no sin antes advertir que lo hace en calidad de «abogado del diablo» y que en modo alguno comparte tal tesis. La defensa de la justicia y de su necesidad para que exista una verdadera república correrá a cargo de Lelio, cuyo discurso se ha perdido casi en su totalidad.

El discurso del primero podría resumirse así: la justicia como tal no existe en la naturaleza. Es el interés –que puede resultar injusto– el que guía los actos humanos y, con ellos, los de los pueblos y naciones. Es más, si existiera, constituiría el colmo de la estupidez, pues todos los pueblos que destacan por su poderío, incluidos naturalmente los romanos, como dueños que son de todo el mundo, tendrían que restituir todo lo ajeno y volverse a sus cabañas en medio de la pobreza y de la miseria.

Poco es lo que conservamos de la respuesta de Lelio. A juzgar por el pequeño gran cambio que ha realizado Cicerón en esta representación de los discursos de Carnéades –colocar la causa de la justicia como conclusión– y el entusiasmo mostrado por Escipión al término del discurso de Lelio, a quien ensalza como orador (*rep*. III, 42), parece lógico pensar que fuera esta última tesis la que triunfara. Sin embargo, según Lactancio (véase *rep*. III, 30), Cicerón fue incapaz de refutar los argumentos en contra de la justicia.

Lelio defiende la existencia de una ley universal, basada en la naturaleza y de carácter eterno. Esto es, la existencia del derecho natural y, en consecuencia, de la justicia.

El argumento, sin duda alguna, más hiriente para la sensibilidad romana era el de que la dominación y sometimiento de otros pueblos era injusto, pero inteligente y útil. Sólo podemos entrever por dónde pudo ir la réplica: lo mismo que el alma manda sobre el cuerpo, lo mismo que la parte más noble de ésta domina sobre las pasiones, es justo también que un pueblo más capacitado «tutele» a los que no pueden gobernarse por sí mismos. La propia naturaleza nos da pruebas de ello al permitir que los más dotados dominen sobre el resto de los seres, con gran beneficio para éstos, que de otra forma perecerían[40].

Se ha perdido el final del Libro tercero. Escipión reanuda el tema de las diferentes constituciones, en la parte que todavía hoy podemos leer. Probablemente hablaría de la justicia como pilar fundamental de la constitución mixta.

Del Libro cuarto es muy poco lo que hoy se puede leer en el palimpsesto: apenas cuatro páginas. Como en los demás libros, contamos también con un puñado de citas y testimonios indirectos.

Según un testimonio de Lactancio (véase *rep.* IV, 1) y del propio Cicerón (*leg.* I, 27), Escipión hablaba aquí del cuerpo y del alma como constituyentes del ser humano.

Por lo demás, se puede entrever que este libro estaba dedicado al sistema de educación romana[41] que, a diferencia de la griega, no estaba regulada por el Estado, sino encomendada a la tradición familiar. Se insiste en las diferencias de uno y otro sistema educativo: frente a la libertad de costumbres del modelo griego, se afirma el sentimiento de la *uerecundia* («el pudor», «la vergüenza») que domina las costumbres romanas. El romano destaca, además, por su austeridad, frente a la suntuosidad de los demás pueblos: asimismo, por la lealtad, el sentimiento del deber y del servicio a la patria.

Al tercer y último día corresponden los Libros quinto y sexto. Del uno pueden leerse seis páginas en el palimpsesto y ninguna del otro. El Libro quinto se abría con un tercer prólogo que sólo podemos leer en parte gracias a una extensa cita de San Agustín (véase *rep.* V, 1-2). Ésta se inicia con un verso de Enio: «La República romana se alza firme / sobre los cimientos

---

[40] *rep.* III, 35 y ss.
[41] Vid. *rep.* IV, 3.

de sus antiguas costumbres y de sus hombres»[42]. El abandono de las primeras por falta de los últimos ha motivado que la república se conserve sólo en teoría, pues en la práctica ya hace tiempo que se perdió.

El tema del diálogo del Libro quinto parece ser el de la formación del ciudadano ideal *(de optimo ciui)*, del estadista y líder, que ha de entender su misión como la de un rector, moderador, tutor y servidor, al mismo tiempo, de la república. Este ciudadano ejemplar deberá ser un buen conocedor del derecho, pero también de la lengua y de la cultura griegas, en la misma medida que un médico o un piloto conocen las ciencias naturales o la astronomía: unos y otros utilizan sus conocimientos como auxiliares de su arte, que es el que constituye en definitiva su verdadera profesión. Aquí nos encontramos de nuevo con el concepto de la combinación equilibrada de elementos (teoría y práctica) como ideal de formación del hombre político. El objetivo de este dirigente –*princeps ciuitatis*– es conseguir las máximas cotas de felicidad para sus conciudadanos[43].

Como ya hemos adelantado, del Libro sexto sólo nos ha llegado –por tradición textual– el pasaje conocido como «El sueño de Escipión», además de unas cuantas citas; pero nada en el palimpsesto.

Tal como nos cuenta Macrobio (véase *rep.* VI, 5), es aquí donde se hace más evidente la imitación de Platón por parte del Arpinate, pero incluso aquí el romano le imprimiría su propia marca: en Platón[44] es un soldado (el panfilio Er) quien resucita a los pocos días de haber muerto en combate para narrar las experiencias que ha tenido en la otra vida. En Cicerón, en cambio, la revelación de lo que ocurre en el más allá se realiza mediante la técnica, más verosímil, de una aparición en sueños de personajes que ya habían dejado esta vida. El objeto de este episodio es exponer la creencia de Cicerón en el destino celeste de las almas de aquellos que habían ejercido con justicia las más altas responsabilidades políticas.

---

[42] *Moribus antiquis res stat Romana uirisque* (*Ann.* 500 V).
[43] Se ha postulado que Cicerón habría concebido la idea del *princeps ciuitatis* inspirándose en la figura de Pompeyo, y que Augusto la habría llevado por fin a la práctica. Cfr. el planteamiento del problema en P. Boyancé, «Les problèmes…», *op. cit.*, pp. 24 y ss. (= *Études, op. cit.*, 193 y ss.).
[44] Platón, *De re publica*, 10, 614b y ss.

4.2. *Las Leyes*

El tratado sobre las Leyes se nos presenta bajo la forma de diálogo dramático, esto es, las réplicas de los distintos personajes se suceden como si se tratara de un texto teatral (sin inserciones del tipo «dijo Escipión», «entonces intervino Lelio», etc.). Se trata por lo tanto de un diálogo actualizado, que ocurre al mismo tiempo en que se procede a la lectura del mismo. Ésa es la diferencia de estructura más llamativa con respecto a *La República,* al margen de que sólo participan tres personajes y de que uno de ellos sea el propio autor –los otros dos son su hermano Quinto[45] y su amigo Ático[46]–. Es aquí donde Cicerón parece haber seguido la sugerencia de su amigo Salustio (véase más arriba § 2.1). Por esta misma razón, quizá, es por lo que este tratado carece de prólogos del género que hemos visto en *La República.*

La escenificación tiene lugar en Arpino, la patria chica de Cicerón, que también lo era de Mario, el famoso reformador del ejército romano. La conversación se desarrolla durante un largo día de verano; se inicia a la vista de una encina, evocadora de reminiscencias poéticas, para trasladarse más tarde a orillas del Liris y ya en el libro II a una isla en el río Fibreno.

Como ya hemos adelantado, desde el comienzo de esta obra queda claro que ha sido concebida como continuación y complemento de *La República* (*leg.* I, 5). También se deja bien sentado que el modelo que las inspira es Platón (*leg.* I, 15).

El Libro primero hace de introducción general a toda la obra. Está dedicado a la reflexión filosófica sobre un controvertido tema que ya había aparecido en la obra anterior y también como soporte de la misma: el de la existencia del derecho natural, base de las leyes y del derecho positivo. La ley será definida como la razón suprema grabada en la naturaleza, que ordena hacer el bien y prohíbe y aparta del mal. El hombre, como partícipe de la razón, tiene un sentimiento innato de la misma. Se

---

[45] Quinto Cicerón, hermano menor de Marco, nació probablemente en 102 y llegó a *pretor* en 62. Poeta fecundo y escritor. Autor de un tratado (*De petitione consulatus* o *Comentariolum petitionis*) sobre cómo realizar la campaña para el consulado.

[46] Tito Pomponio Ático (109-32), el amigo y corresponsal de Cicerón; historiador y autor de un *Liber Annalis.*

llegará, pues, a la conclusión de que el derecho no ha sido establecido por convención, sino por naturaleza[47].

En el Libro segundo, tras una introducción –dialogada– tiene lugar la exposición y comentario de las leyes relativas a la religión y su culto. Una vez expuestas, sus interlocutores se dan cuenta de que se trata de leyes muy semejantes a las vigentes en Roma, observación que enseguida Cicerón se encargará de corroborar: si se ha demostrado en el tratado anterior que la mejor constitución política es la vigente en Roma, lógico es que también lo sean sus leyes.

El Libro tercero tiene una disposición análoga: tras un breve proemio, viene la exposición de las leyes relativas a las magistraturas. Al término de las mismas se vuelve a observar que son las mismas que tienen vigencia en Roma con muy pocas novedades. A continuación viene el comentario de la ley y, ya al final del libro, se nos anuncia que se tiene la intención de tratar (¿en un cuarto libro?) sobre las competencias y poderes de las magistraturas establecidas por la ley que se acaba de comentar.

5. FUENTES[48]

Que el modelo fundamental que ha inspirado a Cicerón la redacción de sus tratados políticos es Platón –autor también de una *República* y de unas *Leyes*– es algo no sólo evidente, sino que el propio autor se encarga de advertírnoslo; franqueza esta que le valdrá el elogio de Plinio el Viejo, quien por esa razón lo propone como modelo de honestidad literaria. En efecto, según el autor de *Historia Natural,* Cicerón declaraba en el primer prólogo de La *República,* que era «un compañero de viaje de Platón»[49]. Un comentarista del siglo V de nuestra era, Favonio Eulogio, nos transmite su impresión de cuál es la actitud adoptada por Cicerón ante sus modelos: «Cicerón al escribir sobre el tema de la república, lo hizo a imitación de Platón (…), pero Cicerón no se valió de elementos fabulosos en su

---

[47] Véase *supra* nota 37.
[48] Cfr. P. Boyancé, *Études... op. cit.,* pp. 56-63; 89-113; 186-189; 199-300. E. Bréguet, *Cicéron: La Republique,* París, Les Belles Lettres, 1980, vol. I, pp. 88-142. Para *Las Leyes* en concreto, E. Rawson, *op. cit.,* 340 y ss.
[49] Vid. *rep.* I, 1.

ficción, como aquel otro, sino (…) mediante un ingenioso pero racional sueño (…)»[50].

Por otra parte, tampoco se sabrían caracterizar ambos diálogos como platónicos desde el punto de vista de su forma literaria. De hecho se suele afirmar, siguiendo las declaraciones del propio Cicerón, que están escritos en estilo aristotélico *(more Aristoteleio)*. En efecto, es el propio autor el que nos dice que en el primero de sus tratados políticos ha utilizado el procedimiento *aristotélico* de poner prólogos a cada uno de los libros (a cada jornada, tal como fue definitivamente editado)[51]. Otros rasgos característicos de tal estilo parecen ser tanto el que el propio autor intervenga directamente en el diálogo como el que éste se desarrolle en forma de debate a favor y en contra de las tesis propuestas[52]. Desgraciadamente, no contamos con las obras juveniles del Estagirita –en forma dialogada–. Pero lo que sí parece claro es que Cicerón no sigue de manera pedisecua a sus modelos, sino que sintetiza y recrea sobre ellos; esto es, imita tratando de emular.

Con respecto a las fuentes temáticas, su actitud no parece ser distinta[53], su conocimiento del pensamiento político griego abarcaba tanto a los grandes filósofos como Platón o Aristóteles, como a sus epígonos de época helenística. La investigación de las fuentes que sirvieron a Cicerón para estos dos tratados ha visto sobre todo en Panecio a su principal inspirador. El propio Escipión del diálogo ciceroniano nos da cuenta de sus frecuentes conversaciones con él[54], así como con el historiador Polibio, cuyo libro VI de su *Historia de Roma* constituye otra de las fuentes de *La República*[55]: pero las posibles fuentes no se reducen a los hasta ahora citados, también Dicearco[56], los maestros de Cicerón de la época de su viaje a Grecia, Posidonio –discípu-

---

[50] *rep.* VI, 3.
[51] *Att.* 4, 16, 2.
[52] *Ad. Q. fr.* 3, 5, 1; *epist.* 1, 9, 23; *de orat.* 3, 80.
[53] Aparte de la bibliografía citada en n. 48, cfr. por ejemplo K. Büchner, «Zum Platonismus Ciceros. Bemerkungen zum vierten Buch von Ciceros Werk *De re publica*», *Festschrift H. Gundert*, Ámsterdam, 1974, pp. 165-184. P. Krarup, «Quelques remarques sur l'originalité de Cicéron dans ses oeuvres politiques», *Mélanges P. Boyancé*, Roma, 1974, pp. 445-460.
[54] *rep.* I, 15 y 34.
[55] Cfr. M. K. Fritz, *The Theory of the mixed Constitution in Antiquity*, Nueva York, 1954.
[56] Pero véase en contra I. G. Taifacos, «Il *De re publica* di Cicerone o il modello dicearcheo della costituzione mista», *Platon* 31 (1979), pp. 128-135.

lo de Panecio y condiscípulo de P. Rutilio Rufo– y el ecléctico Antíoco de Ascalón; e incluso el orador Isócrates, etc. De la mayoría de ellos no conservamos las obras que presuntamente han servido de fuente, las cuales nos son conocidas muchas veces indirectamente, a través del propio Cicerón.

El material acumulado por Cicerón para la redacción de estas obras, aparte de la enseñanza directa y oral que hubiera podido recibir de sus maestros, debió de ser inmenso y, desde luego, también abarcaba fuentes propiamente romanas. Esto, que parece claro para los Libros primero y tercero de *Las Leyes*[57], también lo es en el caso de *La República,* donde, por ejemplo, Cicerón dice que le gusta utilizar el término «orígenes» de Catón, y esto lo hace cuando va a pasar a hablar de la historia de las instituciones romanas[58].

Pero, a pesar de que se puedan rastrear los orígenes de tal o cual concepto (tradición), casi todos los estudiosos han visto en estas dos obras la impronta de lo romano y de lo peculiar del propio Cicerón (originalidad). Como ha señalado E. Bréguet[59], «al leer y cotejar *La República* de Platón y la de Cicerón, se tiene enseguida la impresión de una diferencia considerable. Casi podríamos hablar de "La Ciudad de Dios" en el caso de la *República* de Platón y de "La Ciudad de los hombres" a propósito de la de Cicerón».

6. BIBLIOGRAFÍA

6.1. *La República*

Las ediciones y estudios de los últimos cincuenta años hasta 1972 han sido reseñados por P. L. Schmidt, «Ciceros *De re publica:* die Forschung der letzten fünf Dezennien», *ANRW* 1, 4 (Berlín, 1973), 262-356. Posteriormente se han publicado otros

---

[57] Los propios contertulios reconocen tras la exposición que se trata de las leyes que tienen vigencia en la república romana (*leg.* II, 23 y III, 12).

[58] *rep.* II, 3. Por otra parte, en carta a su amigo Ático (*Att.* 4, 14-1), le pide que dé orden para que se le facilite la consulta de los libros de su biblioteca de Roma, especialmente los libros de Varrón, puesto que tiene que utilizarlos para la obra que está redactando en esos momentos. La carta es de mayo del 54, esto es, de cuando comienza a escribir *La República.*

[59] *Cicéron: La République, op. cit.,* p. 125.

estudios bibliográficos de esta obra: W. Suerbaum, «Studienbibliographie zu Ciceros *De re publica*», *Gymnasium* 85 (1978), 59-88. L. Perelli, «Rassegna di studi sul pensiero politico ciceroniano (1970-1984)», *BStudLat* 15 (1985), 51-84.

Entre los estudios más recientes debe destacarse la obra póstuma de K. Büchner, *M. Tullius Cicero, De re publica, Kommentar von...* Heidelberg, 1984. Por otra parte, continúa siendo una excelente introducción –con comentario bibliográfico– P. Boyancé, «Les problèmes du *De republica* du Cicéron», *IL* 16 (1964), 18-25 (=*Études sur l'humanisme cicéronien,* Bruselas, 1970, pp. 180-196). Para la historia del texto véase la introducción a la edición crítica de K. Ziegler, *Cicero, De re publica,* 1969 (7.ª ed., 1.ª en 1915) en la *Bibliotheca Teubneriana.* Del mismo autor, *Cicero, Staatstheoretische Schriften,* Berlín, 1974 (edición con traducción al alemán de *La República* y *Las Leyes*). En 1980 se publicó la esperada edición de *Les Belles Lettres,* en dos volúmenes, a cargo de E. Bréguet (en ella se da una nueva ordenación de los fragmentos respecto a la de Ziegler).

Sobre el *Sueño de Escipión,* véase además K. Büchner, *Somnium Scipionis. Quellen, Gestalt, Sinn,* Wiesbaden, 1976.

La República ha sido traducida varias veces al castellano: en la *Biblioteca Clásica* por F. Navarro y Calvo, Madrid, 1884 (junto con *Las Leyes*); y más recientemente en ed. Aguilar, Madrid, 1979, por Rafael Pérez Delgado y en ed. Gredos, Madrid, 1984, por Á. d'Ors. En la colección de autores griegos y latinos de la Universidad Nacional Autónoma de México, 1984, por Julio Pimentel Álvarez (edición bilingüe, pero el texto latino es el de C. W. Keyes, de la Loeb).

6.2. *Las Leyes*

Las ediciones de este tratado, desde la *princeps* en Milán, 1498 (Aldo Manuzio), hasta 1972, pueden verse en la de K. Büchner, *Cicero. De legibus l. III,* s.l., Mondadori, 1973, pp. 16 y ss., junto con una selecta bibliografía. A éstas se ha de añadir la bilingüe latín-castellano de Á. d'Ors, Madrid, 1953 (Clásicos Políticos).

Sobre su transmisión es fundamental el grueso volumen de P. L. Schmidt, *Die Ueberlieferung von Ciceros «De legibus»,* Múnich, 1974 (de este mismo autor se espera una nueva edición en la colección de Teubner).

Una sucinta introducción (con estado de la cuestión) a los problemas de datación, estructura, contenido y fuentes puede verse en E. Rawson, «The Interpretation of Cicero's *De legibus*», *ANRW*, 1, 4 (Berlín, 1973), 334-356.

Las traducciones al castellano que conocemos son sólo dos: de Francisco Navarro y Calvo en la Biblioteca Clásica, Madrid, 1884 (junto con *La República*) y la citada más arriba de Á. d'Ors.

A la pluma del humanista valenciano Juan Luis Vives se debe un comentario a *Las Leyes,* del que ahora contamos con edición crítica por C. Matheeussen en la colección *Bibliotheca Teubneriana,* 1984.

7. NUESTRA TRADUCCIÓN

Para *La República,* hemos seguido el texto constituido por la 7.ª edición de K. Ziegler (Teubner, 1969), considerado por los estudiosos como definitivo.

De *Las Leyes,* en cambio, el texto traducido ha sido el de la edición de K. Büchner (ed. Mondadori, 1973).

En uno y otro caso no nos hemos apartado del texto propuesto por sus editores, incluidos fragmentos y testimonios indirectos (materiales estos no originales pero que ayudan a hacerse una idea de lo perdido), así como de la ordenación de los mismos. Los testimonios indirectos aparecen destacados en cursiva y en nota se da noticia de su autor.

Asimismo, hemos respetado en nuestra traducción la estructura narrativa del diálogo sobre la república, manteniendo la diferencia original con el diálogo sobre las leyes, de estructura dramática (como un texto teatral).

Las abreviaturas de títulos de revistas, en las notas, se han hecho siguiendo el sistema de *Année Philologique*. La de autores latinos y sus obras, según el del *Thesaurus linguae latinae*.

LA REPÚBLICA

Libro I

… puesto que la patria nos proporciona más beneficios a la vez que es una madre más antigua que la que nos creó, no hay duda de que se le debe un reconocimiento mayor que a la propia madre…[1].

[… *Sabed que al cotejar distintos autores he descubierto que los antiguos han sido copiados literalmente, sin citarlos, por algunos de los autores más prestigiosos y cercanos a nuestra época; y no precisamente con aquella finalidad que constituye una de las virtudes de Virgilio, esto es, la de emularlos; ni con aquella sinceridad tan propia de Cicerón, quien en su tratado sobre la república confiesa que es un compañero de viaje de Platón; y en la «Consolación» por la muerte de su hija declaró: «sigo a Crantor», haciendo lo mismo con respecto a Panecio en su tratado sobre los deberes*[2].

… Además, también es posible la recusación pública de los eruditos. Eso es lo que hizo Cicerón, cuyo talento estaba fuera de toda duda; y para sorprendernos, lo hizo por medio de un defensor… «ni… los más instruidos. No quiero que sea Manio Persio quien lea esto. Quiero que lo haga Junio Congo.» *Y si Lucilio, el creador del estilo satírico, consideró que debía expresarse así; y Cicerón, que tenía que imitarlo, especialmente al escribir «la República», ¡con cuánta más razón nos mantenemos nosotros lejos del alcance de cualquier crítico!*[3].

… de la que ésos se apartan… [4].

… sin duda, toda la discusión de ésos, aunque en ella aparecen las más ricas fuentes de la virtud y de su ciencia, no obstan-

---

[1] Fragmento citado por Nonio, 426, 8.
[2] Testimonio de Plinio, *nat. praef.*, 22.
[3] Testimonio de Plinio, *nat. praef.*, 22.
[4] Fragmento citado por Arus., VII, 457 K.

te, comparada con sus acciones reales, me temo que no parece
que hayan aportado tanta utilidad a los negocios humanos
cuanto entretenimiento a sus ocios…[5].

… Ni Cartago hubiera sido tan gran potencia durante casi
seiscientos años sin una organización política y un sistema de
instrucción…[6].

… empuje[7]… habrían liberado, ni Gayo Duelio, Aulo Atilio
y Lucio Metelo del terror que suponía Cartago[8]; los dos Escipiones[9], no habrían apagado con su propia sangre el incendio na-
ciente de la segunda guerra púnica; ni, una vez avivado con mayores bríos, lo habría debilitado Quinto Máximo[10]; ni Marco
Marcelo[11] lo habría aplastado; ni Publio el Africano[12] lo habría
obligado a replegarse al interior de las murallas enemigas, tras
haberlo arrancado de las mismas puertas de Roma.

Marco Catón[13], persona desconocida y nueva en la carrera política, hacia quien todos los que tenemos interés por las mismas
cosas nos sentimos atraídos, como si se tratara de un modelo de
efectividad y de virtud, pudo muy bien haber disfrutado del ocio
en Túsculo, un sitio saludable y cercano. Pero, como un loco –así
piensan ésos[14]– sin que le obligara ninguna necesidad, prefirió, ya

---

[5] Fragmento citado por Lactancio, *inst.*, 3, 16, 15.

[6] Fragmento citado por Nonio, 526, 8.

[7] Aquí comienza el palimpsesto. Al texto perdido del principio parecen
corresponder los anteriores fragmentos y testimonios.

[8] Todos ellos comandantes del ejército romano durante la Primera Guerra Púnica: Gayo Duelio (264-241), cónsul en 260, derrotó a los cartagineses
en la batalla naval de Milas (Sicilia). Aulo Atilio Calatino, cónsul de los años
258 y 254, también dirigió con éxito batallas navales en la misma guerra. Lucio Cecilio Metelo fue cónsul en 251 y 247.

[9] Comandantes de la Segunda Guerra Púnica: Publio Cornelio Escipión,
cónsul en 218 (padre del Africano) y su hermano Gneo Cornelio Escipión,
cónsul en 222.

[10] Quinto Fabio Máximo Verrucoso «Cunctator», cónsul por quinta vez en
209. Debe su epíteto (*cunctator:* «el retardador o contemporizador») a su táctica
dilatoria empleada en esta guerra.

[11] Marco Claudio Marcelo, cónsul por quinta vez en 208 (la primera en 222).

[12] Publio Cornelio Escipión Africano (el Viejo), cónsul en 205 y en 194;
vencedor de Aníbal en la batalla de Zama (202 a.C.). De ahí el epíteto de Africano.

[13] Marco Porcio Catón, el Censor (234-149); como Cicerón, que es un
ferviente admirador suyo, no tenía antecedentes familiares en la carrera política, de la que, sin embargo, alcanzaron los más altos cargos. Famoso por su
severidad en el desempeño de su cargo (de ahí su apelativo), constituye para
Cicerón el modelo de ciudadano romano, orgulloso de su nacionalidad.

[14] Es evidente que se refiere a los epicúreos, cuyo ideal de vida se aparta
de la actividad política como perturbadora de la tranquilidad y de la paz de

en su extrema vejez, arrojarse en medio de estos oleajes y tempestades, a vivir placenteramente en aquella tranquilidad y ocio.

Pero poseer la virtud no es suficiente, como el conocer una   II 2
técnica, si no se ejercita ésta; es más, en el caso de una técnica, aun cuando no la practiques, te queda al menos su conocimiento teórico; la virtud radica por completo en el ejercicio de sí misma. Y el ejercicio más importante de la virtud consiste en el gobierno de la ciudad y en conseguir la perfección real, no teórica, en esos mismos aspectos que ésos proclaman en sus aulas.

Nada han enseñado los filósofos, al menos cuando lo han hecho con rectitud y honradez, que no haya sido puesto en práctica y confirmado por quienes han regulado el derecho en las ciudades. En efecto, ¿de dónde nos viene la piedad o de quiénes la religión? ¿De dónde el derecho de gentes o incluso este llamado civil? ¿De dónde la justicia, la lealtad y la equidad? ¿De dónde el sentimiento de vergüenza, el dominio de sí mismo, el rechazo de lo deshonroso y el deseo de gloria y de honorabilidad? ¿De dónde la fortaleza en los sufrimientos y peligros? Por supuesto que de aquellos que, tras haber aprendido estos principios en sus estudios e instrucción, confirmaron unos con sus costumbres y sancionaron otros con leyes. Es más: cuentan que Jenócrates[15],   3
uno de los más notables filósofos, al serle preguntado qué conseguirían con ello sus discípulos, les respondió que aprenderían a realizar por su propia voluntad aquello que las leyes les iban a obligar a hacer. Por lo tanto, el ciudadano que consigue, por medio del poder y de las penas impuestas por ley, que todos realicen aquello para lo que los filósofos apenas si son capaces de convencer a unos pocos con su palabra, ése ha de ser considerado superior incluso a los propios maestros que investigan ese tema. Pues, ¿hay algún discurso de ésos, por excelente que sea, que pueda ser valorado más que una ciudad bien organizada por su derecho público y sus costumbres? Del mismo modo que «las ciudades grandes y poderosas», como las llama Enio[16], han de

---

espíritu; no en vano, para ellos, la felicidad consistía en el placer, la tranquilidad y el ocio. Pero no sólo se refiere a éstos, quizá (cfr. P. Boyancé, «Les problèmes…», *op. cit.*, p. 21).

[15] Jenócrates de Calcedón (396/5-315); segundo jerarca de la Academia platónica y amigo de Aristóteles.

[16] Quinto Enio (239-169 a.C.), poeta famoso, sobre todo, por su poema épico *Anales*, donde cantaba la historia de Roma (no quedan más que fragmentos de sus obras). La cita es de *Ann.* 579 V².

ser preferidas a los pueblecitos y fortines, así también los que
están al frente de esas ciudades, por su sabiduría política y por su
prestigio, están muy por encima –es mi opinión– incluso desde
el punto de vista intelectual, de quienes no tienen ninguna experiencia en la actividad política. Y ya que nos vemos empujados a
aumentar los recursos del género humano y nos afanamos con
nuestras reflexiones y esfuerzos en lograr para los hombres una
forma de vida más segura y más rica, siendo su propia naturaleza
la que nos estimula a satisfacer este deseo, mantengamos con
firmeza el camino que siempre fue de los mejores y no prestemos
oídos a esas señales que tocan a retirada, e intentan hacer volver
atrás incluso a los que ya están en primera línea.

III 4   A estas razones tan seguras y claras les son opuestas, por
parte de quienes discrepan y son contrarios a las mismas, en
primer lugar, las penalidades que se han de sufrir en la defensa
de la república; despreciable impedimento, sin duda, para una
persona atenta y activa; y es despreciable este argumento no
sólo en el caso de empresas importantes, sino también en las
mediocres; en lo que se hace por afición o por deber o incluso
en los negocios. Aducen además los riesgos que representa
para la vida; al tiempo que un vergonzoso temor a la muerte se
presenta por parte de éstos como obstáculo para unos hombres valerosos, a quienes suele parecer una desgracia mayor el
morir de muerte natural y en la vejez que el hecho de que se les
dé la oportunidad de poder entregar por la patria una vida
que, de todas formas, han de entregar a la naturaleza. Pero es
en el siguiente aspecto, en el que se creen con más argumentos
y elocuencia: cuando realizan el recuento de las calamidades
sufridas por las personas más ilustres, así como de las injusticias que esas personas recibieron de la ingratitud de sus conciudadanos.

5   En efecto, con relación a esto hay también ejemplos, y además, entre los griegos: Milcíades[17], el vencedor y dominador de
los persas, cuando todavía no había sanado de las heridas que
recibiera luchando cara a cara en la más gloriosa de sus victorias, derramó entre las cadenas que le echaron sus conciudadanos la vida que había salvado de los dardos de sus enemigos. Y

---

[17] Milcíades, ateniense, vencedor de los persas en la batalla de Maratón
(490 a.C.). Fue herido en el sitio de Paros, acción que resultó un fracaso, por
lo que fue condenado por los atenienses.

Temístocles[18], que expulsado de la patria a la que él había liberado, huyendo de quienes le perseguían no se refugió en los puertos de Grecia, gracias a él salvados, sino en las bahías de la barbarie a la que él había asolado. Y no faltan tampoco ejemplos de la volubilidad y crueldad de los atenienses contra sus más relevantes ciudadanos; casos que, nacidos y reproducidos entre aquellas gentes, se han contagiado incluso de una ciudad tan severa como la nuestra, según dicen.

Se recuerda, en efecto, el exilio de Camilo[19], la aversión contra Ahala[20], el odio suscitado por Nasica[21], la expulsión de Lenate[22], la condena de Opinio[23], el exilio voluntario de Metelo[24], el brutal desastre de Gayo Mario[25]... matanzas de personajes importantes o las terribles calamidades que siguieron poco después a la mayoría de ellos. Pero ya ni siquiera se abstienen de pronunciar mi nombre, y porque consideran que conservan su vida en paz gracias a nuestra firme decisión política y al riesgo de nuestra propia vida, sus quejas con relación a mí son más rigurosas e incluso afectuosas. Pero, yo no podría decir fácilmente por qué, cuando esos mismos atraviesan los mares por el afán de aprender o de ver tierras...

---

[18] Temístocles, vencedor de los persas en la batalla de Salamina (480 a.C.), sufrió el ostracismo en 471 y sólo encontró asilo en la corte del rey Artajerjes; murió en Magnesia años más tarde.

[19] Marco Furio Camilo, dictador en 396 a.C., tomó la ciudad de Veyes tras un largo asedio. Por una irregularidad cometida con el botín obtenido, desencadenó la ira de los dioses contra Roma y tiene que exilarse en Ardea; más tarde volverá para liberar a Roma de los galos.

[20] Gayo Servilio Ahala, Jefe de la Caballería (*magister equitum*) del dictador Cincinato, dio muerte a Espurio Melio y tuvo que exilarse.

[21] Publio Cornelio Escipión Nasica, cónsul en 138, dirigente del partido aristocrático, sufrió las iras de los populares por su responsabilidad en la muerte de Tiberio Graco y fue enviado a Asia en una misión que encubría su exilio.

[22] Publio Popilio Lenate, cónsul en 132, enemigo de Tiberio Graco, tuvo también que marchar al exilio ante las acusaciones de Gayo Graco.

[23] Lucio Opinio, cónsul en 121, dirigió la represión contra Gayo Graco y sus partidarios. Se dejó sobornar por Yugurta y fue condenado, muriendo en el exilio.

[24] Quinto Cecilio Metelo Numídico, cónsul en 109, vencedor de Yugurta. También hubo de marchar al exilio por negarse a prestar juramento de acatamiento a las leyes agrarias de Saturnino (en 100 a.C.).

[25] Gayo Mario, paisano de Cicerón (ambos naturales de Arpino). Vencedor de cimbrios y teutones y reformador del ejército. Dirigió la represión contra Saturnino en el año 100; abandonado por todos, queda al margen de la política hasta el 90. Vuelto a Roma, es declarado enemigo público por Sila y tiene que huir a África. En 87 puede volver, tras ser elegido cónsul Cina; es entonces cuando instaura el terror en medio de grandes matanzas de nobles.

(Faltan dos páginas en el palimpsesto)

IV 7 ... al terminar mi consulado, después de haber jurado al tiempo que hacía lo mismo el pueblo romano, reunido en asamblea, que la república estaba salvada, vi fácilmente compensados los cuidados y sufrimientos por tantas injusticias. Aunque nuestras desgracias[26] supusieron más honores que sufrimientos y no tanto pesar como gloria; aunque recibí una alegría por la añoranza de los hombres de bien mucho mayor que el dolor que me produjo la alegría de los malvados; sin embargo, si hubiera sucedido de otra forma, como ya dije, ¿cómo podría yo quejarme, si me hubiera sucedido cualquier cosa no imprevista, ni más grave de lo que esperaba, en pago a tan grandes servicios por mí prestados? En efecto, ya fuera porque a mí me había sido posible recoger mayores frutos de mi ocio que a los demás a causa de los variados atractivos de mis aficiones intelectuales, en las que me he desenvuelto desde mi niñez, o porque si ocurriera una gran desgracia a todos, no teniendo que sufrir unas consecuencias especiales sino iguales que ellos, no dudaría en exponerme a las más gravísimas tempestades o, incluso, a los mismísimos rayos, con tal de defender la seguridad de mis conciudadanos y de procurar la paz a los demás, aun a riesgo de mi

8 propia vida. En efecto, la patria no nos engendró ni nos crio con la condición de no esperar de nosotros ningún –podríamos decir– alimento, y en cambio, sí suministrarnos un refugio seguro para nuestro ocio y un lugar tranquilo para nuestro descanso, sirviendo ella misma sólo a nuestros propios intereses; al contrario, lo hizo para recibir ella misma, como rédito, para su propio interés, el mayor número y lo mejor de los productos de nuestro espíritu, de nuestro talento y de nuestra capacidad política; y devolvernos a nosotros, para nuestro beneficio particular, sólo cuanto a ella misma pudiera sobrarle.

V 9 Ahora bien, no se ha de prestar oídos a esos subterfugios a los que algunos recurren para excusarse a sí mismos con el fin de mejor disfrutar de su inactividad; por ejemplo, cuando dicen que la mayor parte de los que acceden a la administración de la república son personas nada dignas de merecer, con quienes hasta el hecho de ser comparado resulta despreciable; y que, en

---

[26] Cicerón alude a las consecuencias de su actuación durante la conjuración de Catilina, el año 63 a.C., a causa de la cual tuvo que partir al exilio.

cambio, enfrentarse a ellos resulta desafortunado y peligroso, sobre todo, cuando la masa ha sido instigada. Y que, por lo tanto, no es de sabios tomar las riendas, si no se va a poder refrenar la furiosa e indomable violencia del populacho. Ni tampoco es de hombres libres luchar con adversarios corruptos y salvajes, ni exponerse a los golpes del ultraje, ni estar dispuesto a recibir afrentas en modo alguno soportables para un sabio. Como si para los hombres de bien, los valerosos y los dotados de coraje hubiera alguna causa más justa para dedicarse a las tareas del Estado que el no tener que obedecer a los malvados, ni soportar que la república sea destrozada por aquéllos; pues, ellos por sí mismos no serían capaces de prestarle auxilio aunque lo desearan.

⁣Quién puede estar de acuerdo con aquella excepción que VI 10 hacen cuando dicen que el sabio no ha de asumir ninguna responsabilidad política, a no ser que las circunstancias y la necesidad lo obligaran? Como si a alguien pudiera presentársele una situación más imperiosa que la que se nos presentó a nosotros. ⁣Qué podría haber hecho entonces si no hubiera sido cónsul? Además, ⁣cómo hubiera podido ser cónsul, como era, si no hubiera seguido con rigor esa carrera desde mi niñez, gracias a la cual, yo que era por nacimiento del orden ecuestre, tenía la posibilidad de llegar al más alto cargo?[27]. No hay posibilidad, en efecto, de servir a la república de manera espontánea o cuando a uno le viene en gana, aunque se vea amenazada por los peligros, si no se está en una posición tal que te permita hacerlo.

Sobre todo, lo que me suele causar más asombro de la argu- 11 mentación de esos hombres tan cultos es lo siguiente: que los mismos que niegan que se pueda pilotar una nave cuando el mar está tranquilo, esos mismos declaren que se pondrían al frente del timón cuando el mar se encuentre más embravecido, para hacer algo que ni aprendieron ni nunca se preocuparon por saber. Ésos acostumbran a manifestar públicamente y a jactarse incluso de que nunca han estudiado nada relacionado con los sistemas de creación de las repúblicas y de su defensa, así como de que tampoco enseñan nada sobre ello; y consideran

---

[27] Cicerón, como Catón o Mario, son de esas personalidades que tuvieron que partir de cero. «Homines novi», esto es, sin ascendencia política, hubieron de recorrer todos los grados de la carretera política –cursus honorum– hasta llegar a la presidencia de la República –cónsul–.

que tal ciencia se ha de dejar en manos, no de hombres sabios e inteligentes, sino en las de quienes han adquirido experiencia de este género. Entonces, ¿cómo se entiende que prometan su ayuda a la república sólo si les obligara la necesidad, si declaran que no saben regir una república cuando ninguna necesidad apremia, situación ésta en la que es mucho más fácil? Es más: aunque fuera cierto que el sabio no suele descender por su propia voluntad a los asuntos públicos, de no verse obligado por las circunstancias, pues en ese caso no rehusaría su deber, no obstante, yo seguiría pensando que en modo alguno la ciencia política ha de ser descuidada por el sabio, sobre todo, porque tendrá que tener dispuestos todos aquellos recursos que ignora, por si algún día tuviera que utilizarlos.

VII 12   Si me he extendido mucho en lo anterior, ha sido porque tenía proyectado y concebido presentar en esta obra un coloquio sobre la república. Y, temiendo que se considerara como algo inútil, sentí la obligación de disipar, en primer lugar, las dudas sobre el hecho de dedicarse a la política. Y, no obstante, si alguno se deja llevar por el prestigio de los filósofos, ponga un poco de atención y oiga a quienes gozan de mayor prestigio y fama entre los hombres más cultos; los cuales, aunque no hayan ejercido nunca el gobierno directamente, no obstante, puesto que han realizado tantas investigaciones y escritos sobre cuestiones de Estado, yo, personalmente creo que, en alguna manera, han desempeñado tareas propias del Estado. Y respecto a éstos a los que los griegos llamaron los Siete Sabios[28], compruebo que casi todos se han ocupado de lleno de los asuntos públicos. Y, en efecto, no hay ninguna actividad en la que la condición humana se acerque más a la de los dioses que en la de fundar ciudades nuevas o en la de conservar las ya fundadas.

VIII 13   Sobre este tema, puesto que en nuestra persona concurre tanto el haber conseguido algo digno de memoria en nuestra gestión de los asuntos públicos, como el haber adquirido cierta facultad para la exposición de las teorías políticas, y no sólo por la práctica, sino también por nuestro interés en su aprendizaje y

---

[28] Los «Siete Sabios»: Tales de Mileto, Bías de Priene, Pítaco de Mitilene, Solón de Atenas, Periandro de Corinto, Cléobulo de Lindo y Quilón de Esparta. Los tres últimos, a veces, son reemplazados por otros nombres. Cicerón (*de orat.* 3, 34, 137) dice que todos ellos, excepto Tales, estuvieron al frente de sus ciudades.

enseñanza…[29], podríamos tratar estos asuntos, sobre todo, porque entre mis antecesores unos han sido muy perfeccionistas en sus tratados, pero de ellos no consta ninguna actividad pública; los otros, aunque elogiables por su actuación, han sido torpes en la exposición teórica. Por otra parte, no es un sistema nuevo e inventado por mí lo que voy a exponer, sino que voy a reproducir un recuerdo que guardo en mi memoria: el debate que mantuvieron los hombres más ilustres y sabios de nuestra ciudad, pertenecientes todos ellos a la misma época y que nos fue relatado, a ti y a mí –tú entonces eras un muchacho–, por Publio Rutilio Rufo[30], en aquella ocasión en que pasamos juntos varios días en Esmirna; en esta conversación creo que no se pasó por alto nada de lo que verdaderamente atañe a los sistemas políticos.

En el año del consulado de Tuditano y Aquilio[31], con ocasión de las ferias latinas, Publio el Africano[32], el hijo de Paulo, había decidido pasarlas en su finca de recreo, y habiéndole manifestado sus amigos más cercanos la intención de visitarle más de una vez durante estos días[33], en la misma mañana de las fiestas se presentó, el primero de ellos, Quinto Tuberón, hijo de su hermana. Tras saludarlo amistosamente, Escipión, en medio de grandes muestras de alegría, le dijo:

—¿Cómo tú tan temprano, Tuberón? Estos días de fiesta te brindaban una magnífica oportunidad para abrir tus libros.

Entonces Tuberón:

—Yo tengo todo el tiempo libre para ocuparme de mis libros, pues ellos nunca están ocupados; en cambio, lo que es extraordinario es encontrarte a ti en pleno ocio, sobre todo con la agitación política actual[34].

Entonces aquél (Escipión):

—¡Por Hércules, que me has encontrado más ocioso de obra que de espíritu!

IX 14

_____

[29] Ziegler señala aquí una laguna.
[30] Cónsul en 105.
[31] Marco Aquilio y Gayo Sempronio Tuditano fueron cónsules en 129 a.C.
[32] Publio Cornelio Escipión Emiliano Africano (el Joven). Véase *Introducción* § 4.1.
[33] Se trata de las fiestas de la Confederación de ciudades latinas (las ferias latinas), en honor de Júpiter Lacial. Durante esos días se paralizaba toda actividad política. Se celebraban sobre el Monte Albano y su fecha era variable, siendo el cónsul el encargado de fijarla.
[34] Sin duda, derivada de la puesta en práctica de la ley Sempronia (promovida por Tiberio Sempronio Graco).

Y Tuberón:

—Pero también conviene que relajes tu mente, pues somos muchos los que estamos dispuestos a compartir contigo este tiempo de ocio, tal es lo que convinimos, si ello pudiera servirte de agrado.

(ESCIPIÓN):

—Con mucho gusto; a ver si nos diera por tratar, aunque sea poco tiempo, cuestiones de tipo teórico.

x 15   Entonces Tuberón:

—¿Quieres, Africano, ya que en cierto modo me estás invitando a ello y pareces tener la intención de contestarme, que veamos qué hay de ese otro sol del que se ha hablado en el Senado, antes de que lleguen los otros? Pues, no son pocos ni sin importancia los que afirman haber visto dos soles[35] como para desconfiar de ellos en lugar de buscarle una explicación racional al fenómeno.

En ese momento Escipión:

—¡Cuánto desearía tener aquí, con nosotros, a nuestro amigo Panecio[36], quien con tanto interés suele investigar este y otros fenómenos celestes! Pero, yo, Tuberón –ya que a ti puedo decirte claramente lo que pienso–, no estoy muy de acuerdo en nada de esto con nuestro amigo; pues, aquello cuya naturaleza apenas podemos entrever hipotéticamente, es afirmado por aquél de manera que da la impresión de que se pueda ver claramente con los ojos o tocar con las propias manos. Yo, normalmente, considero más sabio a Sócrates, porque abandonó toda preocupación de este género, diciendo que las investigaciones sobre la naturaleza o bien son superiores a lo que puede aspirar la razón humana, o bien no atañen en nada a la vida de los hombres.

16   (TUBERÓN):

—No sé, Africano, por qué razón la tradición enseña que Sócrates[37] rechazó toda discusión sobre esta materia y que se dedicó a indagar solamente sobre la vida y la moral. ¿Se puede citar algún autor que ofrezca una información más rica sobre aquél que Platón? Pues, en muchos pasajes de sus libros aparece Sócrates hablando de forma que, incluso cuando dialoga sobre la

---

[35] Se trata del fenómeno de parhelio.

[36] Panecio de Rodas (*ca*. 180-110), filósofo estoico; tuvo escuela en Roma a la que asistió Escipión; regresó a Atenas después de 135.

[37] El pensamiento de Sócrates (469-399) es conocido a través de los escritos de su discípulo Platón (429-347).

moral, sobre las virtudes o sobre el Estado, se afana, no obstante, en aplicar a estas cuestiones los números, la geometría y la harmonía, a la manera de Pitágoras[38].

Entonces Escipión:

—Así es, como dices. Pero, yo creo, Tuberón, que tú habrás oído que Platón, tras la muerte de Sócrates, emprendió viaje, por razones de estudio, en primer lugar a Egipto, después a Italia y a Sicilia, con el fin de aprender a fondo los descubrimientos de Pitágoras y que frecuentó mucho a Arquitas de Tarento[39] y a Timeo de Locro[40], y que encontró los comentarios de Filolao[41], y que, como en aquel tiempo era muy grande la fama de Pitágoras en esos lugares, se dedicó a frecuentar la compañía de los pitagóricos, entregándose a sus estudios. Y así, como su afecto por Sócrates tuviera carácter de exclusividad, siendo su voluntad atribuirle todo a él, llegó a combinar la gracia y el ingenio del diálogo socrático con la oscuridad característica de Pitágoras y la seriedad de tan gran número de ciencias.

Acababa de decir esto Escipión, cuando de pronto vio acercarse a Lucio Furio[42]; tras saludarlo, lo cogió cariñosamente y lo colocó en su propio lecho[43]. En ese mismo momento, como llegara Publio Rutilio[44] –que nos refirió esta conversación–, lo saludó y lo mandó sentarse también al lado de Tuberón.   XI 17

En ese momento intervino Furio:

—¿De qué habláis? ¿Acaso nuestra llegada ha interrumpido vuestra conversación?

—En absoluto –respondió el Africano–; pues tú acostumbras a poner interés en escudriñar cosas del género de las que hace poco ha propuesto tratar Tuberón; y también nuestro querido Rutilio solía indagar conmigo cuestiones de este tipo ante las mismas murallas de Numancia[45], en alguna que otra ocasión.

---

[38] Pitágoras (s. VI), natural de Samos, desarrolló su actividad en la Italia meridional.

[39] Arquitas de Tarento (s. IV). Con él la escuela pitagórica revivió en la Magna Grecia.

[40] El mismo que da nombre a un diálogo de Platón.

[41] Filolao de Tarento (s. V), maestro de Arquitas.

[42] Véase *Introducción* § 4.1.

[43] Los romanos empleaban lechos no sólo para dormir (*lectus cubicularis*), sino también para leer, conversar u otro tipo de trabajo intelectual (*lectus lucubratorius*), así como para comer (*lectus triclinaris*).

[44] Véase *Introducción* § 4.1.

[45] Publio Rutilio Rufo fue tributo militar junto a Escipión el Joven, en el asedio y destrucción de Numancia.

—Y bien, ¿de qué asunto se trata? –preguntó Filo.

(ESCIPIÓN):

—De esos dos soles. Y estoy impaciente por saber qué opinas tú de ello, Filo.

XII 18   Acababa de decir esto, cuando un esclavo anunció que Lelio se dirigía hacia allí y que ya había salido de casa. Entonces Escipión tras ponerse los zapatos y coger su manto, salió de la habitación; no había andado más que un poco por el pórtico, cuando tuvo ocasión de saludar a Lelio[46], que llegaba y a los que lo acompañaban: Espurio Mumio, por quien sentía un gran afecto. Gayo Fanio y Quinto Escévola[47], yernos de Lelio; jóvenes cultos y ya en la edad de ser cuestores[48]. Cuando hubo saludado a todos, dio la vuelta por el pórtico y colocó a Lelio en el medio. Constituía como una especie de derecho dentro de su recíproca amistad el que, en tiempos de guerra, Lelio venerara al Africano como a un dios, en virtud de su inmensa gloria militar; y que, a su vez, en tiempos de paz, Escipión tratara a Lelio como un padre, pues le superaba en edad. Una vez que intercambiaron algunas palabras paseando, Escipión, a quien la llegada de éstos le había resultado muy agradable y amena, propuso ir a sentarse a un lugar de la pradera donde diera bien el sol, pues era invierno la estación del año en que estaban. No bien habían decidido hacerlo, cuando se presentó Manio Manilio[49], persona sensata que gozaba de una gran simpatía y afecto entre todos aquellos; tras recibir cordialísimos saludos de Escipión y los demás, fue a sentarse al lado de Lelio.

XIII 19   Comenzó entonces Filo:

—Me parece que no hay que buscar otro tema de conversación porque hayan venido éstos; lo que sí habrá que hacer es tratarlo con mayor precisión y que las cosas que digamos sean dignas de sus oídos.

En ese momento Lelio:

—¿De qué hablabais? ¿Qué conversación es la que hemos interrumpido?

(FILO):

—Me preguntaba Escipión qué opinaba yo sobre el hecho de que se hayan visto dos soles.

---

[46] *Véase Introducción* § 4.1.

[47] *Véase Introducción* § 4.1.

[48] En virtud de la ley Villia (de 180) no se podía ser cuestor antes de los veintisiete años.

[49] Véase *Introducción* § 4.1.

(LELIO):

—¿Lo dices de verdad, Filo? ¿Ya hemos examinado lo que atañe a nuestras propias casas y a la república, puesto que nos dedicamos a investigar lo que ocurre en el cielo?

(FILO):

—¿Es que tú consideras que no atañe a nuestras casas el saber qué ocurre y qué sucede en casa? Casa no es la que ciñen nuestras paredes, sino todo este mundo, el domicilio y patria que los dioses nos dieron y tenemos en común con ellos; y si ignoramos esto sobre todo, son muchas y muy importantes las cuestiones que quedarán ignotas para nosotros. Al menos a mí, por Hércules, lo mismo que a ti, Lelio, y a todos los amantes de la sabiduría, el solo conocimiento y consideración de las cosas nos causa placer.

Entonces Lelio: 20

—No tengo nada que objetar, sobre todo, porque estamos en fiestas; pero, ¿podemos enterarnos de algo o hemos llegado demasiado tarde?

(FILO):

—Nada se ha debatido hasta ahora, y puesto que el asunto está intacto, de muy buena gana te concederé que seas tú, Lelio, el que comience a hablarnos de ello.

(LELIO):

—Mejor oigámoste a ti; a no ser que Manilio considere que se le ha de plantear un «interdicto» a los dos soles con el fin de que cada uno de ellos se quede con la posesión de la parte de cielo que han venido poseyendo hasta ahora[50].

Entonces Manilio:

—¿Vas a burlarte, Lelio, de una ciencia en la que tú eres el primero y más destacado y sin la que nadie, por otra parte, puede llegar a saber qué es lo suyo y qué lo ajeno? Pero, sobre eso ya trataremos después; ahora oigamos a Filo, a quien veo que se le consulta sobre temas más importantes que a mí o que a Publio Mucio[51].

---

[50] Cicerón bromea aquí con una medida jurídica cautelar, el interdicto; esto es, el edicto que daba el pretor, mediante el cual se impedía que una persona viera modificada su propiedad de bienes inmuebles ante la reclamación de un tercero, hasta que se viera en un proceso quién era el verdadero poseedor. La fórmula era: «seguid poseyéndolo tal como ahora lo poseéis» (*uti nunc possidetis ita possideatis*).

[51] Publio Mucio Escévola, cónsul en 133, que junto con Manio Manilio, cónsul en 149, son, según Pomponio (*dig.* I, 2, 2, 39) los fundadores del derecho civil. Es primo de Quinto Mucio Escévola (el augur), uno de los persona-

XIV 21   (FILO):

—Nada nuevo os voy a contar ni nada que sea fruto de mi imaginación o de mi invención. Recuerdo que Gayo Sulpicio Galo[52], hombre cultísimo, como sabéis, en una ocasión en que se dijo que se había producido esta misma aparición, y encontrándose casualmente en casa de Marco Marcelo –el que fuera su colega en el consulado– ordenó que trajeran la esfera que el abuelo de Marco Marcelo[53] se había traído consigo, tras la conquista de Siracusa, una ciudad riquísima y bellísima, de la que, sin embargo, no había traído para su casa ninguna otra cosa de tan gran botín. Yo no quedé excesivamente impresionado por la forma de esta esfera, cuyo nombre había oído pronunciar muchas veces, dada la fama de Arquímedes[54]. Había otra, en efecto, más bella y más conocida popularmente, también obra de Arquímedes, y a la que el mismo Marcelo había colocado en

22   el templo de la Virtud. Pero, después de que Galo comenzara a exponer con todo lujo de detalles el mecanismo de este artilugio, comencé a pensar que en aquel siciliano había más talento que el que sería lógico que produjera una naturaleza humana.

En efecto, decía Galo que existía el invento más antiguo de otra esfera sólida y maciza, y que fue Tales de Mileto[55] el que consiguió esta forma redonda, por primera vez; posteriormente, Eudoxo de Cnido[56], discípulo, según él, de Platón, dibujó en la misma las constelaciones y las estrellas que están fijas en el cielo; todo ese decorado y toda esa organización es la que llegaría a exponer en versos Arato[57], tomándola de Eudoxo, muchos años después, haciendo gala no ya de la ciencia astrológica, sino de su talento poético. En cambio, este tipo de esfera, en el que están representados los movimientos del sol y de la luna y de las cinco estrellas que reciben el nombre de errantes y hasta de

---

jes del diálogo. Sus padres se llamaban igual que los dos hijos respectivamente (de ahí la confusión a que, a veces, dan lugar).

[52] Gayo Sulpicio Galo, cónsul en 166, destacó por sus conocimientos astronómicos. En la batalla de Pidna, según Plinio (*nat.* 2,53), predijo un eclipse de luna, explicándoselo a los soldados.

[53] Marco Claudio Marcelo, nieto del conquistador de Siracusa (en 212) del mismo nombre. Fue cónsul los años 166, 155 y 152. Vid. n. 11.

[54] Arquímedes de Siracusa (287-212).

[55] Tales de Mileto, s. VI, se distinguió como matemático y astrónomo. Su nombre encabeza la lista de los *Siete Sabios*. Vid. n. 28.

[56] Eudoxo de Cnido, médico, matemático, geógrafo y astrónomo del s. IV.

[57] Arato de Solos (s. III), autor de un poema meteorológico en hexámetros, titulado Los *fenómenos*. Fue traducido por Cicerón al latín.

vagabundas, no hubiera podido plasmarse claramente en aquella esfera maciza; y en esto sí que debe causar admiración el invento de Arquímedes: en que ideara la forma de que una única rotación mantuviera órbitas desiguales y variadas en sus diferentes movimientos. Cuando Galo movía esta esfera, se veía a la luna ponerse bajo el sol, tras un número de rotaciones en el bronce aquel igual al número de días en el cielo de verdad; y también se producía el mismo eclipse de sol y la luna entraba entonces en el ángulo que representaría la sombra de la tierra, cuando el sol desde la zona...

(Faltan ocho páginas)

(ESCIPIÓN):   xv 23
—... Fue..., pues yo también sentía un gran afecto por ese hombre y sabía que mi padre, Paulo[58], lo había tenido en una gran consideración y lo había querido mucho. Recuerdo una ocasión en que, siendo yo un jovencito, me encontraba en un campamento militar en Macedonia, con mi padre, que era el cónsul[59], cuando nuestro ejército se vio sobresaltado por el miedo y la superstición, porque, siendo una noche serena, una brillante luna llena se había ocultado de repente. Entonces aquél[60], que a la sazón era el legado de nuestro ejército –casi el año antes de ser elegido cónsul[61]–, no dudó en exponer públicamente al día siguiente en el campamento que no había habido ningún prodigio, que aquello ya había sucedido más veces y que cada cierto tiempo y de manera regular se produciría en el futuro, siempre que el sol se encontrara situado de tal forma que sus rayos no pudieran alcanzar la luna.
—¿Qué dices? –preguntó Tuberón–. ¿Pudo enseñarles aquél estas cosas a aquellos hombres casi salvajes? ¿Se atrevió a decir tales cosas ante ignorantes?
(ESCIPIÓN):
—Sí, aquél y, al menos, con gran...

---

[58] Lucio Emilio Paulo, vencedor de Perseo de Macedonia (hijo de Filipo V) en la batalla de Pidna (en 168). Su hijo, el Escipión de nuestro diálogo, fue adoptado por Escipión Africano, hijo del primer Africano.
[59] En el año 168.
[60] Gayo Sulpicio Galo.
[61] Véase nota 52.

(Faltan dos páginas)

24   (ESCIPIÓN):

—... Y no fue la suya petulante ostentación, ni sus palabras
impropias de la dignidad de su persona; y consiguió un gran
resultado, al desterrar de aquellos hombres soliviantados lo que
no era sino vana superstición y temor infundado.

XVI 25   Y algo similar sucedió también en aquella gran guerra que
con tanto encarnizamiento libraron los atenienses y lacedemonios[62]: estaba a la cabeza de su ciudad el famoso Pericles[63] en
virtud de su prestigio, sus dotes de elocuencia y de su sabiduría
política; de pronto, el sol se oscureció y todo se volvió en tinieblas[64]: un gran temor inundó el corazón de los atenienses. Se
cuenta que, entonces, explicó a sus conciudadanos lo que él
mismo había escuchado de labios de Anaxágoras[65], de quien
había sido discípulo: que aquello se producía con regularidad
cada cierto tiempo y de manera inevitable, cuando la luna se
colocaba por completo debajo del globo solar; y que, aunque
no se producía en cada fase de luna nueva, no obstante, no podía suceder más que cuando la luna se encontraba en esa fase.
Y una vez que con sus argumentaciones y razonamientos se lo
hizo comprender, libró a su pueblo de un enorme temor. La
teoría de que el sol se ocultaba al interponerse la luna era entonces nueva y desconocida, y cuenta que fue Tales de Mileto el
primero en descubrirla. Posteriormente tampoco se le escapó a
nuestro Enio, quien describe en su estilo que unos trescientos
cincuenta años después de la fundación de Roma[66]

---

[62] Se refiere a la guerra del Peloponeso (431-404).

[63] Pericles dirigió con éxito la vida política de Atenas durante una buena
parte del siglo V, conocido como el «siglo de Pericles». Murió en el otoño del
429, víctima de la peste.

[64] Tucídides (2,28) habla de un eclipse al mediodía del 3 de agosto de
431, pero no se refiere para nada a la intervención de Pericles. Plutarco (*Pericles* 35, 2) refiere la anécdota de Pericles y, como fuente de la misma, nos dice:
«Eso es lo que se cuenta en las escuelas de filósofos».

[65] Anaxágoras de Clazómenas, filósofo contemporáneo de Pericles.

[66] El año de la fundación de Roma no tiene una tradición tan segura como
generalmente se cree (cfr. J. Bayet, en la *Introducción* de su edición *Tite Live*,
«Belles Lettres», I, p. CXIV): Timeo proponía el 814; Calpurnio Pisón el 758;
Ático y Varrón el tercer año de la VI Olimpiada, esto es, el 753; Catón el Viejo y Dionisio de Halicarnaso el 751 (primer año de la VII Olimpiada); Polibio
el 750 (segundo año de la séptima Olimpiada; opinión que sigue aquí Escipión: cfr. *rep.* II, 18).

En las nonas de junio[67], ante el sol, se opuso la luna y fue la noche[68].

Y sobre esto se ha perfeccionado tanto el cálculo que, a partir del día que vemos consignado en Enio y en los Anales Máximos, se han calculado las fechas de los eclipses anteriores hasta aquel que se produjo en las nonas de julio[69], bajo el reinado de Rómulo. Y fue por medio de aquellas tinieblas[70] –se cuenta– como su virtud lo elevó hasta el cielo, aunque en realidad a Rómulo fue la naturaleza quien lo arrebató, llevándolo a una muerte humana.

Entonces Tuberón: XVII 26

—¿No ves, Africano, que lo que hace poco te parecía de otra manera, el…?

(*Faltan dos páginas*)

(ESCIPIÓN):

—… Qué verían los demás. Por otra parte, ¿se puede considerar que hay algo más egregio en las cosas humanas, después de haber visto bien los reinos de los dioses? ¿O que hay algo duradero, después de haber conocido lo eterno? ¿O que hay algo digno de gloria, después de haber visto cuán pequeñita es la tierra, toda ella en conjunto, primero; y después, la parte que habitan los hombres, en la que, en una porción más pequeña aún, hemos sido arrojado nosotros, ignorados por la mayor parte de los pueblos, aunque nos quede la esperanza de que nuestro nombre ande revoloteando y vagando a lo largo y ancho de la misma?

Por otra parte, quien no acostumbra a considerar ni denominar bienes a los campos de cultivo, ni a los edificios, ni a los ganados, ni a sumas enormes de plata o de oro, porque el goce de los mismos le parezca despreciable, su uso exiguo, su propiedad insegura y, muchas veces también, que la posesión desme-   27

---

[67] El 5 de junio.
[68] *Ann.* 163 V.
[69] El día 7 de julio.
[70] Cuenta la tradición que, mientras Rómulo pasaba revista a su ejército, estalló una tempestad, seguida de un eclipse de sol; y que, pasado éste, cuando el tiempo se calmó, el rey había desaparecido. Un romano, llamado Próculo, dijo que Rómulo se le había aparecido en sueños y le había manifestado que había sido arrebatado por los dioses y que se había convertido en el Dios Quirino.

surada de los mismos es propia de los hombres más repugnantes, ¡qué afortunado ha de ser considerado ese hombre! ¡Sólo a él le estará permitido reclamar la propiedad de todas las cosas, en virtud, no del derecho de los Quirites[71], sino del de los sabios; y no por un vínculo del derecho civil, sino por una ley de la naturaleza, común a todos, que impide que cualquier cosa pertenezca a nadie más que al que sepa tratarla y hacer uso de ella; esa persona es la que considera nuestros cargos militares o nuestros consulados como obligaciones y no como honores apetecibles; como cargas que han de soportarse por cumplimiento del deber, y no como cosas deseables en virtud de la recompensa o de la gloria que reportan; una persona, finalmente, que, tal como escribe Catón que solía decir el Africano, mi abuelo[72], podría afirmar también de sí mismo que nunca estaba más activo que cuando no realizaba ninguna actividad; y que nunca estuvo menos solo que cuando estaba solo.

28 En efecto, ¿podría alguien pensar que fue más activo Dionisio[73], quien en medio de una gran actividad arrebató la libertad a sus conciudadanos, que su también conciudadano, Arquímedes, que, pareciendo que no hacía nada, construyó la esfera objeto de nuestra atención? ¿Quién no va a creer que están más solitarios quienes ni en medio del foro o de la multitud son capaces de encontrar con quién conversar que aquellos otros que, aunque no tengan contertulio, hablen consigo mismos o entren a formar parte del, por así decir, círculo de los más cultos, puesto que se recrean con los descubrimientos y libros hechos por aquéllos? ¿Quién va a juzgar a alguien más rico que a quien nada le falta, al menos, de sus necesidades naturales? ¿A quién se juzgará más poderoso que al que pueda conseguir todo lo que desee? ¿Y más feliz que al que está libre de toda perturbación de su espíritu? ¿Y más seguro de su suerte que quien posee propiedades que, como suele decirse, puede llevarse consigo en caso de naufragio? Además, ¿hay algún cargo militar, alguna magistratura, algún reino que sea superior al hombre que, despreciando todas las cosas humanas por considerarlas inferiores

---

[71] Quirites es el sobrenombre de los ciudadanos romanos. El derecho de los Quirites es el derecho civil que sólo afecta a los ciudadanos romanos.

[72] El Africano de nuestro diálogo es nieto por adopción de Africano el Viejo (cfr. más arriba n. 58). La cita de Catón, por otra parte, nos es desconocida. Quizá pertenezca a su obra *Orígenes* o a alguno de sus discursos.

[73] Dionisio el Viejo, tirano de Siracusa, llegó al poder en 405.

a la sabiduría, no hace objeto de sus reflexiones nunca más que lo que tenga carácter divino y eterno; un hombre que está convencido de que, si bien todos reciben la denominación de hombres, en realidad sólo alcanzan tal categoría los que se han cultivado con las disciplinas propiamente humanas?

Por ello me parece especialmente elegante aquella anécdota 29 de Platón –si es que no es de algún otro[74]– que dice que en una ocasión, encontrándose en alta mar, una tempestad le había arrojado a unas tierras desconocidas, sobre una playa desierta; como sus compañeros se sintieran atemorizados por lo desconocido del lugar, dicen que observó sobre la arena el trazo de ciertas formas geométricas y que, tan pronto como las vio, les dijo a grandes voces a sus compañeros que recobraran el ánimo, pues había visto huellas humanas. Y está claro que llegaba a aquella conclusión, no por los cultivos agrícolas que desde allí se distinguían, sino por los indicios de actividad intelectual. Ésa es la razón, Tuberón, de que siempre me hayan producido placer la cultura, las personas instruidas y los estudios objeto de tu dedicación.

En ese momento intervino Lelio: XVIII 30

—En respuesta a eso, yo no me atrevo a decir, Escipión, que tanto tú, como Filo o Manilio…

(Faltan dos páginas)

(LELIO):

—… A su misma estirpe por línea paterna, pertenecía aquel querido amigo nuestro, digno de ser imitado por este

hombre de egregio talento, el sutil Elio Sexto[75].

Y si fue de «talento egregio» y «sutil» –así lo llama Enio–, no es porque investigara cosas imposibles de encontrar, sino porque sus respuestas libraban de trabajo y preocupación a quienes les preguntaban; y cuando disputaba contra los estudios de Galo[76], siempre tenía en su boca el conocido Aquiles de *Ifigenia*[77], cuando dice:

---

[74] Vitrubio (6,1) lo atribuye a Aristipo de Cirene.
[75] Enio, *Ann.* 331 V. Se trata de Sexto Elio Peto, el más antiguo jurista que conocemos, autor de los *Tripertita,* cónsul en 198 a.C.
[76] Véase n. 52.
[77] Los versos corresponden a una tragedia de Enio (*scaen.* 242-244 V.) adaptada de la *Ifigenia en Áulide* de Eurípides.

qué observan los astrólogos, las señales en el cielo,
cuando aparece la Cabra o el Escorpión o algún otro nombre de
                                                    [bestias;
nadie contempla lo que tiene a sus pies, pero del cielo sus regiones sí
                                                    [escrutan.

Y también decía (yo sentía un gran placer en escucharle y lo hacía a menudo) que el *Zeto* de Pacuvio[78] era excesivamente enemigo de la cultura; que le gustaba más el *Neoptólemo*[79] de Enio, cuando dice que él «quiere filosofar, sí; pero poco y sobre pocas cosas, pues dedicarse a ello de manera absoluta no le gusta». Y si tanto placer os causan los estudios de los griegos, otros hay más propios de hombres libres y que tienen un interés más general, el cual podemos aplicar a la práctica de la vida diaria o incluso a la propia política. La utilidad de esas ciencias, si es que tienen alguna, es la de incitar y estimular un poco el talento de los niños, para que puedan después aprender con mayor facilidad cosas más importantes.

XIX 31   Entonces Tuberón:

—No discrepo de ti, Lelio, pero me pregunto qué entiendes tú por «cosas más importantes».

(LELIO):

—Te lo voy a decir, por Hércules, aun a costa de verme despreciado por ti: mientras que tú has preguntado a Escipión sobre esos fenómenos celestes, yo, en cambio, pienso que sería preferible preguntarnos por los que se nos aparecen ante nuestros propios ojos. En efecto, ¿qué interés tiene para mí, o para su tío materno, aquí presente, que el nieto de Lucio Paulo[80], miembro de una de las más nobles familias, así como de esta tan ilustre república, pregunte cómo es que se han visto dos soles y no pregunte, en cambio, por qué en un solo Estado hay dos Senados y casi dos pueblos? Pues, como podéis ver, la muerte de Tiberio Graco[81], y ya antes toda la política de su tribunado,

---

[78] Marco Pacuvio (hacia 220-130), poeta trágico. Zeto es un personaje de una sus tragedias, *Antíopa,* obra adaptada de otra de Eurípides.
[79] Neoptólemo, personaje de una tragedia de Enio, a quien Cicerón cita en varias de sus obras (*Tusc.* 2, 1; *de orat.* 2,156) siempre en el mismo sentido.
[80] Tuberón es nieto de Lucio Emilio Paulo e hijo de una hermana, Emilia, del Escipión de nuestro diálogo.
[81] Tiberio Sempronio Graco, tribuno de la plebe en 133, promotor de una reforma agraria que encontró la oposición de la aristocracia.

han dividido lo que era un solo pueblo en dos bandos; por otra parte, los detractores y envidiosos de Escipión, entre los que en un principio se encontraban Publio Craso y Apio Claudio[82], mantienen tras la muerte de éstos a una parte del Senado en contra vuestra, bajo el liderazgo de Metelo y de Publio Mucio[83]; y no admiten que éste[84], el único que es capaz, preste su auxilio en momentos tan peligrosos como éstos en que los pueblos aliados y los de derecho latino se encuentra agitados, en que los tratados han sido violados, los triunviros más sediciosos no dejan de maquinar cada día una nueva revolución y los hombres de bien y los terratenientes están angustiados.

Por lo tanto, si me prestáis atención, jóvenes, no tendréis miedo a un segundo sol: en efecto, o bien es imposible su existencia o bien, admitamos que es tal como ha sido visto, si no nos causa molestia; en ese caso, o no podemos saber nada de esos fenómenos o, aun cuando supiéramos todo lo que es posible saber sobre ello, tampoco íbamos a ser mejores ni más felices por tener tal conocimiento. Por el contrario, tener un solo Senado y un solo pueblo, sí es posible conseguirlo y resulta supermolesto si no se hace así; y nosotros sabemos que tal unidad no existe y nos resulta evidente que si se llevara a cabo viviríamos mejor y más felices. 32

En ese momento Mucio: xx 33

—¿Entonces, Lelio, qué crees tú que debemos estudiar para conseguir eso mismo que tú pretendes?

(LELIO):

—Las ciencias que nos forman para ser útiles a la sociedad. Pues es, yo creo, ésa la más ilustre tarea de la sabiduría, así como la enseñanza y deber más importante de la virtud. Por ello, y para que estas vacaciones nos lleven a los temas de conversación que sean más útiles para la república, pidamos a Escipión que nos exponga cuál es el sistema político que considera el mejor. Después, trataremos otras cuestiones. Una vez conocidas, tengo la esperanza de que llegaremos a ellas por el mismo camino y podremos dar razón de los acontecimientos que ahora nos acucian.

Una vez Filo, Manilio y Mumio se manifestaron plenamente xxi 34 de acuerdo...

---

[82] Publio Licinio Craso, cónsul en 131 y Apio Claudio Pulcro, cónsul en 143, suegro de Tiberio Graco.

[83] Quinto Cecilio Metelo Macedónico, cónsul en 143, y Publio Mucio Escévola, cónsul en 133.

[84] Escipión.

(Faltan dos páginas)

... no existe ningún ejemplo a imitación del cual prefiramos diseñar nuestro modelo de república...[85].

(LELIO):

—... He querido que tú lo hicieras, no sólo porque era justo que hablara sobre la república la más alta personalidad de la república, sino también porque recordaba que tú solías discutir muy a menudo con Panecio y en presencia de Polibio[86], ambos griegos y expertísimos en temas políticos; y utilizando una gran cantidad de argumentos, mostrabas que la mejor forma de Estado era, con mucho, la que nos habían legado nuestros antepasados. Y en esta cuestión, puesto que tú estás mejor preparado, te quedaríamos todos muy agradecidos (si se me permite hablar en nombre de todos), si nos expones qué es lo que tú piensas acerca del Estado.

XXII 35 Entonces Escipión:

—Desde luego, no puedo afirmar que yo tenga por costumbre poner más rigor o diligencia en otro tipo de reflexiones que en esa que me acabas de proponer, Lelio. En efecto, al ver que todo artesano, al menos el que sobresale en su trabajo, no piensa, ni medita, ni intenta otra cosa que ser el mejor en su género; yo, dado que la única tarea que me legaron mis padres y mis antepasados ha sido la de la administración pública y la del servicio al Estado, ¿no estaría yo confesando que soy más torpe que cualquier artesano, si dedicara menos esfuerzo a la más grande de las artes que el que aquéllos dedican a las más peque-

36 ñas? Pero yo no estoy satisfecho con las obras que sobre esta cuestión nos dejaron escritas los hombres más importantes y sabios de Grecia; ni, por otra parte, me atrevo a contraponer mis propias opiniones a las de aquéllos. Por lo cual, os pido que me escuchéis, no como si os hablara una persona totalmente ignorante de la cultura griega, ni como la que pone a ésta por delante de la nuestra, sobre todo, en este dominio; sino como un ciudadano más, que recibió su instrucción en las artes liberales, gracias a los atentos cuidados de su padre, y que desde niño ha sentido que le quemaba la pasión por el estudio, pero

---

[85] Fragmento transmitido por el gramático Diomedes (Keil, I, 365, 20).
[86] Polibio (*ca.* 200-122), historiador griego, llevado a Roma como prisionero de guerra en 168. Es autor de una *Historia de Roma.*

que, no obstante, recibió una mayor formación de la experiencia y de las enseñanzas familiares que de los libros.

Llegado a este punto, intervino Filo: XXIII 37

—¡Por Hércules! Yo no pongo en duda, Escipión, que a ti no hay quien te supere en talento y que tu experiencia política en circunstancias gravísimas es muy superior a la de cualquiera; por otra parte, sabemos muy bien cuáles fueron siempre tus estudios. Por lo tanto, si, como afirmas, has puesto toda tu atención en la reflexión sobre estos temas y en esa –¿por qué no?– ciencia, tengo que dar las más efusivas gracias a Lelio; pues, tengo la esperanza de que lo que tú nos vas a enseñar de viva voz va a ser mucho más fecundo que todo lo que los griegos nos han dejado por escrito.

Entonces aquél (Escipión):

—Mucho esperas tú de mis palabras, lo que no deja de ser una grandísima responsabilidad para quien tiene que tratar de asuntos tan importantes.

Y Filo:

—Por grande que sea la expectación, seguro que la rebasarás, como es costumbre en ti; desde luego, no hay peligro de que te falten palabras cuando hablas sobre el Estado.

(ESCIPIÓN): XXIV 38

—Cumpliré vuestra voluntad en la medida de mis posibilidades; y entraré en este debate siguiendo la norma que creo que debe aplicarse en el tratamiento de cualquier tema, si se quiere evitar el equívoco; y que consiste en que, una vez que se está de acuerdo en cuál es el nombre del asunto sobre el que se investiga, se debe exponer claramente qué significado se le da a tal nombre; si se está de acuerdo en esto, entonces, por fin, se podrá comenzar la conversación; en efecto, nunca se podrá comprender cómo es aquello de lo que se discute, si previamente no se ha comprendido qué es. Por tanto, puesto que nuestro tema de investigación es el Estado o República, comencemos primero por ver qué es eso mismo que investigamos.

Como Lelio diera muestras de aprobación, continuó el Africano:

—Pero, lo que no voy a hacer, al tratar de un asunto tan claro como bien conocido, es remontarme a sus orígenes, cosa que suelen hacer los eruditos al tratar de estos temas: comienzan por la primera unión de un hombre y una mujer y continúan con su descendencia y parentesco, definiendo a cada paso qué es y de

cuántas formas y por qué se dice así; y, dado que voy a hablar
ante personas conocedoras del tema y que han participado, ob-
teniendo los más grandes honores civiles y militares, en el más
importante de los Estados, no cometeré la falta de que el propio
asunto sobre el que voy a discurrir sea de por sí más claro que
mis propias palabras; pues, no he asumido la tarea de agotar todos los puntos, al modo de un maestro, como tampoco prometo
que no vaya a pasar por alto ningún detalle en esta exposición.

Entonces Lelio:

—Yo estoy deseando oír precisamente ese género de discurso que nos prometes.

xxv 39   —Pues bien, república –dijo el Africano– significa «cosa del
pueblo»[87], siendo «el pueblo», no cualquier conjunto de hombres reunidos de cualquier manera, sino una asociación numerosa de individuos, agrupados en virtud de un derecho por todos aceptado y de una comunidad de intereses. Y la causa
primera de agruparse, no es tanto la debilidad como una especie de tendencia natural de los hombres a asociarse. En efecto,
no es el humano un género aislado, errante y solitario, sino que
fue creado de tal manera que ni siquiera en medio de la abundancia de recursos...

(Faltan dos páginas)

40   ... y eso es algo a lo que su propia naturaleza no sólo lo invi-
taría, sino que incluso lo obligaría...[88]

... una muchedumbre dispersa y errante, en poco tiempo y
gracias a la concordia, se convirtió en una ciudad...[89]

El origen y causa de la fundación de una ciudad es diferente
según qué autor: para unos, los primeros hombres, nacidos de la
tierra, como llevaban una vida errática por bosques y llanuras, sin
que hubiera entre ellos ningún vínculo de lenguaje o de derecho,
sino que las hojas y la hierba les servían de cama, y las grutas y
cuevas de casa, habían sido una fácil presa para las bestias y ani-
males más fuertes. Entonces, los que, tras haber sido heridos, lo-
graron huir o los que vieron que iban a ser heridos, avisados de su

---

[87] *Res publica* en latín significa literalmente «cosa pública», frente a la *res*
priuata «cosa privada» o «propiedad privada».
[88] Fragmento transmitido por Nonio (p. 321, 16).
[89] Fragmento transmitido por Agustín (*Epist.* 138,10; CSEL 44, p. 135, 8).

riesgo, corrieron a reunirse con otros hombres y les pidieron su protección y, en principio, dieron a entender su voluntad con gestos; después, ensayaron lo que serían los comienzos del lenguaje, y, dándoles poco a poco nombres a cada una de las cosas, llegaron a conseguir un sistema de habla. Por otra parte, al darse cuenta de que incluso al propio grupo había que protegerlo de las bestias, comenzaron a construir recintos fortificados para procurarse tranquilidad en las noches y, al mismo tiempo, para evitar los ataques de las fieras con terraplenes y fosos en lugar de tener que emplear la lucha. A otros autores estas cosas les han parecido fantasías y han afirmado, por su parte, que el origen de la sociedad no ha estado en las heridas producidas por las fieras, sino en la propia naturaleza humana, más bien, y en la asociación a que habían llegado los hombres porque su propia naturaleza repugna la soledad y desea, en cambio, la comunidad y la sociedad[90].

(ESCIPIÓN):   XXVI 41
—… algunas que podríamos llamar semillas; del resto de las virtudes o del propio Estado no se podrían encontrar vestigios de que hayan sido instituidos. Así pues, una vez establecidas estas sociedades, por el motivo que ya expuse, decidieron acotar un lugar determinado para construir allí sus casas; y una vez que lo hubieron fortificado, aprovechando los accidentes naturales del terreno y por medio de sus propias construcciones, al conjunto de casas de esta manera unidas dieron el nombre de fortaleza o ciudad, a las que adornaron con santuarios y plazas públicas. En consecuencia, todo pueblo, que tal como expuse, consiste en la asociación de muchos individuos; toda ciudad, esto es, el establecimiento de un pueblo; y toda república, que significa como ya dije «la cosa del pueblo», necesita ser regida por un determinado proyecto político para que sea duradera. Tal proyecto ha de responder, en primer lugar, a la causa que dio origen a la ciudad. A continuación, se ha de poner en manos   42 de uno solo o de unos cuantos elegidos, o bien se encargarán de ello todos y cada uno de los miembros de esa sociedad. Por ello, cuando la totalidad de las responsabilidades están en manos de uno solo, a tal lo llamamos rey y monarquía a esta forma de gobierno. Cuando está en manos de un grupo selecto, se dice que tal ciudad se gobierna mediante un régimen aristocrático. En cambio, se trata de una ciudad democrática –pues ése es el

---

[90] Lactancio, *inst.* 6, 10, 13-15, 18.

nombre que le dan– aquélla en la que todos los poderes descansan en el pueblo. De estas tres formas, cualquiera que mantuviera aquel vínculo primero que unió a los hombres entre sí en una comunidad ciudadana, si bien no sería perfecta ni, en mi opinión, la mejor, resultaría, no obstante, tolerable; y es de esa manera como cada una de ellas por separado puede resultar superior a las otras dos. En efecto, un rey justo y sabio, o un grupo selecto de ciudadanos principales, o el propio pueblo aunque esto es lo menos recomendable, no obstante, siempre que no medien iniquidades o ambiciones, parece que tiene posibilidad de existir con una estabilidad no insegura, ciertamente.

XXVII 43 Sin embargo, en las monarquías todos los demás ciudadanos están excesivamente excluidos de la participación jurídica y política; en el gobierno de aristócratas, la gente apenas si puede tomar parte de la libertad, al estar privada de toda capacidad de decisión en los asuntos públicos, así como de todo poder; y, cuando todas las cosas son llevadas directamente por el pueblo, aunque sea justo y moderado, no obstante, esa misma igualdad resulta injusta, por carecer de grados de dignidad. Por eso, aunque Ciro[91], el conocido rey de Persia, fue justísimo y sapientísimo, no obstante, en mi opinión, aquella «cosa del pueblo» (tal dije antes que era «república») no es la más deseable, por ser regida según la voluntad y criterio de uno solo; y, si bien los marselleses, nuestros clientes[92], son regidos con suma justicia por un conjunto selecto de ciudadanos eminentes, hay, no obstante, en tal situación del pueblo algo semejante a la esclavitud; y si los atenienses en cierta época, tras suprimir el Areópago[93], no hacían nada que no obedeciera a los mandatos y decisiones del pueblo, por no poseer grados diferenciados de dignidad, la ciudad dejó de tener aquello que la distinguía.

XXVIII 44 Y cuando digo estas cosas de estos tres tipos de Estado, lo hago para el caso de que no se encuentren alterados y revueltos,

---

[91] Ciro el Viejo (599-530).

[92] Dado que es Escipión el que dice «nuestros clientes», se ha pensado que, en efecto, lo fueran de los Escipiones, que habían sido sus huéspedes en las guerras contra Cartago en España. No obstante puede tratarse de una afirmación general referida a Roma, sin más. El gobierno aristocrático de Marsella estaba formado por 600 senadores; de ellos se elegían 15 miembros que los representaban, como en una especie de consejo permanente. César los llama «los primeros» (*primi,* en *ciu.* 1, 35, 1). Tres de ellos tenían el poder ejecutivo.

[93] El Areópago era una especie de Senado, formado por antiguos arcontes. Pericles redujo notablemente sus poderes.

sino conservando la condición que les es propia. Cada uno de estos modelos tiene de principio los defectos a que antes me referí, pero posteriormente adquieren otros defectos que resultan peligrosos. En efecto, no hay ninguna de aquellas tres formas de gobierno que no posea una senda por donde se desliza y precipita hacia algún mal próximo. Por ejemplo, a aquel famoso Ciro –por nombrar a éste preferentemente–, ejemplo de rey tolerable e incluso, si queréis, digno de ser amado, se le opone, también como ejemplos de la libertad de cambio de caracteres, Fálaris[94], famosísimo por su crueldad y ejemplo, a su vez, de cómo el poder en manos de uno solo se desliza con facilidad por tan inclinada pendiente. Por otra parte, un gobierno como el de los marselleses, en manos de unos pocos aristócratas, está muy cerca del grupo faccioso formado por aquellos famosos treinta hombres[95] que en otro tiempo gobernaron Atenas. Y finalmente, en Atenas, por no buscar otros ejemplos, el poder absoluto del pueblo sobre todas las cosas degeneró en la locura colectiva y en un funesto libertinaje…

(Faltan dos páginas)

(ESCIPIÓN): XXIX 45
… el más repugnante; y de este régimen surge normalmente uno aristocrático, o bien la tiránica y facciosa oligarquía de la que hablé, o un régimen monárquico, o muchas veces también, uno democrático y de éste, a su vez, alguno de los tipos de Estado que antes mencioné. Resultan sorprendentes los círculos o ciclos, más bien, que siguen los sistemas políticos en sus cambios alternativos. Tarea del sabio es conocerlos: pero, prever los que amenazan mientras se tiene el timón del Estado, moderando su curso y manteniéndolo bajo control, eso ya es propio de un gran ciudadano y de un hombre de cualidad casi divina. Por tanto pienso que un cuarto modelo de Estado ha de ser considerado el mejor: el que resulta de la combinación equilibrada de estos tres que mencioné en primer lugar.
En este momento, Lelio: XXX 46

---

[94] Fálaris, tirano de Agrigento (570-554). Cfr. más adelante *rep.* III, 42 y nota.
[95] Los Treinta Tiranos o gobierno de treinta personas que Esparta impuso a Atenas, tras derrotarla en la guerra del Peloponeso, se mantuvieron en el poder durante ocho meses (de 404 a 403).

—Sé que ésa es tu opinión, pues te la he oído decir más de una vez. De todas formas, si no te sirve de molestia, a mí me gustaría saber cuál de estos tres sistemas políticos consideras el mejor. Pues ello podría servirnos para con...

(Faltan dos páginas)

XXXI 47   (ESCIPIÓN):

—... cualquier forma de Estado es tal cual sea la naturaleza o la voluntad del que lo rige. Por ello, la libertad no tiene morada en otra ciudad que en la que el poder supremo pertenece al pueblo; y es tan cierto el hecho de que no hay nada más dulce que la libertad como el de que si no es igual para todos ni siquiera es libertad. Ahora bien, ¿cómo es posible que sea igual para todos, y no hablo ya de la monarquía, donde la esclavitud no está siquiera disimulada, ni resulta dudosa, sino de esas ciudades en las que en teoría todos son libres? En efecto, emiten sus votos, otorgan por delegación poderes militares y magistraturas civiles; se ven solicitados, se les pide el voto; pero finalmente, conceden cosas tales que, aunque no quisieran, no tendrían más remedio que darlas; y las cosas que ellos mismos no tienen son las que otros consiguen de ellos; pues están privados del poder militar, de tomar decisiones de carácter público, de poder judicial (en el sentido de ser elegidos jueces)[96], cargos estos que se reparten en virtud del abolengo, de las familias o de la fortuna. Por el contrario, en un pueblo libre, como Rodas o Atenas, no hay ningún ciudadano que...

(Faltan dos páginas)

XXXII 48   (ESCIPIÓN):

—... recuerdan que cuando en un pueblo han destacado uno o más individuos por ser más ricos y opulentos, de su orgulloso desprecio y de su soberbia se ha generado la ...[97] a ceder los demás por indolencia, por debilidad o por doblegarse ante la arrogancia de los ricos. Por el contrario, dicen, no habría

---

[96] Sentido poco claro.
[97] Falta el sujeto de esta oración, que se encontraría en la página perdida. Se ha conjeturado como tal: «discriminación», «el gobierno de uno o el de unos pocos», «la decadencia de la democracia», etcétera.

nada comparable a una situación en la que los pueblos mantuvieran su derecho; ni habría nada más libre, nada más feliz, pues en ese caso serían ellos los señores de las leyes, de los tribunales, de la guerra, de la paz, de los tratados y de la vida y de la fortuna de cada uno. Y consideran que sólo a ésta se la puede llamar con propiedad «república», esto es, «cosa del pueblo». Y que ésa es la razón de que se reivindique la libertad para la «cosa del pueblo» cuando ésta se encuentra en manos de reyes o de patricios; en cambio, en los pueblos libres no se acostumbra a reclamar la venida de reyes ni el poder y la opulencia de los aristócratas.

Y dicen que de ningún modo se debe condenar de forma **49** global este sistema de pueblo libre por los defectos de un pueblo incapaz de ponerse freno; y que no hay nada más estable, nada más firme que un pueblo solidario y que dirija todos sus esfuerzos a mantener su propia seguridad y libertad; y que la solidaridad es algo muy fácil en un Estado en que un mismo interés guía a todos; que, de la diversidad de intereses, en cambio, cuando no conviene lo mismo a todos, nace la discordia; y que, por ello, cuando los patricios se hacen dueños del poder, nunca se consigue la estabilidad política; y que todavía hay menos estabilidad con las monarquías, en las que, como dijo Enio:

no existe alianza ni fidelidad inviolables en la monarquía[98].

Por ello, siendo la ley el vínculo de una sociedad civil y el derecho establecido por esta ley igual para todos, ¿en virtud de qué derecho se podría mantener una sociedad de ciudadanos sin que su condición de tal fuera la misma para todos? En efecto, si bien no satisface que las fortunas sean iguales, si bien las inteligencias de todos no pueden ser iguales, sí deben ser iguales los derechos entre quienes son ciudadanos de un mismo Estado. Pues, ¿qué es una ciudad sino una sociedad de derecho entre ciudadanos…?

(Faltan dos páginas)

(ESCIPIÓN): **XXXIII 50**
—… A los demás Estados –opinan aquéllos– ni siquiera se les ha de conceder el nombre con el que desean ser llamados.

---

[98] *Scaen.* 404 V.

Pues, ¿por qué razón voy a llamar rey, título de Júpiter Óptimo, a un hombre ávido de poder y de un despotismo absoluto, que se enseñorea de un pueblo oprimido y no voy a darle mejor el nombre de tirano? En efecto, un tirano puede ser tan clemente como intemperante un rey, de forma que lo único que les queda a los pueblos es ser esclavos de un amo afable o de uno cruel; no les cabe la posibilidad de no ser esclavos. Veamos, ¿cómo aquella famosa Lacedemonia iba a poder conseguir tener reyes justos y buenos –me refiero a aquella época en que se la consideraba sobresaliente por su régimen político– si el rey tenía que ser necesariamente de estirpe regia? ¿Y quién va a aceptar a los aristócratas, cuya denominación no es a causa de una concesión del pueblo, sino que se arrogaron ese nombre en sus propias asambleas? Pues, ¿cómo se determina que ése precisamente es el «mejor»? Según su cultura, sus conocimientos científicos, sus estudios, oigo decir. Pero, ¿cuándo...

(Faltan cuatro páginas)

XXXIV 51   (ESCIPIÓN):

—... si lo eligiera al azar, zozobraría tan rápidamente como una nave en la que se pusiera al timón a un pasajero elegido mediante sorteo. Pero, si un pueblo libre elige a quienes va a confiar su destino y elige –si es que desea su bienestar– a los mejores, no hay duda de que el bienestar de los Estados descansa en las decisiones de los mejores; sobre todo, porque la propia naturaleza hace no sólo que los más dotados de valor y de talento gobiernen a los más débiles, sino también que éstos deseen prestar obediencia a quienes les son superiores. Pero, dicen que esta situación óptima ha sido arruinada por las opiniones erróneas de los hombres, quienes, por ignorancia de la virtud –pues ésta no sólo reside en unos pocos, sino que por unos pocos sólo es reconocida y distinguida–, consideran que «los mejores» son los hombres opulentos, los ricos y los nacidos, además, de noble estirpe. Por este error del vulgo, desde que las riquezas de unos pocos, no sus virtudes, comenzaron a hacerse dueñas del Estado, aquellos hombres colocados a la cabeza retienen a toda costa el título de aristócratas, pero en realidad no tienen nada de tal título. Pues, las riquezas, el apellido o los grandes recursos económicos son cosas vacías de inteligencia para comportarse en la vida y para mandar a los demás; de lo único que están llenas es de desvergüenza y de orgullosa soberbia, aparte de que no hay un modelo de Estado más deforme que aquél en el que los más ricos son considerados «los mejores».

¿Puede haber algo más bello que un Estado gobernado por 52 la virtud, cuando el que ejerce el mando sobre los demás no es esclavo de ninguna ambición, cuando las tareas que establece y a cuyo desempeño llama a los ciudadanos, él mismo las ha abarcado previamente todas y no impone al pueblo leyes que él personalmente no obedezca, sino que ofrece su propia conducta como norma de vida a sus conciudadanos? Si tal persona pudiera por sí sola conseguir todos los objetivos, no habría necesidad de nadie más; si todos en su conjunto estuvieran capacitados para distinguir lo mejor y ponerse de acuerdo en ello, nadie buscaría elegir a los ciudadanos más destacados. La dificultad de tomar decisiones hizo que los asuntos públicos pasaran de la potestad del rey a la de la mayoría; la ignorancia y la irreflexión hicieron que ocurriera lo mismo desde el pueblo a unos pocos. De esa forma, entre la debilidad de uno solo y la irreflexión de los muchos, los aristócratas obtuvieron la posición media; nada puede encontrarse más moderado que ésta. Cuando son éstos los que se cuidan de los asuntos públicos, los pueblos obtiene necesariamente las más altas cotas de felicidad, al quedar exentos de toda preocupación y problema y haber confiado su propia tranquilidad a otros, que tendrán la obligación de velar por ella y de procurar que el pueblo no llegue a pensar que sus intereses han sido descuidados por esos ciudadanos que están a la cabeza.

En efecto, la igualdad de derechos a la que se aferran los 53 pueblos libres no puede lograrse (pues esos mismos pueblos, por despreocupados y anárquicos que sean, conceden especialmente muchos honores a muchos y existe entre los mismos una gran distinción de personas y dignidades) y lo que se denomina igualdad constituye la mayor iniquidad; pues, cuando se considera igual el honor que corresponde a los que más valen y a los que menos (distinción que necesariamente existe en cualquier pueblo), esa igualdad constituye por sí misma la mayor injusticia; cosa que no puede suceder en los Estados que son gobernados por los mejores. Éstos, más o menos, Lelio, y otros por el estilo son los argumentos que suelen utilizar los partidarios más fervorosos de esta forma de gobierno.

xxxv 54 Entonces Lelio preguntó:

—¿Y tú, Escipión, cuál de estas tres formas consideras preferible?

(ESCIPIÓN):

—Haces bien en preguntar «cuál de esas tres», porque ninguna de ellas por separado me convence por sí misma y pongo por delante de todas ellas a la constituida por una combinación de las tres. Pero, si tuviera que decidirme por una sola y en su estado puro, lo haría por la monarquía...[99] llamada en este lugar...; el nombre del rey tiene connotaciones casi paternales, pues se preocupa de sus ciudadanos como si se tratara de sus hijos, procurando su bienestar con más interés que... es sostenida por la actividad de un solo hombre, el mejor y más impor-

55 tante. He ahí a los aristócratas, que afirman que ellos realizan la misma función y mejor; y arguyen que hay más capacidad política en un grupo numeroso que en una sola persona, manteniendo, no obstante, la misma equidad y lealtad. Y he ahí al pueblo, clamando a grandes voces que no quiere obedecer ni a uno solo ni a unos pocos; que ni siquiera las fieras encuentran nada más dulce que la libertad; y que todos carecerían de ésta si fueran esclavos, ya sea de un rey, ya sea de los aristócratas. De esa manera, los reyes nos conquistan con el afecto, los aristócratas con su capacidad política, los populares con la libertad, de manera que en la comparación resulta muy difícil cuál es preferible a la hora de tener que elegir.

—Lo creo –dijo Lelio–, pero no van a poder quedar apenas claros los puntos que restan, si dejas esto en suspenso.

xxxvi 56 (ESCIPIÓN):

—Imitemos, pues, a Arato[100], quien piensa que cuando ha de hablar de cosas muy importantes se ha de comenzar por Júpiter.

(LELIO):

—¿Por qué por Júpiter? O mejor, ¿qué tiene que ver nuestra conversación con el poema de Arato?

—Sólo –respondió Escipión– el hecho de comenzar justamente por quien es el único rey de todos los dioses y hombres, cosa en la que todos, sabios e ignorantes, están de acuerdo.

---

[99] Texto conservado muy fragmentariamente.
[100] Véase más arriba nota 57. Su poema comenzaba así: *Ek Diós archómetha* («Comencemos por Júpiter»), invocación tópica de la poesía griega que sería recogida por la latina.

—¿A qué viene eso? –preguntó Lelio.

Y aquél (Escipión):

—¿A qué crees tú, sino a lo que tenemos ante nuestros ojos? Ya sea que los dirigentes de las naciones, por razones prácticas de la vida, hayan establecido la creencia de que existe un solo rey en el cielo, que con un solo gesto, al decir de Homero[101], hace que se conmueva todo el Olimpo y que es considerado rey y padre, al mismo tiempo, de todos; lo cierto es que goza de gran autoridad y son muchos los que dan fe, y digo muchos por no decir todos, de que los pueblos se han puesto de acuerdo, por supuesto que por decisión de sus dirigentes, en que nada es mejor que un rey, porque creen a todos los dioses gobernados por la voluntad de uno solo; o ya sea que hayamos aprendido que estas cosas se basan en la ignorancia de los incultos, que son semejantes a las obras de ficción, escuchemos a los que podríamos llamar maestros comunes de las personas cultas, a aquellos que han visto casi como con sus propios ojos lo que nosotros apenas si entendemos al oírlo.

—¿Quiénes son ésos? –preguntó Lelio.

Y aquél (Escipión):

—Quienes al investigar la naturaleza universal se dieron cuenta de que todo este mundo... por una mente...

(Faltan cuatro páginas)

Largo resulta el pasar revista a lo que sobre el dios supremo 57 *dijeron Tales o Pitágoras y, antes, Anaxímenes, o posteriormente los estoicos, Cleantes, Crisipo y Zenón; o entre los nuestros, Séneca, que sigue a los estoicos, y el propio Cicerón; todos éstos, al tratar de definir qué es dios y al afirmar que el mundo está regido por él solo y que no se ve sometido a naturaleza alguna, puesto que toda naturaleza es engendrada por él mismo*[102].

... Por eso, si te parece bien, aleja de ahí tu discurso y acércalo a estos temas más próximos a nosotros...

(ESCIPIÓN):   XXXVII 58

—... Pero si quieres, Lelio, te daré testimonios que no sean ni demasiado antiguos, ni, en modo alguno, bárbaros.

—De esos quiero –dijo Lelio.

---

[101] Véase, por ejemplo, *Ilíada,* I, 524-530.
[102] Lactancio, *epit.* 4,3.

(ESCIPIÓN):
—¿No te das cuenta de que son menos de cuatrocientos años los que nuestra ciudad lleva sin reyes?[103].

(LELIO):
—Cierto, menos.

(ESCIPIÓN):
—¿Entonces, qué? ¿Acaso este periodo de cuatrocientos años es muy largo para una ciudad y su constitución política?
—Apenas si es adulta –respondió Lelio.

(ESCIPIÓN):
—Luego, ¿hace cuatrocientos años había en Roma un rey?

(LELIO):
—Y soberbio, por cierto[104].

(ESCIPIÓN):
—¿Y antes qué?

(LELIO):
—Uno muy justo[105], y así sucesivamente hasta Rómulo, que reinó hace seiscientos años.

(ESCIPIÓN):
—Entonces, ¿ni siquiera ése es demasiado antiguo?

(LELIO):
—En absoluto, casi coincide con la época en que ya Grecia comenzaba a envejecer.

(ESCIPIÓN):
—Dime, por favor, ¿acaso fue Rómulo un rey de los bárbaros?

(LELIO):
—Si, como dicen los griegos, se es griego o se es bárbaro[106], me temo que fue muy de los bárbaros; pero, si este apelativo se ha de dar según los costumbres y no según las lenguas, creo que no son menos bárbaros los griegos que los romanos.
Y Escipión:

---

[103] El diálogo tiene lugar en 129 a.C. La expulsión de Tarquinio data de 510.
[104] Tarquinio el Soberbio (véase nota anterior). Tras su expulsión se estableció la república.
[105] Servio Tulio (578-534).
[106] *Barbarus* es un préstamo del griego. Se trata de una palabra onomatopéyica que, en principio, significa «que balbucea». Los griegos la aplicaron primero a los medos y después a todo el que no fuera griego, esto es, a todo «extranjero»; de ahí pasó a significar también «rudo», «salvaje», por contraste con su refinada cultura.

—Pero, para el tema que estamos tratando no se consideran las naciones; sus talentos son los considerados. En efecto, si fueron hombres sensatos y no de época muy antigua quienes quisieron tener reyes, resulta que yo estoy utilizando testimonios que ni son muy antiguos, ni inhumanos, ni salvajes.

Entonces Lelio: XXXVIII 59

—Estoy viendo, Escipión, que estás bien pertrechado de testimonios, pero, ante mí, lo mismo que ante un juez, tienen más valor los argumentos que los testigos.

(ESCIPIÓN):

—Utiliza, entonces, Lelio, el argumento de tu propio sentido.

(LELIO):

—¿A qué sentido te refieres? –preguntó aquél.

(ESCIPIÓN):

—Por ejemplo, cuando casualmente adviertes que estás irritado con alguien.

(LELIO):

—La verdad es que eso sucede con más frecuencia de lo que yo quisiera.

(ESCIPIÓN):

—¿Y qué? ¿Cuando te encuentras irritado dejas que la ira se haga dueña de tu espíritu?

—¡No, por Hércules! –contestó–, sino que imito a aquel famoso Arquitas de Tarento[107], quien, al llegar en una ocasión a su finca y encontrar todo de distinta forma a como había ordenado, gritó al encargado: «¡Desgraciado, te mataría a golpes ahora mismo, si no fuera porque estoy enfurecido!».

—Muy bien –dijo Escipión–. Entonces, Arquitas considera- 60 ba, con toda justicia, que la ira, al apartarse de la razón, era como una especie de motín en el alma, y su deseo era que ésta se aplacara con la reflexión. Añádele ahora la avaricia, añádele la ambición de poder, la de gloria, añádele las pasiones, y te darás cuenta de que, si en el alma humana existiera un poder regio, estaría dominado por una sola, la razón, sin duda (pues ésta es la mejor parte del alma); cuando la razón es la que domina no hay lugar alguno para las pasiones, ni para la ira, ni para la temeridad.

(LELIO):

—Así es.

---

[107] Véase nota 39.

(ESCIPIÓN):

—¿Das tu aprobación, entonces, a un alma así dispuesta?

(LELIO):

—A ninguna otra cosa se la daría mejor.

(ESCIPIÓN):

—Luego, ¿tú no la aprobarías en el caso de que se expulsara a la razón y las pasiones, que son innumerables, o las iras dominaran todo?

(LELIO):

—Yo considero que no habría nada más lamentable que un alma como ésa o un hombre dotado de un alma tal.

(ESCIPIÓN):

—Entonces, ¿te parece bien a ti que todas las partes del alma estén bajo un régimen monárquico, y que sea la razón el rey?

(LELIO):

—Claro que me parece bien.

(ESCIPIÓN):

—Entonces, ¿cómo es que dudas sobre cuál sea tu opinión sobre el Estado? Pues, si se encomiendan a muchos los asuntos públicos, se puede sobreentender que no habrá ningún poder que esté por encima de los demás, puesto que, si éste no es único, no es posible su existencia.

XXXIX 61   Entonces Lelio:

—Dime, por favor, ¿qué diferencia hay entre uno y muchos, si hay justicia en los muchos?

(ESCIPIÓN):

—Puesto que ya observé que tú no te impresionabas con los testimonios que te aporté, no voy a dejar de utilizarte a ti mismo como testigo, para probar lo que estoy diciendo.

—¿A mí? –preguntó Lelio–. ¿De qué forma?

(ESCIPIÓN):

—Porque, el otro día, cuando estábamos en la finca de Formia[108], me fijé en que ordenabas expresamente a tus esclavos que obedecieran a uno solo.

(LELIO):

—Cierto, al encargado.

(ESCIPIÓN):

—¿Y qué? ¿En tu casa son muchos los que están al frente de tus asuntos?

---

[108] Formia, ciudad de la costa, al sur del Lacio.

—En absoluto, uno solo –contestó Lelio.

(ESCIPIÓN):

—¿Y tu casa en su conjunto, la dirige algún otro además de ti?

(LELIO):

—De ninguna manera.

(ESCIPIÓN):

—Entonces, ¿me concedes también que en el Estado el poder en manos de uno solo, con la condición de que sea justo, es lo mejor?

(LELIO):

—Me siento casi obligado a darte la razón.

(ESCIPIÓN): XL 62

—Y aún más vas a dármela, Lelio, si paso a presentar pruebas de más peso (por no citar las comparaciones tales como las de un solo piloto o un solo médico, con la condición de que estén a la altura de sus artes; pues es más correcto confiar la nave al uno y el enfermo al otro, que hacerlo a muchos).

(LELIO):

—¿Cuáles son esas pruebas?

(ESCIPIÓN):

—¿Cómo? ¿Tú no te das cuenta de que por la crueldad y soberbia de uno solo, Tarquinio, la palabra rey ha llegado a resultar odiosa para este pueblo?

—Sí, me doy cuenta –respondió Lelio.

(ESCIPIÓN):

—Entonces, tú también te das cuenta de una cosa, sobre la que creo que habré de extenderme más a medida que avance nuestra conversación, de que, una vez expulsado Tarquinio, el pueblo saltó con asombrosa alegría ante una libertad a la que no estaba acostumbrado; después fueron condenadas al exilio personas inocentes; los bienes de muchos fueron objeto de rapiña; los cónsules, nombrados por un año; las fasces[109] se inclinaron ante el pueblo; el derecho de apelación se extendió a todos los asuntos; se produjeron secesiones de la plebe[110]; y así, fueron

---

[109] Las *fasces* eran haces de varas con un hacha en el centro, símbolo del *Imperium,* que portaban los *lictores.* Cada magistrado superior *(cum imperio),* dependiendo de su rango, era acompañado por un número mayor o menor de éstos.

[110] En la lucha entre patricios (aristócratas) y plebeyos, la plebe realizó varias revueltas, retirándose al Monte Sacro y consiguiendo con ello varias ventajas políticas y sociales (tribunos de la plebe, etcétera).

haciéndose la mayoría de las cosas, con el fin de que todos los poderes recayeran en el pueblo.

—Así es, como dices –confirmó Lelio.

63   —Ciertamente –siguió Escipión– en la paz y en la tranquilidad (pues bien se puede bromear cuando no hay nada que temer) ocurre lo mismo que en una nave y que en la enfermedad, muchas veces también, si ésta no es grave. Pero, lo mismo que el navegante, cuando de repente el mar comienza a encresparse, o el enfermo, cuyo mal comienza a agravarse, imploran los buenos oficios de uno solo, así también, nuestro pueblo, en épocas de paz y de tranquilidad, es el que da órdenes, amenaza a los propios magistrados, los recusa y ejerce el derecho de apelación ante los tribunos y ante el pueblo; en época de guerra, en cambio, los obedece como a un rey: tiene más valor, en efecto, la salud que los caprichos. Y, en las guerras que presentaban mayor gravedad, fue voluntad de nuestros antepasados que el poder absoluto recayera en un solo magistrado, sin colega, cuyo nombre da por sí mismo idea de la importancia de su poder. En efecto, se le denomina «dictador» por el hecho de ser designado[111]; pero, tú sabes, Lelio, que en nuestros libros recibe el nombre de Jefe Supremo del pueblo[112].

—Lo sé –asintió Lelio.

Y Escipión:

—Luego, muy sabiamente aquellos antiguos…

(Faltan dos páginas)

XLI 64   (ESCIPIÓN):

—… Cuando el pueblo ha sido privado de un rey justo

la pena atenaza los corazones divinos

como dijo Enio, tras la muerte de un gran rey, y

---

[111] *Dictator ab eo appellatur quia dicitur.* Falsa etimología que aparece también en Varrón (*ling.* 5,82 y 6,61) relacionada con el intento de limitar su autonomía. *Dictator* es un agente «el que dicta»; en cambio, en la etimología varroniana, que aquí aparece, su nombre se relaciona con el hecho de que son los cónsules quienes nombran al magistrado al que se ha de obedecer.

[112] Jefe Supremo del pueblo: *magister populi.*

al mismo tiempo
entre ellos así lo recuerdan: ¡Rómulo, oh divino Rómulo,
cual protector de la Patria, los dioses te engendraron!
¡Oh padre, oh nuestro creador, oh sangre de estirpe divina!

Y no llamaban amos ni señores a quienes obedecían justamente, ni aun reyes siquiera, sino protectores de la patria, padres y dioses; y no sin motivo, pues ¿cómo es que añaden?

Tú nos has conducido hasta las puertas de la luz[113].

Y consideraban que la vida y los honores les eran concedidos gracias a la justicia del rey. Y la misma voluntad hubiera permanecido en los descendientes de aquéllos, si hubieran continuado también reyes semejantes; pero, ya ves que, por la injusticia de uno, se ha venido abajo todo aquel modelo de Estado.

—Lo sé –dijo Lelio– y ardo en deseos de conocer el desarrollo de esos cambios; y no más los que conciernen a nuestra república que los del resto.

(ESCIPIÓN):   XLII 65
—Una vez que os haya dicho lo que pienso sobre la forma de gobierno que más me convence, trataré con más detalle lo relativo a los cambios de los sistemas políticos; aunque creo que con tal forma de gobierno es muy poco probable que los hubiera. Sin embargo, el primero y más seguro de los cambios se produce en el régimen monárquico: cuando un rey comienza a mostrarse injusto, en ese momento desaparece tal modelo de Estado y el rey se convierte en un tirano; esto es, el peor modelo de Estado y el más próximo al mejor. Si son los aristócratas los que destronan a éste, que suele ser lo normal, aparece el segundo de los tres modelos de Estado; en efecto, éste se compone de un consejo de naturaleza casi monárquica, es decir, paternal, formado por los ciudadanos más eminentes que velan por el interés del pueblo. Pero, si es el pueblo el que directamente mata o expulsa al tirano, mientras conserva su sentido común y su juicio, se muestra bastante moderado y contento con su hazaña y quiere proteger el sistema político por él mismo constituido. Pero, cuando el pueblo emplea su violencia con un rey justo o lo expulsa de su reino o, incluso, lo que suele ser más

---

[113] Versos procedentes de los *Anales* de Enio (110-114 V).

corriente, empieza a gustar de la sangre de los aristócratas, sometiendo todo el Estado a sus caprichos, ¡cuidado entonces! no vayas a creer que existe un mar o un fuego, por grandes que fueran, que no sean más fáciles de calmar que una multitud que ha perdido todo aquello que pone freno a la insolencia. Entonces sucede eso que aparece tan brillantemente descrito en Platón, si es que me es posible expresarlo en latín; difícil empresa, sin duda, pero voy a intentarla:

XLIII 66 «Cuando las fauces insaciables de un pueblo se resecan por la sed de libertad y, a causa de los malos servidores, sacia su sed con una libertad excesivamente pura y no moderadamente rebajada, entonces, si los magistrados y dirigentes no son lo suficientemente blandos y remisos como para servirles una generosa ración de libertad, el pueblo los persigue, los calumnia y los acusa, llamándolos "potentados", "reyes", "tiranos"»[114]. Creo que te es conocido este pasaje.

(LELIO):

—Sí, muy bien.

67   (ESCIPIÓN):

—Pues bien, el pasaje continúa así.

«Quienes obedecen a los dirigentes son continuamente provocados por ese pueblo, que los moteja de "esclavos voluntarios"; por el contrario, a quienes desde el cargo de magistrados quieren parecer ciudadanos normales, que trabajan para que no existan diferencias entre el particular y el magistrado, a ésos los llenan de alabanzas y los colman de honores, de manera que se hace necesario, en un régimen político de este tipo, que todo rebose libertad, que en la casa privada no haya autoridad alguna y que esta epidemia se extienda hasta las bestias; finalmente, que el padre sienta miedo ante el hijo; que el hijo olvide sus deberes con el padre; que sobre cualquier tipo de respeto para ser totalmente libres; que nada importe si se es ciudadano o extranjero; que el maestro tenga miedo a sus discípulos, que los adule y que los discípulos desprecien a sus maestros; que los jóvenes asuman las graves tareas de los ancianos y, por el contrario, los ancianos desciendan a los juegos de los jóvenes, con tal de no resultarles odiosos y pesados; y de aquí se pasa a que los esclavos se comporten con excesiva libertad, que las esposas tengan los mismos derechos que los maridos, hasta que, en el

---

[114] Platón, La *República* VIII, 562c-d.

colmo de la libertad, incluso los perros y los caballos y los bu-
rros corran finalmente tan libres que haya que cederles el paso
por la calle. Y de esa anarquía sin límites ésta es la consecuencia: que los espíritus de los ciudadanos se vuelven tan delicados
y susceptibles que, a la menor aplicación de la fuerza del poder,
montan en cólera y no consienten en acatarla; a partir de aquí
comienzan a despreciarse también las leyes, con el fin de verse
libres por completo de toda autoridad»[115].

(LELIO):   XLIV 68
—Con gran exactitud nos has reproducido las palabras de
aquél[116].

(ESCIPIÓN):
—Y ahora ya, volviendo al autor de lo que acabo de decir,
de este excesivo libertinaje, que aquéllos consideran la única y
auténtica libertad, como de su propio tronco, surge y, en cierto
modo, nace el tirano, nos cuenta Platón[117]. En efecto, de la
misma forma que el excesivo poder de los aristócratas da origen a la destrucción de los mismos aristócratas, así ocurre con
la propia libertad: cuando es excesiva, provoca la esclavitud de
ese pueblo libre. Y eso ocurre con todos los excesos: ya sea con
el clima, con el campo o con el cuerpo humano, cuando han
producido demasiadas alegrías, suelen volverse a sus contrarios; pero esto sucede sobre todo en la política: la libertad excesiva a la que nos referíamos termina cayendo en una esclavitud también excesiva, tanto para los pueblos en su conjunto,
como para las personas privadas. Y así, de las máximas cotas
de libertad nace el tirano y con él la más injusta y cruel esclavitud. En efecto, de ese pueblo rebelde a toda sujeción o, más
bien, salvaje, se elige como jefe contra los ciudadanos más eminentes, ya abatidos y desposeídos de su dignidad, a cualquiera,
a un hombre audaz, depravado, que se dedica a perseguir, sin
vergüenza alguna, especialmente a aquellos ciudadanos que a
más méritos son acreedores por su servicio al Estado; que re-
gala al pueblo los bienes propios y los ajenos; y que, como por
ser un ciudadano particular le asaltan temores, se le conceden
poderes militares, que se le renueven o que, incluso, se le re-

---

[115] Platón, *La República* VIII, 562d-563e.
[116] Efectivamente, si bien en algunas ocasiones parafrasea el texto de Platón para mejor captar el sentido, en la mayoría traduce literalmente, incluso
los compuestos (*v.g.: ethelodoúlos* = «*seruus uoluntarius*»).
[117] Platón, *La República* VIII, 563e y ss.

fuerzan con una guardia personal, como ocurrió en Atenas con Pisístrato[118], para finalmente alzarse como tiranos de los mismos que los habían elevado al poder. Si éstos son derribados por los buenos ciudadanos, que es lo que suele suceder, se restablece de nuevo la convivencia. Pero, si son aventureros quienes lo hacen, surge entonces la facción, que es otra clase de tiranía; también se origina la facción en el tantas veces excelente régimen aristocrático: cuando algún tipo de depravación aparta del buen camino a esas personas eminentes. Así, como si fuera una pelota, se arrebatan unos a otros la base del Estado: los tiranos a los reyes, a aquéllos los aristócratas o el pueblo; y a éstos, a su vez, las facciones oligárquicas o los tiranos; y nunca se mantiene el mismo modelo de Estado durante mucho tiempo.

XLV 69 Ante tal estado de cosas, de los tres modelos de constitución es preferible con mucho, en mi opinión, la monárquica. Pero, incluso preferible a la propia monarquía ha de ser un régimen que consistiera en una combinación bien equilibrada de los tres modelos fundamentales de Estado. Para mi gusto, en ese Estado debe haber cierta supremacía del elemento regio y que otro tanto sea concedido al prestigio y autoridad de los más eminentes; y que ciertos asuntos, por fin, se reserven al criterio y voluntad de la multitud. Esta constitución goza, en primer lugar, de una cierta gran igualdad; elemento este del que los hombres libres apenas si pueden verse faltos durante mucho tiempo; en segundo lugar, de estabilidad, mientras que aquellos regímenes que hemos citado en primer lugar se convierten fácilmente en sus vicios opuestos, de forma que de un rey surge un amo; de los aristócratas, una facción; del pueblo, la masa y la confusión anárquica. Además, esas mismas formas se cambian frecuentemente en otras distintas; cosa que, en cambio, no sucede con esta solidaria y equilibrada constitución política de carácter mixto, de no ser que los ciudadanos más eminentes cometan grandes faltas. En efecto, no hay causa de revolución allí donde cada uno esté firmemente colocado en su lugar y no tenga debajo dónde precipitarse y caer.

---

[118] Pisístrato consiguió, con el pretexto de su protección personal, una guardia de escolta de 600 hombres, hecho al que se opuso Solón (cfr. Plutarco, *Solón* 30). Con esta tropa se alzó con el poder. Fue un modelo de tirano benefactor, protector de las artes, etc. Murió en 528/7.

Pero me temo, Lelio y demás queridos y sapientísimos ami- XLVI 70
gos, que si continúo mucho tiempo en este tono os parezca mi
exposición la de un preceptor o maestro, en lugar de la de uno
que está examinando estas cuestiones al mismo tiempo que lo
hacéis vosotros. Por ello, voy a pasar a algo que os resulta conocido a todos vosotros y que ya hace tiempo que viene siendo
objeto de mis preocupaciones. Pues, de esta manera llego a la
conclusión, opino y declaro firmemente que, de todos los modelos de Estado, no hay ninguno que se pueda comparar, ni
desde el punto de vista de su constitución, ni de su organización
ni de sus principios fundamentales, con el que nos legaron
nuestros padres, tras haberlo heredado ellos, a su vez, de sus
mayores. Y, si os parece bien, ya que habéis querido oír de mi
propia boca algo que vosotros también sabíais, voy a mostraros
que es el mejor, al mismo tiempo que sus cualidades. Y, una vez
que hemos puesto nuestra república como ejemplo, trataré de
ajustar a ella, en la medida de mis posibilidades, todo lo que en
adelante hablaré sobre el mejor de los sistemas políticos. Y, si
logro abarcar y llevar a término lo proyectado, creo que habré
cumplido con creces la tarea que me propuso Lelio.

En ese momento intervino Lelio: XLVII 71
—Tuyo es el deber, Escipión, y sólo tuyo. Pues, ¿quién mejor que tú podría hablar de las instituciones de nuestros antepasados, siendo tú mismo descendiente de los más ilustres de
aquéllos? ¿Quién mejor que tú podría hablar sobre el mejor
modelo de constitución política? Y si es verdad que nosotros lo
tenemos (cosa que ni siquiera es cierta ahora), ¿habría alguien
que destacara más que tú en él? Y si se trata de los proyectos
que se hayan de hacer para el futuro, ¿quién mejor que tú que,
al extirpar los dos terrores que atenazaban a esta ciudad, has
tomado medidas válidas ya para todos los tiempos?[119].

(Fragmento del Libro I de localización insegura)

—Reconoce, por Hércules –exclamó (?)–, esa tradición, ese
afán y ese lenguaje[120].

---

[119] Escipión no sólo terminó con éxito las campañas de Cartago y Numancia, sino que también hizo una activa oposición a las reformas de los Gracos.
[120] Fragmento transmitido por Nonio, p. 276, 6.

Libro II

(Faltan tres líneas en el palimpsesto: unas treinta letras)

… por el deseo de escucharle, comenzó Escipión con estas 1 1 palabras:

—Lo que sigue es de Catón, ya en su vejez, a quien, como vosotros sabéis, he profesado un gran afecto y por quien he sentido la mayor admiración; a él me entregué desde mi adolescencia, tanto por consejo de mis dos padres[121], como por mi propia voluntad. Nunca pude cansarme de escuchar sus palabras. Era tanta la experiencia de aquel hombre en los asuntos de Estado, al cual había dirigido, tanto en épocas de paz como de guerra, no sólo con el más grande de los éxitos, sino también durante muchísimo tiempo. Grande era también su moderación cuando hablaba en público, siempre con esa chispa de gracia que combinaba con la severidad que le caracterizaba; e inmenso su afán por aprender y por enseñar; su vida era perfectamente consecuente con lo que decía en sus discursos. Éste solía decir que nuestra república era superior a las de las 2 demás ciudades por la siguiente razón: porque en las demás fueron individuos los que de manera independiente constituyeron su propio Estado, dotándolo de leyes e instituciones; tal es el caso de Minos[122], en Creta, de Licurgo[123], en Esparta, o de Atenas, si bien ésta sufrió muchos cambios: primero

---

[121] Escipión el Joven, el personaje de nuestro diálogo, es hijo de Lucio Emilio Paulo y fue adoptado por Publio Escipión, hijo del primer Africano.
[122] Minos, rey mítico de Creta, que pasa por ser hijo de Europa y de Zeus. Según la tradición, es el primero que civilizó a los cretenses y les dio excelentes leyes.
[123] Licurgo es el primer legislador de Esparta (s. IX a.C.).

Teseo[124], luego Dracón[125], después Solón[126], más tarde Clístenes[127], y muchos otros hasta que, finalmente, desangrada y moribunda vino a darle vida de nuevo aquel sabio personaje que fue Demetrio de Falero[128]. Nuestra república, en cambio, no ha sido levantada por el talento de un solo hombre, sino que el proceso de su constitución duró algunos siglos y varias generaciones. Pues nunca ha existido una inteligencia tan grande –decía– como para que no se le escapara ningún aspecto, cualquiera que fuera la época; ni todas las inteligencias reunidas, formando una sola, serían capaces de organizar un plan, en un momento dado, que abarcara todos los aspectos, sin contar con la experiencia que da el paso del tiempo.

3 Por esa razón, tal como acostumbraba a hacer aquél, voy a remontarme en mi exposición a *los orígenes* del pueblo romano; pues, con mucho gusto utilizo yo también ese término de Catón[129]. Por otra parte, conseguiré más fácilmente mi objetivo si os pongo como ejemplo a nuestro propio Estado en las distintas fases de su nacimiento, de desarrollo y, por fin, en la etapa en que llega a obtener seguridad y robustez; más fácilmente, digo, que si lo hiciera como Sócrates en Platón, esto es, remitiéndome a una ciudad por mí imaginada.

II 4 Como todos dieran muestras de aprobación, Escipión continuó:

—¿Conocemos el nacimiento de algún Estado que tenga tanta brillantez y tanta fama como el acto de fundación de esta ciudad, llevado a cabo por Rómulo? Este hijo de Marte[130] (¡ea!, concedamos esto a la tradición en razón no sólo de su antigüe-

---

[124] Teseo es el héroe por antonomasia del Ática. Según la leyenda, fue él quien realizó el «sinecismo» (la reunión de todas las primitivas aldeas del Ática en una sola ciudad), así como el fundador de las instituciones democráticas.

[125] En 621 (?) Dracón realizó una reforma judicial, publicando el código «draconiano», cuya extrema severidad llegó a ser proverbial.

[126] Solón dio una nueva constitución política a Atenas en 594, realizando una serie de reformas sociales.

[127] Clístenes dividió el Ática en *demos* y dotó de una constitución democrática a Atenas en 508 a.C.

[128] Demetrio de Falero, discípulo de Aristóteles y amigo de Teofrasto, gobernó Atenas de 317 a 307.

[129] *Orígenes* es el título de una obra perdida (sólo nos quedan fragmentos citados por otros autores) de Catón sobre la historia de Roma.

[130] Según la tradición más corriente, Marte, el dios de la guerra, sedujo a la vestal Rea Silvia y de esta unión nacieron Rómulo y Remo.

dad, sino también por haber sido transmitida de manera muy razonable por nuestros antepasados, de forma que todos aquellos que se han hecho acreedores al reconocimiento de la comunidad por sus servicios, sean considerados no sólo dotados de inteligencia divina sino también de ascendencia); pues bien, éste, nada más nacer –se cuenta–, fue abandonado junto con su hermano Remo en la orilla del Tíber, por orden de Amulio, rey de Alba, ante el temor de que llegaran a destronarlo[131]; y fue amamantado allí por una bestia salvaje[132], y unos pastores lo recogieron y educaron en los cultivos y labores del campo. Se cuenta que, cuando se hizo mayor, llegó a sobresalir tanto en fortaleza física y por la ferocidad de su carácter que todos los que entonces habitaban los campos, donde hoy se alza esta ciudad, le prestaron obediencia con resignación y de buen grado. Y una vez que se erigió en jefe de estas tropas –se cuenta– pasando ya de la leyenda a la realidad, sometió a Alba Longa, ciudad fuerte y poderosa en aquella época, dando muerte al rey Amulio.

Después de esta gloriosa hazaña, se dice que pensó primero   III 5
en fundar una ciudad, tras tomar los auspicios[133], y dotarla de unas instituciones públicas firmes. El emplazamiento de la ciudad, cosa que se ha de procurar con un cuidado especial si se intenta fundar un Estado duradero, lo eligió con unas características increíblemente ventajosas. En efecto, no lo buscó próximo al mar, aunque le hubiera sido muy fácil, dado el ejército y recursos con que contaba, tanto adentrarse en el territorio de los rútulos[134] o de los aborígenes[135], como fundar él en la desembocadura del Tíber la ciudad, en el lugar en el que muchos años después estableció una colonia el rey Anco[136]; pero como era un hombre dotado de un gran sentido de la previsión, comprendió claramente que los emplazamientos costeros no eran muy favorables para fundar ciudades con esperanzas de que duren y tengan poderío; primero, porque las ciudades costeras

---

[131] Amulio había derrocado a su vez a Numitor, su hermano y padre de Rea Silvia; de ahí su temor.

[132] La famosa «loba», animal consagrado al dios itálico Marte.

[133] Tomar los auspicios, esto es, observar el vuelo de las aves, tratando de interpretar la voluntad de los dioses.

[134] Los rútulos son los antiguos habitantes del Lacio, cuya capital era Ardea.

[135] El nombre de este pueblo se le hacía derivar de *ab origine* pero es probable que haya sido deformado por etimología popular.

[136] Anco Marcio, hijo de Numa y cuarto rey de Roma.

6 no sólo estarían expuestas a muchos peligros, sino también porque serían imposibles de prever. En efecto, tierra adentro, las llegadas de los enemigos, no sólo las esperadas sino incluso las repentinas se ven denunciadas con tiempo por multitud de indicios y por el propio ruido y estruendo que producen; y ningún enemigo puede llegar a tierra, aunque fuera volando, sin que podamos saber no sólo que es enemigo, sino incluso quién es y de dónde procede. En cambio, el enemigo marítimo, el que se acerca en naves, puede presentarse delante antes incluso de que nadie pueda sospechar que va a venir; y cuando se está acercando no es denunciado por ninguna señal que nos muestre quién es, de dónde viene o qué quiere; ni ninguna señal, por último, por la que se pudiera pensar o distinguir si vienen en son de paz o como enemigos.

IV 7 En las ciudades costeras se produce además cierta corrupción y transformación de las costumbres, pues se mezclan con lenguas y culturas extrañas y no sólo se importan mercancías exóticas sino también costumbres y, en consecuencia, ninguna de las instituciones legadas por los antepasados puede permanecer intacta. Además los habitantes de esas ciudades no llegan a echar raíces en sus hogares, sino que se ven arrebatados por la siempre fugaz esperanza y por ideas que los llevan muy lejos de su casa, e incluso cuando permanecen físicamente, se encuentran exiliados y errantes en su pensamiento. Nada contribuyó más a la ruina total de Cartago y Corinto, tras un largo periodo de decadencia, que el constante errar y la dispersión de sus ciudadanos, porque llevados por la pasión de navegar y comerciar,

8 habían abandonado el cultivo de los campos y de las armas. Son muchas y perniciosas, además, las tentaciones que depara el mar a estas ciudades a llevar una vida suntuosa, y esto tanto por los botines de guerra como por el comercio. Incluso el propio atractivo del lugar presenta a las pasiones muchos estímulos para una vida pródiga e indolente. Y lo que he dicho de Corinto, no sé si se podría decir de verdad de toda Grecia. En efecto, el propio Peloponeso está casi totalmente rodeado por el mar, y, salvo Fliunte, no hay ninguna población cuyos campos no toquen el mar; fuera ya del Peloponeso, los únicos que están alejados del mar son los enianes, los dorios y los dólopes. ¿Y qué voy a decir de las islas griegas que, ceñidas por las aguas del mar, flotan ellas casi al mismo tiempo que las instituciones y

9 costumbres de sus ciudades? Y esto, como he dicho antes, por

lo que se refiere a la Grecia antigua. Pero, ¿hay alguna colonia de las fundadas por los griegos en Asia, Tracia, Italia, Sicilia o África, con la sola excepción de Magnesia[137], que no esté bañada por el mar? Como que algunas costas griegas dan la impresión de una orla bordada sobre territorios bárbaros. En efecto, de los pueblos propiamente bárbaros no había antiguamente ninguno costero, si se exceptúa a los etruscos y a los cartagineses, por causa del comercio los unos y de la piratería los otros. Y esa es la causa evidente de los males y revoluciones que ha padecido Grecia: los defectos propios de las ciudades marítimas, a los que antes he aludido muy brevemente. Pero no obstante, en medio de esos defectos existe también una gran ventaja: el poder hacer llegar por barco hasta la ciudad donde tú habitas cualquier objeto de donde quiera que se produzca y, a su vez, el poder exportar y enviar los productos agrícolas propios a cualquier otro país.

¿Pudo Rómulo mostrarse más divinamente inspirado, para **v 10** conseguir todas las ventajas de las ciudades marítimas y evitar sus defectos, que cuando estableció la ciudad a la orilla de un río de caudal permanente y regular y que desemboca en el mar en un ancho estuario? Por este río podría la ciudad recibir del mar lo que necesitara y exportar lo que le sobrara; y gracias al mismo río, podría obtener todas las cosas necesarias para el sustento y para la vida civilizada, no sólo provenientes del mar sino también traídas del interior del continente; hasta el punto de que a mí me parece que aquél, ya entonces, previó que esta ciudad iba a llegar un día a ser sede y domicilio de una gran potencia; en efecto, nuestra ciudad no hubiera podido mantener tan fácilmente su enorme poderío y hegemonía si hubiera estado situada en cualquier otra parte de Italia.

En cuanto a las defensas naturales de esta misma ciudad ¿hay **vi 11** alguien tan distraído que no las tenga bien grabadas en su mente y le sean sobradamente conocidas? La línea y el trazado del muro obedecen a la sabiduría de Rómulo y a los demás reyes; éste queda limitado por todas partes por abruptas y escarpadas montañas, de manera que sólo había un paso, el que se extendía entre el monte Esquilino y el Quirinal, y que, una vez que se le levantó un elevado terraplén, quedaba circundado por un anchísimo foso; e igualmente la ciudadela que, al tener su base

---

[137] Magnesia de la Caria (Asia Menor).

sobre un cinturón de escarpadas rocas y, se diría que, cortadas a pico a su alrededor, conseguía un grado tal de fortificación que incluso en aquella ocasión horrible de la invasión de los galos[138], se mantuvo incólume e intacta. Y además, eligió un lugar abundante en manantiales y saludable en medio de una región malsana; en efecto, tiene colinas que al tiempo que ellas reciben el soplo de los vientos proyectan su sombra sobre los valles.

VII 12   Y muy rápidamente llevó a cabo las siguientes cosas: fundó una ciudad a la que ordenó llamar Roma, derivado de su propio nombre; y para asegurar este nuevo Estado siguió un plan también nuevo y un poco rústico, ciertamente, pero que, para asegurar los recursos de su reino y de su pueblo, resultó digno de un hombre de talla y previsor a un muy largo plazo: ordenó raptar a las sabinas[139], jóvenes de noble linaje, que habían venido a Roma con ocasión de los Juegos celebrados en honor a Conso[140], que luego serían anuales y que entonces organizó por primera vez en el circo; a continuación las dio en matrimonio a

13   los hombres de las principales familias. Por esta causa, los sabinos declararon la guerra a los romanos, y como el resultado del combate no se decidiera a favor de ninguno, Rómulo concertó con Tito Tacio, rey de los sabinos, un tratado que ya venían suplicando las propias esposas que habían sido raptadas; en virtud de este tratado admitió a los sabinos en la ciudad y tras poner en común los cultos religiosos de ambos pueblos, asoció su reino con el rey de aquéllos.

VIII 14   Tras la muerte de Tacio, todo el poder volvió a Rómulo, si bien de acuerdo con Tacio había elegido una serie de personajes principales para formar un consejo regio (a quienes por razones de afecto dieron el nombre de «padres»[141]); asimismo, al pueblo lo había distribuido en tres tribus, que llevaban respectiva-

---

[138] En 390 a.C., provenientes de la Galia Cisalpina, conquistaron y prendieron fuego a Roma.

[139] Los sabinos son un pueblo que ocupaba el territorio situado al este y nordeste de Roma. Forma uno de los sustratos étnicos de la Roma histórica. La leyenda, como suele suceder, conserva un núcleo de verdad histórica.

[140] Los *Consualia*.

[141] En realidad, *pater* en indoeuropeo (lengua de la que proviene el latín) no significaba «progenitor», sino más bien «Jefe de grupo o de clan» (cfr. Júpiter «Señor del Cielo»). Éstos formaban el consejo que históricamente conocemos con el nombre de Senado. Ésta es la razón de que los senadores sean llamados «padres», si bien este significado primitivo ya no es entendido así en época de Cicerón, que trata de adaptarlo a su significado contemporáneo.

mente su nombre, el de Tacio y el de Lucumón[142], un aliado de
Rómulo muerto en la guerra con los sabinos, y en treinta curias
(y a tales curias las designó con los nombres de las jóvenes raptadas a los sabinos y que, después, habían suplicado el tratado
de paz); pero, aunque todo esto fue instituido en vida de Tacio,
no obstante fue una vez muerto éste cuando Rómulo ejerció su
reinado contando mucho más aún con el consejo y autoridad de
los «padres».

Esta experiencia le permitió ver y comprender enseguida lo ix 15
mismo que poco antes había visto Licurgo en Esparta: que
cuando el gobierno y dirección de las ciudades se realiza por
medio de un poder unipersonal, monárquico, éste resulta mejor
si a la fuerza del poder absoluto se le une el prestigio e influencia de los mejores. De esa manera, apoyado y fortalecido por
este consejo, y por así decir, «senado», llevó a cabo con los pueblos limítrofes una gran cantidad de guerras de feliz resultado y,
si bien él nunca se llevó para su casa nada del botín, no por ello
dejó de enriquecer a sus conciudadanos. Y eso, que todavía hoy 16
mantenemos, con grandes resultados para nuestra república, la
costumbre de tomar los auspicios; es algo que ya observó Rómulo en una gran cantidad de ocasiones. En efecto, fundó Roma
tras haber tomado los auspicios –acto que constituye el nacimiento de nuestro Estado–; y para que le asistieran en todas las
empresas de carácter público que hubiera de realizar nombró a
un augur por cada tribu. A la plebe la distribuyó formando
clientelas de los principales ciudadanos (medida de cuya utilidad hablaré después); y mantenía el orden castigando con multas consistentes en la entrega de ovejas o bueyes (pues entonces
la riqueza consistía en la posesión de ganado y tierras, y de ahí las
palabras *pecuniosi* [ganaderos] y *locupletes* [terratenientes] con
que eran llamados[143]) y no con la violencia o con los suplicios.

Rómulo, tras reinar durante treinta y siete años y haber dado x 17
estos dos pilares fundamentales de nuestra república, los auspi-

---

[142] Tribus llamadas, según Enio, Ticienses (de Tacio), Ramnenses (de Rómulo) y Luceres (de Lucumón). Pero dada la dificultad etimológica, el propio
Varrón dice que según testimonio de Volnio se trata de palabras etruscas.
[143] *Pecuniosi* son los ricos en bienes muebles, los adinerados. Deriva de
pecunia y ésta, a su vez, de *pecus,* que originariamente significaba «bienes muebles»; posteriormente especializó su sentido en una clase –la principal– de
bienes muebles: el ganado. De ahí que *pecuniosi* sea entendido como «ricos en
ganados». *Locupletes,* por su parte, son los ricos en tierras, los terratenientes.

cios y el Senado, consiguió tanto prestigio que en una ocasión en que el sol se oscureció repentinamente, como no apareciera, se creyó que había pasado a integrar el número de los dioses; creencia esta que jamás mortal alguno consiguió provocar sin haber obtenido antes una fama inmensa por su valía.

18   Y ello es todavía más digno de admiración en el caso de Rómulo, pues los otros de quienes se dice que de hombres fueron convertidos en dioses lo fueron en una época en que los hombres eran menos cultos, circunstancia en la que la razón es proclive a la imaginación, dado que a los ignorantes se les induce fácilmente a creer; en cambio, sabemos que la época en que vivió Rómulo se sitúa hace menos de seiscientos años, cuando las letras y las ciencias contaban ya con un largo cultivo y se había eliminado aquella antigua irracionalidad propia de la incultura de los hombres. En efecto, si Roma fue fundada en el año segundo de la Séptima Olimpiada[144], como se desprende de la lectura de los anales griegos, la vida de Rómulo cae de lleno en un siglo en que Grecia abundaba ya en poetas y músicos y en que el crédito que se daba a las leyendas era menor, si se exceptúan las que trataban de cosas antiguas. Así es: la Primera Olimpiada se data ciento ocho años después de que Licurgo decretara poner la leyes por escrito[145]; olimpiada que algunos creen que fue instituida por Licurgo, debido a un error en los nombres[146]; por otra parte, los cálculos más bajos sitúan a Homero casi treinta años anterior a Licurgo.

19   De ello se puede deducir que Homero vivió muchísimos años antes que Rómulo y, consiguientemente, era ésta ya una época de hombres instruidos y de ambiente erudito incluso, en la que apenas habría lugar para la ficción. Ciertamente, la antigüedad aceptó muchas narraciones ficticias, a veces incluso ‹toscamente ideadas; la época de la que hablamos, en cambio, dado su alto grado de cultura, burlándose de todo aquello que no era posible en la realidad, lo desechaba... ›

---

[144] Escipión sigue aquí la opinión de Polibio (cfr. más arriba nota 66). La Primera Olimpiada data de 776. Cada Olimpiada tenía una duración de cuatro años, siendo su comienzo en el segundo plenilunio tras el solsticio de verano (es decir, entre julio y agosto). El segundo año de la Séptima Olimpiada corresponde, pues, al 751/750.

[145] Es decir, en 884.

[146] Plutarco (*Licurgo* 1,4) señala que Timeo de Tauromenio suponía que hubo en Esparta dos Licurgos, no contemporáneos, y que las acciones de ambos fueron atribuidas a uno solo.

‹Estesícoro›[147], su nieto, según algunos, por parte de su hija.   20
Éste murió en el mismo año en que nació Simónides, en la quin-
cuagésima sexta Olimpiada, para que pueda comprenderse mejor que la creencia en la inmortalidad de Rómulo se dio en una
época en que una larga etapa ya de la historia de la humanidad
era conocida y estudiada.

Pero no hay duda de que fue tanta la
grandeza de su talento y de su valía que se dio crédito a lo que
decía de Rómulo un simple campesino, Próculo Julio, cuando
ya hacía muchos siglos que los hombres no hubieran creído esto
de ningún otro mortal; éste, empujado por los senadores, para
apartar de sí las miradas acusadoras por la muerte de Rómulo[148],
declaró en la asamblea del pueblo que había visto a Rómulo
en la colina que ahora se llama Quirinal; y que le había encomendado que hiciera la petición al pueblo de que le fuera dedicado un templo en esta colina; que él era un dios y que se llamaba Quirino.

¿O es que no veis que gracias al talento y resolución de un   XI 21
solo hombre no sólo nació un nuevo pueblo, al que no se dejó
como un niño en pañales, sino como a uno ya crecido y casi en
la edad viril?

(LELIO):

—Claro que lo vemos, como también estamos viéndote a ti
comenzando con un método nuevo de debate que no aparece
en los libros griegos. Pues, el príncipe aquel de los autores[149], a
quien nadie superó en el arte de escribir, imaginó un lugar en el
que construir una ciudad a su gusto; magnífica ciudad la suya,
probablemente, pero alejada de las costumbres y de la vida real
de los hombres[150]. Los demás trataron de los distintos modelos   22
de Estados y de sistemas políticos, pero sin tomar como ejemplo una forma determinada de Estado; en cambio, tú me das la

---

[147] El texto es muy fragmentario. Del propio nombre Simónides no se lee
más que …*moni…* De Estesícoro no se lee más que su -o final. El pasaje fue
restituido por Mommsen como sigue: *A continuación Hesíodo y aunque vivió
muchos años después de Homero, no obstante, consta que lo hizo antes de Rómulo. No mucho después de la fundación de Roma nació Estesícor‹o, etcétera.*
Estesícoro de Hímera pertenece a los siglos VII-VI. Simónides nació hacia
557/6. Cicerón pretende mostrar que, en el momento histórico de Rómulo,
Grecia contaba ya con una gran tradición literaria.

[148] La sospecha de que Rómulo desapareciera a manos de los nobles es
recogida también por Tito Livio (I, 16, 4).

[149] Platón.

[150] La proyectada por Platón en su *República.*

impresión de que vas a hacer las dos cosas: en efecto, has comenzado de manera que prefieres atribuir a otros lo que tú mismo has descubierto, en lugar de idearlo o imaginarlo como hace Sócrates en Platón; y respecto al emplazamiento de la ciudad, tratas de racionalizar algo que Rómulo hizo por casualidad o por necesidad, y tu forma de exponer no va de acá para allá sino que siempre tiene como referencia un solo Estado. Así es que continúa como planeaste, pues me parece estar ya atisbando, entre tanto tu continúas con los otros reyes, la constitución de un Estado casi perfecto.

XII 23   (ESCIPIÓN):

—Pues bien, aquel Senado de Rómulo del que hablamos, que estaba formado por aristócratas a quienes el propio rey había concedido tantas prebendas que, por voluntad suya, se les llamó «padres» y a sus descendientes «patricios»[151], intentó tras la muerte de Rómulo regir directamente el Estado sin necesidad de rey; el pueblo no lo aceptó, y recordando con nostalgia a Rómulo, no dejó de reclamar con insistencia un rey; fue entonces cuando aquellos ciudadanos principales idearon, con gran sentido de la previsión, un sistema nuevo y desconocido para el resto de las naciones, el «interregno», de forma que, hasta tanto no se nombrara al rey con carácter definitivo, la ciudad no quedara sin rey, ni con un solo rey durante mucho tiempo, ni se corriera el riesgo de que alguno, por haber estado mucho tiempo en el poder, se mostrara reacio a dejar el mando o se hiciera fuerte para
24   conservarlo. Y en esa época, aquel pueblo, a pesar de su inexperiencia, comprendió no obstante algo que se le había escapado al lacedemonio Licurgo, quien consideró que el rey no debía ser elegido (si es cierto que tal cosa pudo entrar en las competencias de Licurgo), sino que había de ser considerado rey cualquiera que poseyera la condición de pertenecer al linaje de Hércules; nuestros antepasados, en cambio, campesinos como eran, comprendieron ya entonces que lo que convenía buscar era la valía y la sabiduría propias de un rey y no su ascendencia.
XIII 25   Y como Numa Pompilio tenía fama de ser el más sobresaliente en esas cualidades, el propio pueblo, pasando por alto a sus propios conciudadanos y siguiendo el consejo de los senadores, lo nombró rey, aun siendo extranjero, de forma que hizo

---

[151] *Patricio* es, en efecto, derivado de *padre*. Para el significado de este último véase más arriba nota 141.

venir de Cures a Roma, para reinar, a un sabino. Tan pronto
como llegó aquí, aunque el pueblo lo había nombrado rey en
los comicios curiados[152], no obstante, él mismo propuso una ley
curiada sobre su poder supremo; y en cuanto vio a los romanos
inflamados de bélicas pasiones, como consecuencia de la política de Rómulo, consideró que tendría que irlos apartando poco
a poco de aquella costumbre.

Su primera medida fue repartir entre todos y cada uno de los   xiv 26
ciudadanos las tierras que Rómulo había obtenido con la guerra, enseñándoles que podrían tener abundancia de toda clase
de bienes cultivando los campos, sin necesidad de depredar ni
de cometer pillaje; y les inculcó el amor por la tranquilidad y la
paz, circunstancias en las que es más fácil que cobren fuerza el
sentido de la justicia y de la lealtad y bajo cuyo amparo el cultivo de los campos y la obtención de los frutos están asegurados
al máximo. Este mismo Pompilio, una vez instituidos los auspicios mayores[153], aumentó en dos el número primitivo de augures[154], y puso al frente del culto sagrado a cinco pontífices[155],
escogidos entre los ciudadanos más relevantes; y calmó los ánimos encendidos por la costumbre y la pasión por la guerra con
ceremonias religiosas instituidas mediante estas leyes que aún
hoy conservamos en nuestros archivos; a todo ello añadió los
Flámines[156], los Salios[157] y las Vírgenes Vestales[158], dotando de

---

[152] Los *comicios curiados* o *por curias* son los formados por los patricios.
Eran los únicos que existían hasta la reforma de Servio Tulio (578-534).

[153] Los auspicios mayores son los que correspondían a las magistraturas
superiores.

[154] Los *augures* son los sacerdotes más antiguos de Roma. El propio Rómulo lo fue (Cic. *diu.* 1,3). Son los intérpretes de la voluntad de los dioses.
Según Tito Livio (IV,4,2) no existían en tiempos de Rómulo y fueron creados
por Numa Pompilio. Como puede verse, Cicerón sigue otra versión: a los tres
preexistentes, añadió dos. Véase más adelante *Las leyes, 2,31* y ss.

[155] Los *pontífices* constituyen el colegio sacerdotal más importante. Son
los encargados de la descripción del año y de la distribución de los días *fastos*
y *nefastos*. Véase más adelante *Las leyes* 2,29.

[156] Los *flámines* son sacerdotes adscritos a una divinidad particular. Había tres mayores (*Dialis*, *Martialis* y *Quirinalis*) y un número variado de *flámines* menores. Véase más adelante *Las leyes, 2,29*.

[157] Los *Salios* son sacerdotes consagrados a Marte Gradivo. Recorrían las
calles de la ciudad saltando (de ahí que todos los antiguos relacionaran su
nombre con el verbo que en latín significa «saltar», *salio*).

[158] Las *Vestales,* elegidas por el Pontífice Máximo, estaban dedicadas a
conservar el Fuego Sagrado de Vesta, diosa protectora del Hogar. Debían
hacer voto de castidad durante su sacerdocio que duraba treinta años. Véase
más adelante *Las leyes, 2,29*.

carácter sagrado e inviolable todos los aspectos de la religión.

27 Quiso, por otra parte, que la observancia de estos mismos aspectos del culto fuera muy estricta y compleja, pero su aparato muy sencillo; en efecto, instituyó muchos ritos que había que aprender perfectamente y observar con rigor, pero que, en cambio, no ocasionaban gastos. Fomentó de esta forma el culto a la religión, quitándole la suntuosidad; siendo él quien creó los mercados, los juegos públicos y todo tipo de concurrencia o que fuera motivo de la misma. Con estas instituciones consiguió que las almas de unos hombres que, por sus pasiones guerreras, se habían convertido en algo inhumano y salvaje, volvieran a sentirse humanas y pacíficas. De esta manera, tras haber reinado durante treinta y nueve años, en medio de una gran paz y concordia (en esto queremos seguir sobre todo a nuestro querido Polibio, pues nadie le ha superado en el rigor puesto en sus investigaciones cronológicas)[159], abandonó esta vida después de haber dejado bien aseguradas las dos cosas que más importan para la continuidad de la república: la religión y la clemencia[160].

xv 28 Tras estas palabras de Escipión, intervino Manilio:

—¿Es verdad, Africano, eso que cuenta la tradición, que este rey, Numa, fue discípulo del propio Pitágoras o que, al menos, fue un pitagórico? Pues eso es lo que muchas veces he escuchado a los ancianos y me parece que es la creencia general; sin embargo, no veo que lo confirme la autoridad de los Anales públicos.

Entonces Escipión:

—En efecto, Manilio, eso es totalmente falso; y no es solamente una leyenda, sino una leyenda absurda y propia de ignorantes; pues constituyen patrañas a las que no es posible dar crédito aquéllas en las que resulta evidente no sólo que hayan sido inventadas, sino incluso la imposibilidad de que sucedieran. En efecto, es en el cuarto año del reinado de Lucio Tarquinio el Soberbio, cuando se tiene noticia de que Pitágoras vino a

---

[159] Sobre las diferencias en los cálculos cronológicos de los antiguos véase J. Bayet, *Introduction…, op. cit.,* pp. CXIV y ss. Tito Livio, por ejemplo, señala un reinado de treinta y siete años para Rómulo y de cuarenta y tres para Numa (I,21,6).

[160] Numa aparece siempre en la tradición como el fundador de las instituciones religiosas y como precursor de la vida civilizada. Aparece como contrapuesto a Rómulo por su contribución a la grandeza de Roma: el segundo lo hizo con la guerra; el primero, con la paz (cfr. Tito Livio, I,21,6).

Síbaris, a Crotona y demás partes de Italia vecinas de éstas; y es
la sexagésima segunda Olimpiada la que señala por igual el comienzo del reinado del Soberbio y la venida de Pitágoras[161]. De 29
lo que se puede concluir, realizando el cálculo de los años co-
rrespondientes a la etapa monárquica, que fue aproximada-
mente a los ciento cuarenta años de la muerte de Numa cuando
Pitágoras tocó por primera vez Italia, y es éste un hecho que
nunca ha supuesto ninguna duda para todos los que han estudiado los Anales de esta época con mayor rigor.

—¡Dioses inmortales! –exclamó Manilio–. ¡Qué gran error
y durante cuánto tiempo arraigado en los hombres! No obstante me doy por contento con que nuestra cultura no provenga de
ciencias importadas allende los mares, sino de las virtudes ge-
nuinas de nuestra tierra.

—Y te darás cuenta de esto mucho más fácilmente –dijo el XVI 30
Africano– si te detienes a mirar el progreso de nuestra república
y su llegada a la fase óptima, siguiendo una especie de camino y
evolución natural. Y decidirás que se ha de cubrir de elogios la
sabiduría de nuestros antepasados por esta misma razón, porque comprenderás que incluso cosas tomadas de otros sitios se
han realizado mucho mejor entre nosotros que lo fueron allí de
donde habían sido importadas y donde nacieron; y comprenderás que el pueblo romano se ha constituido tan sólidamente, no
por azar, sino por voluntad y por disciplina, aunque también es
verdad que la fortuna no le ha sido adversa.

Tras la muerte del rey Pompilio, el pueblo reunido en comi- XVII 31
cios por curias y a propuesta del interrey, nombró rey a Tulo
Hostilio, quien siguiendo el ejemplo de Pompilio sometió a votación ante el pueblo, reunido por curias, la confirmación de su
poder supremo. Su gloria brilló en el terreno militar, destacando sus grandes empresas bélicas; y este mismo rey construyó el
recinto del Comicio y el de la Curia[162], con el producto de los
botines de guerra; constituyó el derecho por el que habían de
regirse las declaraciones de guerra y a esta nueva institución,
legítima ya por sí misma, la sancionó con el rito fecial[163], de

---

[161] Es decir, el año 532/1 a.C. (cfr. más arriba nota 144).
[162] Lugares donde tenían lugar las asambleas populares y las sesiones del
Senado, respectivamente. Este último se llamaba, en honor a su fundador, la
Curia Hostilia.
[163] Los *feciales* constituían un colegio sacerdotal, cuyo presidente era el
pater patratus. Estaban encargados de exigir reparaciones a otros pueblos y de

manera que toda guerra que no fuera oficialmente proclamada y declarada sería considerada injusta e impía. Y para que comprendáis bien cuán sabiamente se dieron cuenta ya nuestros reyes de que había que conceder derechos al pueblo (sobre esto tendremos mucho que decir), ni siquiera se atrevió a usar Tulo las insignias reales sin contar con el permiso del pueblo. En efecto, para que le fuera lícito que le precedieran los doce lictores con las fasces...[164]

(Faltan dos páginas)

32　　　*Acerca también de Tulo Hostilio, que fue el tercer rey contando a partir de Rómulo y que también fue arrebatado por un rayo, el mismo Cicerón, en la misma obra (La República), dice que no por haber recibido tal tipo de muerte se creyó que había sido recibido entre los dioses; y ello quizá porque los romanos no quisieron generalizar, esto es, quitarle valor a algo que habían admitido; o sea, de lo que se habían convencido, en el caso de Rómulo; cosa que sucedería si esto se atribuyera con facilidad a cualquier otro[165].*

XVIII 33　　(LELIO):

—... Según tu exposición no es reptando sino volando, como se dirige la república hacia su forma más perfecta.

(ESCIPIÓN):

—Después de éste, fue designado rey por el pueblo Anco Marcio, nieto, por parte de su hija, de Numa Pompilio; también éste promovió una ley curiada sobre su poder supremo. Tras vencer a los latinos en la guerra, los incorporó a la ciudad; igualmente agregó a Roma el Aventino y el Monte Celio; repartió las tierras que había conquistado, y todos los bosques cercanos al mar, ocupados durante sus campañas, los convirtió en propiedad pública, fundando una ciudad[166] en la desembocadura del Tíber, a la que consolidó estableciendo allí colonos. Murió tras haber reinado veintitrés años.

---

declarar solemnemente la guerra, todo ello de acuerdo con un ritual establecido (descrito por Tito Livio, I,32; véase además *Las leyes*, 2,34).

[164] Los *lictores* («maceros») eran los que portaban las *fasces*. Véase más arriba nota 109.

[165] Testimonio de San Agustín, *ciu.* 3,15.

[166] Debe referirse a Ostia, si bien la fundación de ésta es, en realidad, posterior, en el siglo IV.

Entonces intervino Lelio:

—También es digno de elogios ese rey; pero, la historia romana es oscura, pues, si bien es cierto que sabemos quién es la madre de ese rey, ignoramos quién era el padre.

—En efecto –asintió Escipión–. Pero de aquella época apenas si se conoce algo más que nombres de reyes.

Pero, es en este momento cuando parece que, por primera xix 34 vez, la ciudad se vuelve más instruida, gracias a cierta cultura importada. En efecto, no fue un débil riachuelo el que, proveniente de Grecia, fluyó hasta desembocar en nuestra ciudad, sino el caudalosísimo río de sus ciencias y de sus artes. Cuentan que hubo un tal Demarato de Corinto, el más destacado, sin duda, de su ciudad tanto desde el punto de vista de su posición social, como por el de su prestigio y fortuna; y que éste, no pudiendo soportar a Cipselo, tirano de Corinto, huyó –se dice– con una gran cantidad de dinero y se trasladó a Tarquinia, una de las ciudades más florecientes de Etruria. Cuando llegó a sus oídos que el poder de Cipselo se consolidaba, siendo como era un hombre libre y pleno de energía, renunció a su patria, y una vez que le fue concedida la ciudadanía por los tarquinienses, estableció en esa ciudad su residencia y domicilio. Tuvo dos hijos de su esposa, una tarquiniense, a los que instruyó en todas las artes, siguiendo los métodos de enseñanza de los griegos[167].

(Faltan dos páginas)

(ESCIPIÓN):   xx 35
—... Tras haber obtenido fácilmente la ciudadanía, gracias a sus cualidades humanas y a su cultura, se hizo tan amigo del rey Anco que se pensaba que tomaba parte en todos sus proyectos y que era casi su colega. Tenía éste, además, un carácter muy afable, siempre bien dispuesto a ofrecer ayuda, apoyo, defensa o incluso dinero de manera desinteresada a cualquier ciudadano. Y así, a la muerte de Marcio, el pueblo lo eligió rey, por unanimidad y adoptó el nombre de Lucio Tarquinio[168]; así es como cambió su nombre griego, con el fin de que pareciera que su intención era seguir en todos sus aspectos las costumbres de

---

[167] Vemos aquí, reflejadas sobre la leyenda, las huellas del influjo griego a través de los etruscos.
[168] Lucio Tarquinio el Viejo.

ese nuestro pueblo. Una vez que presentó la ley sobre su poder supremo, lo primero que hizo fue duplicar el número primitivo de senadores, denominando a los antiguos «padres de familias de abolengo» –a éstos pedía su opinión en primer lugar– y «padres de familias nuevas», constituidos por los que él había nombrado[169]. A continuación instituyó la caballería en la forma en que todavía hoy se mantiene. Y no le fue posible cambiar los nombres de ticienses, ramnenses y lúceres, aun cuando era su deseo, porque un augur de gran prestigio, Ato Navio, no lo declaró favorable[170]. Y observó que también los corintios, en otro tiempo, se preocuparon por disponer de caballos de propiedad pública y de que su alimentación se costeara por medio de los impuestos de huérfanos y viudas[171]. Pero, no obstante, al añadir nuevos escuadrones de caballería a los anteriores, consiguió mil ochocientos[172] caballeros con lo que duplicó su número. Después de someter militarmente a los ecuos, pueblo grande y feroz, que amenazaba los intereses del pueblo romano, hizo lo mismo con los sabinos, a quienes, tras rechazarlos ante las mismas murallas de Roma, los dispersó con la caballería y les infligió una completa derrota. Se nos enseña también que fue este mismo quien, por primera vez, organizó los *Juegos Máximos,* que recibieron el nombre de *Romanos*[173] y que el templo sobre el Capitolio, dedicado a Júpiter Óptimo Máximo, fue construido en cumplimiento de una promesa que hizo en pleno combate, durante la guerra sabina, y que murió tras haber reinado durante treinta y ocho años.

XXI 37   Entonces Lelio:

—Ahora se confirma más aquello que decía Catón: que la constitución de nuestra república no es obra ni de una sola época ni de un solo hombre, pues queda claro cuán grande ha sido

36 (margen)

---

169 Véase más arriba nota 141.
170 El augur tenía así supremacía incluso sobre el poder real. Véase más adelante *Las leyes,* 2,30 y ss.
171 Los huérfanos y viudas no estaban sometidos al impuesto general porque no eran personas jurídicas. No obstante, se les aplicaba este otro impuesto especial que iba destinado al mantenimiento de la caballería pública.
172 El palimpsesto da la cifra M*AC*CC, esto es, *mille ac ducentos* (mil doscientos). Ziegler, editor del texto seguido por nosotros, acepta la corrección de Zumpt en MDCCC (mil ochocientos), para lo que se basa en Tito Livio (I,36,7). E. Bréguet, en cambio, mantiene la lectura original.
173 Los *ludi maximi Romani* se celebraban en el Circo Máximo, en septiembre, en honor de Júpiter, Juno y Minerva.

la aportación de bienes y otras ventajas que se han producido con cada monarca. Pero es el que viene a continuación el que me parece a mí que tuvo más perspicacia de todos para los asuntos políticos.

—Así es –dijo Escipión–. Después de Tarquinio, fue Servio Tulio el primero que reinó sin contar con el mandato previo del pueblo, según cuenta la tradición. Dicen que era hijo de una esclava tarquiniense, siendo su padre un cliente del rey, por lo que no pasó desapercibida la chispa de su talento, que ya entonces, aún siendo un chiquillo, resplandecía. Tal era su destreza en cualquier cosa que tuviera que hacer o expresar. Y Tarquinio, que por entonces tenía los hijos pequeños, mostraba tal predilección por Servio que la gente lo creía hijo suyo; y puso un gran interés en instruirlo en todas aquellas artes que él mismo había aprendido con los refinados métodos de educación de los griegos.

Pero, cuando murió Tarquinio, víctima de las intrigas de 38 los hijos de Anco, como os decía antes, comenzó a reinar Servio; no por haber recibido el mandato, pero sí por concesión voluntaria de los ciudadanos, pues al correr el bulo de que Tarquinio estaba grave a consecuencia de una herida, pero aún con vida, aquél, revestido con las insignias reales, se había puesto a administrar justicia y había liberado a los deudores con su propio dinero; y mostró con ello tal liberalidad, que convenció a todos de que administraba justicia por mandato de Tarquinio; así que no se presentó ante los senadores, sino que, una vez enterrado Tarquinio, él mismo se sometió a consulta directamente ante el pueblo; una vez recibido el mandato de reinar, presentó una ley curiada sobre su poder supremo. Su primera acción fue vengar con la guerra los ultrajes que habían recibido de los etruscos; a partir de la cual…

(Faltan dos páginas)

(ESCIPIÓN): XXII 39
—… Dieciocho de los de renta más alta. A continuación, una vez puesto aparte el conjunto de los caballeros de la masa formada por el resto del pueblo, distribuyó al pueblo en cinco clases, separando a los viejos de los jóvenes, y disponiéndolos de tal forma que los votos no estuvieran en poder de la multitud, sino de los ricos propietarios, procurando algo que siem-

pre se ha de tener presente en política: que la mayoría no disponga del mayor poder. Yo os hablaría con más detalle de esta
organización, si vosotros no la conocierais; ahora veis que el
sistema era tal que las centurias de caballeros con los seis votos,
más la primera clase, a la que se añadió la centuria de los carpin-
teros, concesión debida a la gran importancia que tenía para la
ciudad, formaban un total de ochenta y nueve centurias; y si de
las ciento cuatro centurias (pues tales son las que restan) se le
agregaban ocho, se conseguía una mayoría del pueblo decisiva
y el resto de la masa, mucho mayor en número, que formaba
noventa y seis centurias, ni era excluida del derecho al voto, lo
que podría resultar despótico, ni tenía un poder excesivo, lo que
podría resultar peligroso[174].

40   Y al hacer esto, también puso mucho cuidado, en la misma
terminología y denominaciones que empleó: llamó a los ricos
adsidui, palabra que viene de su obligación de «dar ases»[175], y a
los que no tenían más de mil quinientos ases o en su censo no
aparecía más propiedad que su persona, los llamó *proletarios,*
en la idea de que pareciera que de ellos no se esperaba más
contribución que la prole, es decir, algo así como los hijos del
Estado. Por otra parte, en una sola de aquellas noventa y seis
centurias aparecían censados entonces al menos más que casi en
toda la primera clase. De esa manera, nadie estaba privado del
derecho al sufragio y al mismo tiempo, a la hora de votar, tenía
más fuerza aquél a quien más interesaba el bienestar de la ciudad. Incluso los soldados de reserva[176], los trompetistas, los
cornetas, los proletarios…

(Faltan cuatro páginas)

XXIII 41   (ESCIPIÓN):
        —Creo que la mejor constitución política es la que resulta
de una combinación moderada de aquellos tres modelos de

---

[174] En realidad, la mayoría de estas reformas son posteriores a Servio
Tulio.
[175] Etimología popular. En realidad, *adsidui* (de *adsideo*) significa «establecido», «situado», «acomodado», en el mismo sentido que estas palabras
tienen también en español.
[176] «Los soldados de reserva» *(accensi)* son los asignados al censo de las
legiones para colmar los vacíos que se produjeran. No llevaban armas ni uniforme.

los que hablamos: el monárquico, el aristócrata y el democrático; y que no irrite con la represión... el espíritu brutal y salvaje...[177].

(ESCIPIÓN):   42
—... Era más de sesenta años más antigua que...[178], pues
había sido fundada treinta y nueve años antes de la Primera
Olimpiada[179]. Y alguien todavía más antiguo, Licurgo, observó
casi las mismas cosas. Pues ese equilibrio que presenta el modelo de constitución triple me parece a mí que nos ha sido común
con aquellos pueblos. Pero yo voy a tratar de hablar, de la manera más rigurosa posible, de qué es aquello peculiar de nuestra
república que la hace no tener parangón alguno por lo que a
excelencia se refiere. Tal característica deberá reunir la condición de que nada semejante se halle en ninguna otra república.
Las que yo he venido exponiendo existieron mezcladas tanto en
nuestra ciudad como en Esparta y en Cartago, pero les faltó el
equilibrio de la proporcionalidad.

En efecto, en un Estado donde una sola persona ejerce un   43
poder vitalicio, sobre todo si es un rey, aunque exista un Senado, como ocurrió en Roma cuando había reyes, o como en Esparta, tras las leyes de Licurgo, y aunque exista incluso algún
derecho para el pueblo, como ocurrió bajo nuestros reyes, no
obstante sobresale como característica principal el término de
rey; y un Estado de este tipo no puede dejar de ser, tanto de
hecho como de nombre, una monarquía. Por otra parte, éste es
el modelo de Estado más cambiante, por la siguiente razón:
porque por la falta de uno solo se precipita con facilidad hacia
el lado más dañino. En efecto, la forma de Estado monárquica
en sí misma no sólo no es merecedora de reproche alguno, sino
que dudo si no se ha de preferir con mucho a los otros modelos
considerados en su estado puro (todo ello en el caso de que yo
diera mi aprobación a uno de los modelos de república en su
forma pura), siempre que mantuviera la característica que le es
propia. Característica que consiste en que la seguridad, la igual-

---

[177] Non., 342, 39.
[178] A. Mai conjetura: *Cartago era sesenta y cinco años más antigua que
Roma*. De esa manera trata de ajustarlo a la referencia de «treinta y nueve años
antes de la Primera Olimpiada», esto es, en 815; siendo la fecha de fundación
de Roma en la cronología seguida por Escipión la de 750. (Véanse más arriba
notas 66 y 144).
[179] Véase nota 144.

dad y la tranquilidad de los ciudadanos estén regidos por el poder vitalicio de uno solo y por la justicia y sabiduría de uno solo. Son muchas las cosas que generalmente faltan al pueblo cuando es gobernado por un rey, pero sobre todo y en primer lugar, la libertad, que no consiste en tener un amo justo, sino en no tener ninguno...

XXIV 44   (ESCIPIÓN):

—... Soportaban[180]. En efecto, la fortuna acompañó con la mayor prosperidad durante algún tiempo a aquel amo injusto y cruel: venció con las armas a todo el Lacio, conquistó la opulenta y rica ciudad de Suesa Pomecia[181]; y, enriquecido con el gran botín de oro y plata capturado, cumplió la promesa hecha por su padre, construyendo el templo del Capitolio; estableció colonias, y siguiendo la costumbre de aquellos de quienes descendía, envió magníficos presentes, como primicias de sus botines de guerra, al templo de Apolo en Delfos.

XXV 45   Y es aquí cuando va a comenzar ya el ciclo de revoluciones, cuyo movimiento natural y periódico quiero que aprendáis a conocer desde el principio. Pues ésa es la base de la ciencia política, objeto de esta nuestra exposición, el ver los caminos a veces sinuosos que atraviesan los Estados, con el fin de que, una vez sabido adónde tienden los acontecimientos, poder detenerlos o prevenirlos. El rey ese del que os hablaba, al estar manchado desde el principio con la sangre de un gran rey[182], no tenía la conciencia tranquila y, temiendo él la pena máxima para su crimen, quería que se le temiera a él. Después, valiéndose de sus victorias y riquezas, comenzó a dar rienda suelta a su insolencia llegando a no poder dominar ni su conducta ni las pasiones de los suyos.

46   Así fue como, al violar su hijo mayor a Lucrecia[183], la hija de Tricipitino[184] y esposa de Colatino[185] (y aquella casta y noble mujer se castigara a sí misma dándose muerte por el ultraje re-

---

[180] En las páginas anteriores debió de comenzar a hablar Escipión de Tarquinio el Soberbio, último rey de Roma.

[181] Ciudad del territorio de los volscos, en el Lacio.

[182] El anterior, Servio Tulio.

[183] Cicerón sigue la misma versión que Dionisio de Halicarnaso (*ant.* 4,64); Tito Livio (1,53,5) y Ovidio (*Fast.* 2,689) hablan, en cambio, del más joven, de nombre Sexto.

[184] Espurio Lucrecio Tricipitino.

[185] Lucio Tarquinio Colatino. Como su nombre indica, era miembro de la familia real.

cibido), Lucio Bruto[186], hombre que sobresalía por su talento y valor, liberó a sus conciudadanos de aquel injusto yugo de cruel esclavitud. Y este hombre, siendo un simple ciudadano, mantuvo sobre sí el peso de todo el Estado, y fue el primero de esa ciudad en mostrar que cuando se trata de salvaguardar la libertad de los ciudadanos nadie es un simple ciudadano. Éste fue el instigador y cabecilla de la sublevación de la ciudad que, movida por las quejas recientes del padre de Lucrecia y de sus parientes y por el recuerdo de la soberbia de Tarquinio y por los muchos ultrajes cometidos por él mismo y por sus hijos, condenó al destierro al propio rey, a sus hijos y a toda la familia de los Tarquinios.

¿No veis, pues, cómo de un rey se originó un amo y cómo, **XXVI 47** por la falta cometida por un solo individuo, un Estado de ser considerado bueno pasó a ser el peor? En efecto, éste es el amo del pueblo al que los griegos llaman tirano; pues reservan el nombre de rey para aquel que al tomar las decisiones políticas lo hace como si fuera un padre para el pueblo, y mantiene a aquéllos al frente de los cuales está en las mejores condiciones de vida posible; buena forma de gobierno, sin duda, como dije, pero que, no obstante, es proclive y, en cierto modo, tendente al más pernicioso de los sistemas.

Desde el momento en que este rey se inclina hacia el despo- **48** tismo, al punto se ha convertido en un tirano, sin que pueda imaginarse un ser vivo más monstruoso ni más horrible y odioso tanto para los hombres como para los dioses; pues éste, aunque su figura es humana, no obstante, la crueldad de su conducta sobrepasa con mucho a las bestias más salvajes. Pues, ¿quién se atrevería a llamar con propiedad «hombre» a un individuo que no acepta tener un derecho en común, ningún vínculo de solidaridad humana entre él y sus conciudadanos, ni siquiera con ninguna clase de hombres? Pero ya tendremos una ocasión más apropiada para hablar de esta especie, cuando el propio tema nos invite a acusar a quienes incluso, una vez liberada la ciudad, sintieron deseos de obtener el poder absoluto.

Conocéis, por tanto, cuál es el origen del tirano; los griegos **XXVII 49** reservaron este nombre para el rey injusto; los nuestros llamaron siempre rey a cualquiera que hubiera ejercido el poder de forma individual y con carácter vitalicio sobre los pueblos. De esa ma-

---

[186] Lucio Junio Bruto es sobrino, precisamente, del rey Tarquinio.

nera se dice que Espurio Casio[187], Marco Manilio[188], y Espurio Nelio[189], quisieron hacerse con el poder real y hace poco...

(Faltan dos páginas)[190]

XXVIII 50   (ESCIPIÓN):
—... En Lacedemonia se les llamó[191]... un número excesivamente pequeño, veintiocho, en quienes quiso que radicara la función consultiva de manera exclusiva, mientras que el rey retenía la totalidad del poder de manera absoluta. Nuestros antepasados, siguiendo este modelo, y traduciéndolo, llamaron *senado* al conjunto de los que aquél había denominado «ancianos»[192], cosa que ya había hecho Rómulo al elegir los *padres*[193], según hemos contado antes. No obstante, en este sistema sobresale y destaca la fuerza, el poder y el título de «rey». Incluso repartiendo un poco de poder con el pueblo, como hicieron Licurgo y Rómulo, no se lograría saciarlo de libertad, sino que se excitaría su apetito de la misma con sólo permitirle la posibilidad de probarla; y siempre amenazará el temor de que resulte un rey injusto, cosa que sucede la mayor parte de las veces. Por tanto, es muy frágil la fortuna de un pueblo que se basa en la voluntad o en el carácter de una sola persona, como ya os dije antes.

XXIX 51   En consecuencia, estaremos de acuerdo en que ésta es la primera forma, tipo y origen del tirano, esto es, la que hemos encontrado en el Estado que Rómulo fundara tras realizar la toma de auspicios; y no aquella otra que, tal como nos la describe Platón, el propio Sócrates diseñó especialmente para su propósito en aquel magistral diálogo[194]; es decir, de la misma forma que sucedió con Tarquinio, que, no por haber adquirido un nuevo poder, sino por haber utilizado injustamente el que tenía,

---

[187] Espurio Casio Vecelino, cónsul en 502, 493 y 486. Véase más adelante el pasaje *rep.* II, 60 de esta misma obra.
[188] Marco Manlio Capitalino, cónsul en 392.
[189] Véase más arriba nota 20. Estos tres personajes murieron violentamente tras ser acusados de querer demagógicamente el poder absoluto.
[190] En estas páginas perdidas Cicerón hablaría probablemente de Tiberio Graco.
[191] Siguiendo a A. Mai, la mayor parte de los editores restituyen: *En Lacedemonia Licurgo* los llamó *gerontes* (= «ancianos»).
[192] En latín *senes,* de ahí *senatus* («consejo de ancianos»).
[193] Véase nota 141.
[194] Esto es, *La república*.

arruinó por completo todo este modelo de Estado monárquico.

Tomemos ahora como ejemplo el caso opuesto: el de un hombre bueno, sabio y conocedor del interés y de la dignidad ciudadana, una especie de tutor y servidor del Estado; pues así deberá ser llamado cualquiera que fuere, el que dirija y lleve el timón de la ciudad. Intentad reconocer a este hombre; pues ése es el que con su sabiduría y esfuerzo puede proteger a la ciudad. Puesto que este nombre es poco utilizado todavía en nuestra lengua y tendremos que tratar bastantes veces de este tipo de hombre en lo que queda de nuestra exposición...

(Faltan doce páginas)

(ESCIPIÓN):   xxx 52
—... Buscó[195]... y diseñó una ciudad más deseable que real, lo más pequeña posible y no con unas características tales que hicieran posible su existencia, sino con el fin de que se pudiera reconocer claramente en ella la razón de las instituciones políticas. Yo, en cambio, tomaré como base los mismos principios que aquél observó, si es que puedo conseguirlo, pero no en una ciudad fantasma e imaginaria, sino en el Estado más poderoso, de manera que parezca que puedo tocar con el puntero la causa de cualquier bien o mal públicos. Transcurridos estos doscientos cuarenta años, y aun un poco más contando los interregnos, una vez expulsado Tarquinio, el pueblo romano se vio invadido por un odio tan grande contra el nombre de rey, como la añoranza que sintió tras la muerte de Rómulo o más bien de su marcha. Y así, lo mismo que no podía estar falto de rey, tras la expulsión de Tarquinio tampoco podía ni siquiera escuchar la palabra «rey»...

(Faltan dieciséis páginas)

... Así pues, aquella excelente constitución de Rómulo, al   xxxi 53
haberse mantenido firme durante casi doscientos cuarenta años...[196].
... *[De aquí resulta el que al no soportarse la dominación de los reyes, se limitara su poder a un año y se pusiera en manos de dos jefes que recibieron el nombre de* cónsules, *palabra que vie-*

---

[195] El sujeto parece ser Platón.
[196] Fragmento citado por Nonio, p. 526, 10.

ne de consultar, *en lugar de* reyes *o* dueños, *derivadas de* reinar *y* dominar]¹⁹⁷.

(ESCIPIÓN):

—... Aquella ley está derogada en su totalidad. Con esa idea, nuestros antepasados exiliaron también a Colatino, aun siendo inocente, porque su parentesco lo volvía sospechoso, lo mismo que a los restantes Tarquinios, a causa de la aversión que provocaba su nombre; y con la misma idea también Publio Valerio¹⁹⁸ fue el primero en ordenar que se abatiesen las fasces, una vez que tomara la palabra en la asamblea popular; y trasladó su casa a la parte baja de Velia¹⁹⁹, tan pronto como se diera cuenta de que comenzaba a infundir sospechas al pueblo, por haber comenzado a edificarla en la parte más alta de Velia, en el mismo lugar en que había vivido el rey Tulo. Pero donde se mostró más conforme a su apellido *Publícola*²⁰⁰, fue al proponer una ley al pueblo —la primera en ser representada en los comicios centuriados— según la cual ningún magistrado podía hacer ejecutar o azotar a un ciudadano, sin que éste hubiera ejercido su derecho de apelación ante el pueblo.

54   Que el derecho de apelación al pueblo existía también en época de los reyes, es algo que muestran claramente los libros de los Pontífices y lo señalan también nuestros libros augurales; además, las Doce Tablas declaran en muchas de sus leyes que es lícita la apelación contra todo juicio y castigo; por otra parte, la tradición dice que los decenviros que redactaron las leyes²⁰¹ fueron elegidos sin que tuviera valor el derecho de apelación contra ellos, lo que demuestra suficientemente que los demás magistrados estaban limitados por el derecho de apelación. Una ley consular debida a Lucio Valerio Potito y a Marco Horacio Barbado²⁰², hombres juiciosamente popularistas por motivos de concordia, sancionó el hecho de que ningún magistrado podía ser elegido sin que acatara el derecho de apelación al

---

¹⁹⁷ Testimonio de S. Agustín, *ciu.* 5,12, del que no se tiene seguridad sobre su pertenencia a este lugar.

¹⁹⁸ Publio Valerio Publícola, cónsul en 509, 508, 507 y 504.

¹⁹⁹ Una de las tres cumbres del Palatino.

²⁰⁰ El *cognomen* (apellido) *Publícola* o *Poplicola* es un nombre parlante que significa: «amigo del pueblo», «que busca el favor el pueblo», «popularista», etcétera.

²⁰¹ En 451/50 a.C.

²⁰² Cónsules del año 449, según la tradición. La ley recibe por ello el nombre de *Valeria Horacia*.

pueblo. Las leyes Porcias, que como sabéis fueron tres y promovidas por tres de los Porcios[203], no aportaron nada nuevo, excepto la sanción[204]. Es así como Publícola, tras la promulga- 55
ción de la famosa ley sobre la apelación, ordenó rápidamente retirar las hachas de las fasces[205], y al día siguiente, propuso a Espurio Lucrecio[206], como colega suyo, ordenando a sus lictores que pasaran al servicio de éste porque era mayor en edad, instituyendo así, por primera vez, el hecho de que los lictores precedieran a uno solo de los dos cónsules, de forma alternativa cada mes, con el fin de que no existieran más insignias de poder en un pueblo libre que las que había habido en la etapa monárquica. No fue un hombre mediocre este, al menos como yo lo entiendo, quien, al conceder una libertad moderada al pueblo, mantuvo más fácilmente el prestigio y autoridad de los ciudadanos principales. Y no es sin motivo por lo que yo os repito una y otra vez estas viejas y ya olvidadas historias, sino que en esas personas y épocas ilustres yo voy marcando modelos de hombres y de cosas sobre las que versará el resto de mi exposición.

En aquellos tiempos, la república era mantenida por el Sena- XXXII 56
do en un régimen tal, que, aun tratándose de un pueblo libre, eran muy pocas las cosas que se gestionaban por medio del pueblo: la mayor parte se hacía de acuerdo con la autoridad, institución y tradición del Senado, de manera que los cónsules detentaban un poder que si bien en el tiempo estaba limitado a un año, tanto por su naturaleza como por su carácter jurídico era semejante al de un rey. Y se mantenía con vehemencia aquello que era más importante para asegurar el poder de los nobles, esto es, que las decisiones tomadas por las asambleas populares no tuvieran validez si no eran ratificadas por la autoridad de los senadores. Y fue también en esta época, unos diez años después de los primeros cónsules, cuando fue nombrado dictador Tito

---

[203] Son mal conocidas estas leyes. Una de ellas, la primera, quizá de Catón el Viejo, extendía el derecho de apelación ante el pueblo a los casos de condena a ser azotado.

[204] Según Tito Livio (10,9,4 y ss.), la ley Valeria de 300 sólo establecía como condena la consideración como acto deshonroso. La ley Parcia, en cambio, castigaba con una pena severa al infractor.

[205] Las hachas de las fasces (véase nota 109) simbolizaban el poder de vida y muerte que los magistrados tenían sobre los ciudadanos.

[206] Espurio Lucrecio Tricipitino, padre de Lucrecia.

Larcio[207], resultando este tipo de magistratura muy novedoso y muy semejante a la de rey. Pero, no obstante, lo esencial quedaba en manos de los ciudadanos principales, que mantenían su prestigio y la concesión del pueblo; y en aquella época se llevaban a cabo grandes empresas militares dirigidas por aquellos esforzados varones que estaban dotados de poder absoluto: los dictadores y los cónsules.

XXXIII 57 Pero eso a lo que la propia naturaleza de los acontecimientos suele conducir, esto es, a que el pueblo, una vez liberado de los reyes, reclame un poquito más de derechos para él, se alcanzó no pasando mucho tiempo, allá por el año décimo sexto, durante el consulado de Póstumo Cominio y Espurio Casio[208]. Quizá no hubo racionalidad en este proceso, pero es que la misma naturaleza del acontecer político sobrepasa muchas veces a la razón. En efecto, recordad ahora lo que os dije al principio: si no hay en la ciudad un equilibrio compensado de derechos, deberes y funciones, de tal forma que las magistraturas tengan suficiente poder, el consejo de los ciudadanos principales, suficiente autoridad y prestigio, y el pueblo, suficiente libertad, no es posible mantener sin cambios esta constitución política de la 58 que hablamos. Y así, encontrándose solivantada la ciudad por el problema de las deudas, la plebe ocupó primero el Monte Sacro y, después, el Aventino[209]. Ni siquiera la legislación de Licurgo fue capaz de frenar a los griegos; pues también en Esparta, bajo el reinado de Teopompo[210], se crearon cinco magistrados a los que aquéllos llaman *éforos;* y en Creta, diez, a los que dan el nombre de *cosmoe*[211]; lo mismo que aquí se instituyeron los tribunos de la plebe para hacer frente al poder consular, aquéllos se oponían a la prepotencia de los reyes.

XXXIV 59 Probablemente, existió entre nuestros antepasados algún método para solucionar aquel problema de las deudas; éste no pasó desapercibido a Solón de Atenas, de una época un poco anterior a ésta, como tampoco se le escapó a nuestro Senado en otra época un poco anterior, cuando fueron liberados todos los

---

[207] Cónsul en 506 y en 498 y primer dictador de Roma, según la tradición.

[208] Póstumo Cominio Aurunco y Espurio Casio Vecelino (cfr. nota 187) fueron cónsules por segunda vez en 493.

[209] Según la tradición la primera secesión de la plebe fue en 494. La plebe consagró el Monte Sacro a Júpiter (de ahí su nombre).

[210] Teopompo, rey de Esparta (s. VIII).

[211] Esto es «reguladores» o «directores».

ciudadanos de los lazos que habían contraído por la avaricia de un solo hombre y se abolió a partir de entonces la esclavitud por deudas[212]; y ya, siempre que la plebe se vio debilitada en su economía a resultas de alguna catástrofe pública, se buscó por el bien de todos alguna forma de remedio o que sirviera de medicina para este tipo de mal. En aquella ocasión, en cambio, se descuidó esta medida y con ello se dio motivo al pueblo para recortar el poder y la autoridad del Senado, al crear por medio de la sedición dos tribunos de la plebe. A pesar de todo, su autoridad era todavía grande e importante, dado que la salvación de la ciudad quedaba en manos de los más sabios y fuertes, en sus armas y en su prudencia política, cuyo prestigio alcanzaba entonces sus máximas cotas puesto que, aun sobrepasando con mucho a todos los demás en honorabilidad, llevaban una vida muy por debajo de los mismos en cuanto a placeres se refiere y apenas si les superaban en riquezas. La valía de cada uno de éstos en la vida pública era tanto más reconocida, por cuanto en la privada se preocupaban atentamente de cada uno de los ciudadanos brindándole su ayuda, su sabiduría y sus recursos[213].

Cuando la república se encontraba en esta situación, un xxxv 60 cuestor acusó a Espurio Casio[214], que gozaba de una gran influencia ante el pueblo, de intrigar para hacerse con el poder real y, como sabéis tras declarar su padre que había descubierto que su hijo era culpable, lo condenó a muerte, accediendo el pueblo a ello. Y alrededor del año cincuenta y cuatro después de la creación de los primeros cónsules, los cónsules Espurio Tarpeyo y Aulo Aternio[215] presentaron ante los comicios centuriados la famosa ley sobre multas y fianzas judiciales, que resultó tan bien acogida. Veinte años después, y como consecuencia de que los censores Lucio Papirio y Publio Pinario[216] habían hecho pasar la mayor parte de los ganados privados a propiedad pública como pago de las multas impuestas por ellos, se

---

[212] Según Tito Livio (8,28), en 326 Lucio Papirio había reducido a esclavitud a Gayo Publilio, en virtud de las deudas contraídas por su padre; esta acción provocó una revuelta cuyas consecuencias fueron la promulgación de tal ley. Los cónsules de ese año eran Gayo Petelio y Lucio Papirio (Mugilano o Cursor, según Tito Livio); de ahí que se hable de ley Petelia-Papiria.

[213] Cicerón alude aquí a la relación de protección que ejercía el patrono con sus *clientes*.

[214] Véase nota 187.

[215] Cónsules en 454 según la tradición.

[216] Censores del año 433.

estableció por una ley de los cónsules Gayo Julio y Publio Papi-rio[217], una cantidad más baja de los animales que se habían de pagar en concepto de multas.

XXXVI 61   Pero, algunos años antes, en la época en que el Senado tenía una gran ascendencia sobre el pueblo bien dispuesto y obe-diente, se adoptó el siguiente plan: que los cónsules y tribunos de la plebe dimitieran de sus cargos y se eligieran diez hom-bres[218], dotados de plenos poderes y sin sujeción al derecho de apelación, con el fin de que, detentando un poder absoluto, re-dactaran las leyes. Éstos, una vez que hicieron la redacción de Diez Tablas, con un gran sentido de la equidad y un profundo conocimiento de las leyes, propusieron la elección de otros de-cenviros para el año siguiente, quienes no suscitaron los mis-mos elogios ni por el cumplimiento de sus compromisos ni por su sentido de la justicia. No obstante, uno de ellos, de nombre Gayo Julio, sí se gano una gran reputación: éste, tras acusar a Lucio Sestio, hombre noble, de que en su dormitorio se había desenterrado un cadáver, en presencia del propio Gayo Julio, aun cuando él gozaba de plenos poderes y no estaba sometido al derecho de apelación por ser uno de los decenviros, no obs-tante, le exigió una fianza, porque decía que él no quería dejar de observar aquella excelente ley, que prohibía imponer la pena capital a un ciudadano romano si no era ante los comicios centuriados[219].

XXXVII 62   Todavía siguió un tercer año regido por decenviros, pero continuando los mismos hombres, pues no quisieron proponer a otros distintos. En esta situación política, que, como ya he dicho varias veces, no puede ser duradera por no existir equili-brio entre los diversos estamentos de la ciudadanía, todo el Es-tado estaba en poder de los ciudadanos principales, a cuyo frente se encontraban los decenviros, pertenecientes a la más rancia nobleza, y sin tener como oposición a los tribunos de la plebe, ni a ninguna otra magistratura colegiada y con suspen-sión del derecho de apelación al pueblo contra la pena de muer-
63   te o el azotamiento. He ahí la consecuencia: de la injusticia de

---

[217] En 430. Su ley volvía la estimación de la multa en metálico, en lugar de en cabezas de ganado.

[218] Los *decemuiri legibus scribundis*.

[219] De esta manera quedaba libre hasta el día del juicio. Como decenviro podía haberlo condenado sin posibilidad de que el otro ejerciera el derecho de apelación.

éstos surgió de repente una enorme perturbación y revolución de todo el Estado; añadieron dos tablas más de leyes injustas, en virtud de las cuales el derecho de matrimonio, que es algo que incluso se concede a los pueblos extranjeros, fue sancionado por aquéllos con la más inhuma de las leyes: la que prohibía a la plebe el matrimonio con los patricios, ley que después sería derogada mediante un plebiscito promovido por Canuleyo[220]; y gobernaron al pueblo ejercitando un poder absoluto, sin poner límites a sus pasiones, de manera cruel y mezquina. Bien conocido y recogido por un gran número de fuentes literarias es el caso de cierto Décimo Virginio; éste había matado con su propia mano, en el foro, a una hija suya, una muchacha, a causa de los abusos de uno de aquellos decenviros[221]; desconsolado, se refugió en el ejército, que entonces estaba en el monte Álgido; los soldados abandonaron la guerra que entonces mantenían y... primero al Monte Sacro, tal como había sucedido antes en una ocasión semejante, después el Aventino...[222]

(Faltan ocho páginas)

... nombrado dictador Lucio Quintio...[223].
(ESCIPIÓN):
—... Yo creo que nuestros antepasados le dieron su total aprobación y que han sido muy prudentes al conservarlo.

Tras estas palabras de Escipión, y mientras todos esperaban, xxxviii 64 en medio de un gran silencio, que continuara su exposición, intervino Tuberón:
—Ya que ninguno de los presentes, todos ellos mayores que yo en edad, te hace ninguna pregunta, vas a saber por mí qué es lo que echo de menos en tu exposición.
—Con mucho gusto –dijo Escipión.
Entonces Tuberón:
—Me da la impresión de que tú te has estado refiriendo, en medio de elogios, a nuestra república, aunque la pregunta que te hizo Lelio no fue sobre nuestra república, sino sobre el Estado en general. Además, tu exposición no me dice con qué mé-

---

[220] La ley Canuleya de 445.
[221] De nombre Apio Claudio (cfr. Tito Livio, III,44-54).
[222] En 499 a.C.
[223] Fragmento transmitido por Servio (*ad geor.* 3,125). Lucio Quintio Cincinato fue dictador en 458 y 439.

todo de educación, con qué costumbres o con qué leyes podemos constituir o conservar ese mismo Estado que tú elogias.

xxxix 65   En ese momento intervino el Africano:

—Creo, Tuberón, que pronto tendremos ocasión más adecuada para tratar sobre la constitución y conservación de los Estados. Yo creía haber respondido de manera suficientemente exhaustiva a la cuestión de cuál es la mejor constitución política, de acuerdo con la pregunta que me había formulado Lelio. En efecto, yo había definido, en primer lugar, los tres tipos de ciudad dignos de ser llamados así, y además otros tantos modelos contrarios y de carácter dañino. Y no he presentado ninguno de éstos como el mejor, sino que es muy superior a cada uno de ellos el tipo resultante de una sabia combinación de los tres primeros. El que yo haya utilizado el ejemplo de nuestra ciudad no fue con la intención de definir la mejor constitución política (pues esto puede hacerse sin necesidad de ejemplos), sino con el fin de que se pudiera contemplar en la realidad de la más grande de las ciudades cómo era eso que mi razón y mis palabras iban describiendo. Pero si lo que tú persigues es el modelo en sí mismo de la mejor constitución, sin apoyarse en ejemplos de ningún pueblo, tendremos que utilizar, entonces, una imagen de la naturaleza, dado que tú no... esta imagen de la ciudad y del pueblo...

(Faltan probablemente cuatro páginas)

xl 67   (ESCIPIÓN):

—... A quien hace tiempo que busco y estoy deseando encontrar.

(LELIO):

—¿Buscas a un sabio quizás?

Entonces aquél (Escipión):

—Eso mismo.

(LELIO):

—Tienes con los aquí presentes un bonito elenco, comenzando por ti mismo.

Entonces Escipión:

—¡Y ojalá fuera éste una representación proporcional de todos los miembros del Senado! Sin embargo, yo me estoy refiriendo a ese sabio experto que, como muchas veces hemos visto en África, sentado a la grupa de una bestia salvaje y gigantesca, la obliga a ir adonde quiere y al más ligero aviso o a la más mínima presión consigue que aquella fiera gire a cualquier lado.

(LELIO):

—Lo sé y he tenido ocasión de verlo muchas veces cuando estaba contigo de lugarteniente.

(ESCIPIÓN):

—Estamos, entonces, en que ese indio o cartaginés consigue domar a una fiera, volverla dócil y adaptada a las costumbres humanas; en cambio, no es una sola bestia ni fácil de someter a la que pone freno y doma esa parte del espíritu humano que subyace en sus almas y recibe el nombre de mente; todo ello si es que lo consigue alguna vez, cosa que muy raramente es posible. Pues, se trata de ponerle frenos a aquella... feroz...

(Faltan cuatro páginas)

... que se alimenta de sangre, que muestra una alegría tal en   XLI 68
toda clase de crueldades que ni las muertes más violentas de los hombres consiguen saciar[224].

... por otra parte, a un hombre ávido, ambicioso, concupiscente, a toda hora entregado a los placeres...[225].

... y la cuarta es la ansiedad, proclive a la tristeza, que se aflige y atormenta constantemente a sí misma...[226].

... están con angustia si se encuentran afligidas por la miseria o abatidas por el temor y la cobardía...[227].

... como un auriga inexperto se ve arrojado de su carro, arrastrado, destrozado, aplastado...[228].

... Podría decirse...   XLII 69

Entonces Lelio:

—Ya estoy viendo al frente de qué deber y función vas a colocar a ese hombre que yo esperaba que nos describieras.

Y Africano:

—Casi sólo a esto (pues este «sólo» comprende casi a todos los demás); a que nunca deje de instruirse y de observarse atentamente a sí mismo, que su actitud sea una llamada a otros para que lo imiten, que se muestre a los ciudadanos con un espíritu

---

[224] Fragmento transmitido por Nonio (p. 300, 29).
[225] Fragmento transmitido por Nonio (p. 491, 16).
[226] Fragmento transmitido por Nonio (p. 72, 34).
[227] Fragmento transmitido por Nonio (p. 228, 18).
[228] Fragmento transmitido por Nonio (p. 292, 38).

y una buena conducta tan limpia como si fuera un espejo. De la misma manera que en las liras, en las flautas y hasta en el propio canto y en los coros se ha de mantener cierta armonía de los distintos sonidos y que, si ésta resulta alterada o se vuelve discordante, los oídos cultos no la soportan; de la misma manera que ese concierto armonioso se consigue gracias al equilibrio de los sonidos más dispares, así también la ciudad, en virtud de un equilibrio racional entre las clases más altas, las más bajas y las medias, como si de sonidos se tratara, logra su sinfonía poniendo de ‹acuerdo los elementos más dispares; y lo que en el canto es llamado por los músicos «armonía», tal es la ciudad la «concordia» que constituye el vínculo más estrecho y mejor para la buena salud del Estado; y esta concordia no puede existir en modo alguno sin la base de la justicia›[229].

(Faltan veintidós páginas)

… las cuerdas de la lira deben rasgarse suave y plácidamente, no con fuerza y violentamente…[230].

… y después de extenderse (Escipión), un poco más detalladamente sobre cuánto bien acarrea la justicia a la ciudad, así como sobre los inconvenientes que desencadena su falta, tomó la palabra Filo, uno de los que asistían a este coloquio, y pidió que este problema se tratara con más atención y que se debería de decir algo más sobre la justicia a propósito de esa opinión que anda entre el vulgo: que no puede gobernarse un Estado sin recurrir a la injusticia[231].

XLIV 70   (FILO):

—… Está repleta de justicia.

En ese momento Escipión:

—Estoy de acuerdo y sostengo ante vosotros que de nada vale lo que consideramos haber aclarado hasta ahora sobre el Estado o lo que podamos decir en adelante, si no se demuestra no ya que es falso eso de que no se puede gobernar sin recurrir a la injusticia, sino algo que es mucho más cierto, que no se puede de ninguna manera dirigir la república sin la base de una

---

[229] El texto comprendido entre paréntesis angulares sólo puede leerse gracias a una cita de San Agustín, *ciu.* 2, 21.
[230] Fragmento transmitido por el Ms. n.º 458 p. 82 *biblioth. Ossolinianae, apud* Bielowski, *Ponpeii Trogi fragm.* p. XVI.
[231] Testimonio de San Agustín, *ciu.* 2, 21.

justicia absoluta y total. Pero, si os parece bien, por este día hemos terminado; dejemos lo que queda (pues hay todavía un número suficiente de cuestiones) para mañana.

Como a todos pareció bien, se puso fin al coloquio por ese día.

Libro III

(Argumento del Libro tercero):

Como se dejara para el día siguiente el desarrollo de esta cuestión, ello se llevó a cabo, en medio de una animada discusión, en el Libro tercero. Filo en persona defendió la opinión de quienes sostenían que no era posible el gobierno del Estado sin recurrir a la injusticia; pero curándose en salud al advertir que no se debía pensar que él era de esa opinión; y se empleó a fondo defendiendo la injusticia, y en contra de la justicia, en el sentido de que la primera era útil a la república y la segunda inútil, todo ello con razonamientos y ejemplos verosímiles, como si quisiera llegar a la demostración. Entonces Lelio, a ruego de todos los demás, se dispuso a defender la justicia, manteniendo con cuanta firmeza le fue posible que nada había tan enemigo para la sociedad como la injusticia, y que en modo alguno se podía regir la república ni mantenerla en una situación estable si no era practicando la más absoluta justicia.

Una vez que pareció suficientemente tratada esta cuestión, Escipión volvió a su interrumpido discurso, trayendo de nuevo a colación y recomendando, su breve definición de república[232], de la que había dicho que era «la cosa del pueblo». Pero precisa que pueblo no lo constituye una agrupación cualquiera de gente, sino la sociedad unida por una convención de derecho y una comunidad de intereses. A continuación muestra el gran valor y utilidad que tiene en las discusiones la definición, y de sus definiciones deduce que hay «república», esto es, «cosa del pueblo», cuando se administra bien y con justicia, ya sea por un solo rey, o por unos pocos aristócratas o por todo el pueblo. Cuando un rey es injusto

---

[232] *Res publica* en latín significa «cosa» o «propiedad pública».

–al cual, y siguiendo la costumbre griega, dio el nombre de tirano–
o lo son los aristócratas –cuya asociación denomina facción– o es
injusto el propio pueblo –cosa para la que no encontró una deno-
minación apropiada de no ser que lo llamara también tirano–,
entonces, no es que sea defectuosa la república, como se había
afirmado el día anterior, sino que, de acuerdo con el método pro-
cedente de aquellas definiciones, no existe en absoluto «repúbli-
ca», desde el momento en que un tirano o facción se han adueña-
do de ella; ni el propio pueblo sería ya pueblo, si fuera injusto,
puesto que no habría un conjunto de personas asociadas en virtud
de un derecho por todos aceptado y una comunidad de intereses[233].

I 1   *En el Libro tercero de su tratado sobre la república dice Cice-*
rón que la naturaleza ha arrojado al hombre a la vida, no como lo
habría hecho una madre, sino como una madrastra: con el cuerpo
desnudo, frágil y sin fuerzas; con un espíritu, además, encogido
ante el dolor, abatido por el miedo, débil ante el esfuerzo e incli-
nado a las pasiones; en él, no obstante, se halla como envuelta
una especie de llamarada divina de inteligencia y de razón[234].

¿Pues qué nos puede resultar mayor desgracia a nosotros que
el haber sido arrojados a esta vida como si hubiéramos sido expo-
liados y desnudados, con un cuerpo frágil, un corazón vacilante,
un espíritu débil, angustiados por la inquietud, apáticos e inclina-
dos a los placeres?[235].

2   *(el hombre) aun cuando nace frágil y sin fuerzas, no obstante*
se encuentra protegido frente a todos los demás seres que no po-
seen la facultad del lenguaje; en cambio, todos los que por naci-
miento son ya más fuertes, aunque son capaces de soportar los ri-
gores del cielo, son incapaces, sin embargo, de protegerse del
hombre. Así ocurre que la razón ofrece más al hombre que lo que
la naturaleza da a los desprovistos de la facultad de hablar, ya que
ni el tamaño de sus fuerzas, ni la fortaleza de su cuerpo les pueden
impedir ser dominados por nosotros o sometidos a nuestro poder.
Platón, para refutar, creo, a los desagradecidos con la naturaleza,
le dio gracias a ésta por haber nacido hombre[236].

(*Faltan ocho páginas*)

233 Testimonio de San Agustín, *ciu.* 2, 21.
234 Testimonio de San Agustín, *c. Iul.* 4, 12, 60.
235 Testimonio de San Ambrosio, *Exc. Sat.* 2,27.
236 Testimonio de Lactancio (*opif.* 3, 16, 17, 19).

… y a su lentitud con vehículos… a oír que los hombres **11 3**
emitían una especie de confusos sonidos, inarticulados, los cortó
y dividió en grupos y, como si de señales se tratara, los aplicó a
las cosas y de esa manera logró unir a los hombres, hasta enton-
ces dispersos, con el más amable de los vínculos: el lenguaje.
Mediante una reflexión similar, los sonidos de la voz humana,
que parecían infinitos, fueron expresados y designados todos
ellos con la invención de unas cuantas letras; gracias a ello se
podían mantener coloquios con los ausentes, poner por escrito
nuestras voluntades, así como los recuerdos de las cosas pasadas.
A este invento se sumó el del número, elemento este que siendo
necesario para la vida es a la vez la única cosa inmutable y eter-
na. Él es el primero que nos impele a dirigir la vista a los espa-
cios celestes y a no contemplar los movimientos de los astros
como si fueran cosas sin sentido; y con el cómputo de las noches
y de los días…

(Faltan ocho páginas)

… cuyas almas se elevaron más alto y tuvieron la posibili- **111 4**
dad de realizar o de concebir algo digno de este don de los
dioses, como ya lo califiqué antes. Admitamos, pues, que los
que tratan sobre los sistemas de vida son grandes hombres (lo
cual es cierto), que son gente culta, que son maestros de la
verdad y de la virtud, con la condición de que no se desprecie
lo más mínimo esta otra materia de la ciencia política y de organización de los pueblos, ya se trate de la constituida por los
descubrimientos realizados sobre esta cuestión por personas
experimentadas en la diversidad de los asuntos públicos, como
la procedente de las reflexiones de ésos en sus momentos de
retiro y de dedicación a las letras; pues es ésta la que consigue
que en las almas bien dotadas por la naturaleza se produzca
ese efecto que tantas veces se ha podido ver: el surgimiento en
las mismas de una increíble y divina virtud. Y si alguien consi- **5**
deró que a estos instrumentos del alma, producidos por la naturaleza y por las instituciones políticas, se habría de añadir
también el del estudio y conocimiento profundo de los hechos
–como es el caso de los que participan en el diálogo de esta
obra– nadie hay que se libre de la obligación de colocarlos en
una escala muy por encima de todos los demás. ¿O es que puede existir algo superior en distinción que la unión de la expe-

riencia y de la práctica en los asuntos más importantes con el estudio y el conocimiento de las ciencias que versan sobre ellos? ¿O puede imaginarse a alguien más perfecto que Publio Escipión, Gayo Lelio o Lucio Filo, quienes, para no pasar por alto nada que afectara a la más alta gloria de nuestros esclarecidos compatriotas, aplicaron también esta doctrina extranjera, procedente de Sócrates, a la tradición nacional de nuestros antepasados? En consecuencia, quien deseó y fue capaz de una y otra cosa, es decir, de instruirse tanto participando en las instituciones de los antepasados como con su ciencia, esa persona ha conseguido, en mi opinión, todo lo que conduce a la gloria. Pero si hubiera que elegir entre una u otra vía de acceso a la sabiduría, si bien a alguno le parecerá más feliz aquel sistema de vida tranquila, dedicado al estudio y a las ciencias más elevadas, no obstante, la vida dedicada a la política es, sin duda alguna, más digna de elogio y más brillante; es de esa vida de la que salen llenos de honores grandes hombres, como es el caso de Manio Curio[237],

a quien ni con el hierro ni con oro nadie domeñar pudo[238],

o el caso de...

a quien nadie, ni compatriota ni enemigo, podrá con riquezas pagarle el precio justo de sus hazañas[239].

(Faltan seis páginas)

IV 7   ... hubo sabiduría, pero existió una diferencia de método en uno y otro género: aquéllos alimentaron sus dotes naturales con la elocuencia y con las artes; éstos, en cambio, con las instituciones y las leyes. Sólo nuestra ciudad ha dado un gran número, si no de sabios –ya que tan restringido uso hacen aquéllos de este nombre–, sí de hombres dignos de la más alta gloria, por haber puesto en práctica lo que los sabios habían descubierto y enseñado. Además, ¡cuántas ciudades podrán citarse que existan en

---

[237] Manio Curio Dentado, cónsul en 290, 284, 275 y 274; vencedor de los samnitas y de Pirro (en 275). Famoso por su incorruptibilidad.
[238] Verso de Enio, *Ann.* 373 V.
[239] Verso de Enio, *frag. var.* 19 V.

la actualidad y que hayan existido (pues constituir un Estado capaz de perdurar es tarea de la más grande inteligencia)! ¡Y qué inmensa multitud de hombres eminentes podría reunirse sólo con que contáramos uno por cada una de estas ciudades! Si nos decidiéramos a pasar revista mentalmente... En Italia, el Lacio, la nación sabina y la volsca, en la misma península; y también el Samnio y la Etruria y la famosa Magna Grecia; y a continuación los asirios y los persas y los cartagineses y...

(Faltan doce páginas)

Entonces Filo: v 8
—¡Brillante causa me estáis ofreciendo al decidir que yo asuma la defensa de la maldad!

—Y dejará de asaltarte el temor –intervino Lelio– si repites los argumentos que se suelen emplear contra la justicia, de parecer que tú también eres de esa opinión, por más que tú constituyas un ejemplar casi único de la honradez y lealtad de nuestros antepasados y tampoco resulta desconocida tu costumbre de discutir a favor y en contra de una misma tesis, por considerar que es el mejor método para encontrar la verdad.

De nuevo Filo:
—¡De acuerdo! Voy a satisfaceros y aun a sabiendas de que voy a cubrirme de lodo. Y dado que los buscadores de oro consideran que no se ha de rehusar a ello, nosotros, al tratar de hallar la justicia, que es algo mucho más precioso que todo el oro del mundo, no debemos en modo alguno rehuir ningún tipo de incomodidad. ¡Y ojalá que, de la misma manera que voy a utilizar las palabras de otro, también me estuviera permitido utilizar la boca del otro! Y ahora Lucio Furio Filo debe declarar lo que Carnéades[240], aquel griego acostumbrado a... con palabras lo que fuera provechoso...

(Faltan cuatro páginas)

... que respondáis a Carnéades, quien acostumbraba con 9 bastante frecuencia a ridiculizar excelentes causas valiéndose de manera abusiva de su talento...

---

[240] Fundador de la Academia Nueva. Véase el capítulo siguiente de este mismo libro.

VI   *Carnéades, filósofo perteneciente al grupo de los académicos,*
cuya fuerza argumentativa, elocuencia y agudeza, quien la ignore,
podrá conocerla por las palabras de Cicerón o de Lucilio, uno de
cuyos personajes, Neptuno, tratando sobre un tema dificilísimo,
señala que no podría explicarlo «ni Carnéades en el caso de que
el Orco nos lo devolviera»; *pues bien, éste, con ocasión de haber*
sido enviado a Roma[241]*, como embajador de Atenas, pronunció*
un largo discurso sobre la justicia, encontrándose entre su audien-
cia Galba[242]*, y Catón el Censor, los más grandes oradores de la*
época. Al día siguiente, aquél dio la vuelta a lo que había dicho y
defendió la tesis contraria, desdeñando la justicia, a la que el día
anterior había cubierto de elogios; pero ello no con la seriedad
propia de un filósofo, cuya opinión ha de ser segura y estable, sino
más bien con ese estilo oratorio propio de las prácticas escolares
consistentes en defender y atacar un mismo asunto. Y esto era lo
que aquél acostumbraba a hacer: mostrar que era capaz de refutar
cualquier afirmación hecha por otro. En Cicerón, Lucio Furio re-
cuerda el discurso en que la justicia es echada por tierra; me pare-
ce que, porque estaba tratando sobre el Estado, para inducir a la
defensa y elogio de la misma, sin la que, en su opinión, no puede
gobernarse el Estado. Carnéades, para refutar a Aristóteles y a
Platón, defensores de la justicia, reunió en su primer discurso to-
dos los argumentos que se empleaban en favor de la justicia, con
el fin de poder echarla por tierra, tal y como hizo[243]*.*

VII 10   *La mayoría de los filósofos, pero sobre todo Platón y Aristóte-*
les, han dicho muchas cosas sobre la justicia, afirmando y exaltan-
do tal virtud como digna de la más alta gloria, porque da a cada
uno lo suyo, porque procura la igualdad para todos; mientras las
demás virtudes son, por así decir, silenciosas e introvertidas, la
justicia es la única que no sólo no se vuelve hacia sí misma ni se
oculta, sino que se proyecta totalmente al exterior, siempre incli-
nada a hacer el bien con tal de resultar provechosa para la mayo-
ría. ¡Como si la justicia sólo debiera darse en los jueces y en las
personas investidas de algún poder y no en todos! No existe hom-
bre alguno, ya sea de la más baja condición o un mendigo, en el
11   *que no pueda tener cabida la justicia. Pero como ignoraban su na-*
turaleza, en dónde nacía, cuál era su objetivo, atribuyeron sólo a

---

[241] El año 155 a.C.
[242] Servio Sulpicio Galba, cónsul en 144.
[243] Testimonio de Lactancio (*inst.* 5, 14, 3-5).

unos cuantos aquella suprema virtud, es decir, el bien común a todos, afirmando que ésta no estaba a la caza de ningún interés personal sino que sólo se cuidaba de los ajenos. Por ello, no es sin razón como apareció Carnéades, persona de gran talento y agudeza de ingenio, para refutar lo que aquéllos decían, tirando por tierra a la justicia que no tenía así un fundamento sólido; y no porque él creyera que debía vituperar a la justicia, sino para demostrar a los defensores de la misma que su discusión se asentaba sobre unas bases nada sólidas ni seguras[244].

… La justicia tiene tendencia a exteriorizarse, a proyectarse hacia fuera y emerger por completo a la superficie…[245].

… Virtud que, a diferencia de las demás, se entrega y se dedica en su totalidad al servicio de intereses ajenos…[246].

(FILO):   VIII 12

—… Encontraría y defendería; en cambio, el otro[247], llenó cuatro libros, de buen tamaño sin duda, tratando sobre la justicia en sí misma. En cuanto a Crisipo[248], yo nunca he esperado nada grande ni sobresaliente de él; éste habla siguiendo su propio estilo personal, esto es, examinando cualquier asunto según la fuerza de las palabras y no según el peso de las ideas. Misión de aquellos héroes fue levantar cuando yacía postrada y colocar en aquel divino trono, no lejos de la sabiduría, esta virtud, que es ella sola, cuando existe, la más generosa y liberal, y que ama a todos más que a sí misma, nacida para beneficio de los demás más que para el suyo propio. Pero no les faltó ni voluntad –¿pues qué otra   13 causa o intención pudieron tener aquéllos para escribir?– ni talento, en lo que destacaron muy por encima del resto; sin embargo, el tema de su discusión sobrepasó su voluntad y su extraordinaria capacidad. En efecto, el derecho objeto de nuestra investigación es algo de carácter civil; no es, en absoluto, natural; pues, si lo fuera, lo mismo que lo caliente y lo frío, lo amargo y lo dulce es igual para todos, también lo sería lo justo y lo injusto.

---

[244] Testimonio de Lactancio (*epit.* 50 [55], 5-8).
[245] Fragmento transmitido por Nonio (p. 373, 30).
[246] Fragmento transmitido por Nonio (p. 299, 30).
[247] Referencia, sin duda, a Platón y a Aristóteles, del que Diógenes Laercio (V, 122) menciona una obra en cuatro libros con el título de *perì dikaiosýnes* (= «Sobre la Justicia»). En el *corpus* platónico se incluye un *perì dikaiou* (= «Sobre lo justo»), pero es apócrifo. En cambio, en *La república* de este mismo autor trató esta cuestión en un pasaje (I, 331c y ss.) que en época alejandrina recibió el subtítulo de *perì dikaiou*.
[248] Crisipo de Solos (s. III a.C.), filósofo estoico.

IX 14   Ahora, por otra parte, si alguno pudiera contemplar y examinar con sus propios ojos muchas y diversas ciudades

haciéndose llevar por el carro de aladas serpientes,

como dice aquel verso de Pacuvio[249], vería en primer lugar que
entre los egipcios, el pueblo que más íntegro se conserva y que
guarda por escrito la memoria de muchos siglos y acontecimientos, se considera dios a cierto buey, al que los egipcios llaman
Apis; y otros muchos monstruos y bestias de diferentes especies
consagradas y tenidas como dioses. A continuación, los grandiosos templos de Grecia que, lo mismo que entre nosotros,
están consagrados a imágenes con forma humana, cosa que los
persas consideraron sacrílega; y se dice que, por esta única causa, Jerjes ordenó prender fuego a los templos de Atenas, porque
consideraba que era un sacrilegio tener encerrados entre paredes a los dioses, cuya casa la constituía todo este mundo en su
15   totalidad. Después adujeron como causa de la guerra con los
persas, tanto Filipo que fue el que la proyectó, como Alejandro
que la llevó a cabo, el deseo de vengar la profanación de los
templos de Grecia; y los griegos consideraron que ni siquiera
habría que reconstruirlos, con el fin de que sus descendientes
tuvieran ante sus ojos el testimonio eterno del crimen cometido
por los persas. ¡Cuántos –como por ejemplo los tauros del Ponto Axino[250] o el rey egipcio Busiris o los galos o los cartagineses–
han considerado que inmolar víctimas humanas era un sacrificio piadoso y muy grato a los dioses! Las costumbres establecidas
en la vida son tan diferentes que los cretenses y los etolios consideran honrosa la piratería, los lacedemonios repetían una y
otra vez que todos los campos que pudieran alcanzar con su
lanza eran suyos. Los atenienses incluso solían jurar en público
que era de su propiedad toda tierra que produjera olivos o cereales; los galos consideraban indigno cultivar el trigo con sus
manos y por ello iban con sus armas a segar los campos ajenos.
16   Nosotros, por otra parte, que somos los más justos de los hombres, somos quienes no permitimos a las naciones transalpinas

---

[249] *Trag.* 150 R. Se trata de un fragmento de localización insegura del
poeta trágico latino Pacuvio (s. II a.C.).
[250] Axino (en griego *áxenos* «inhóspito») pasará más tarde a llamarse
Ponto Euxino (*eúxenos* «hospitalario»). Se trata del mar Negro. Los tauros
ofrecían en sacrificio a Ártemis a los náufragos que caían en sus manos.

cultivar ni el olivo ni la vid, con el fin de que nuestros olivares y
viñedos tengan más valor; y al hacer tal cosa, se dice de nosotros
que obramos inteligentemente, no se dice que obremos con justicia; para que veáis que la sabiduría discrepa de la equidad.

Licurgo, famoso por haber hallado las mejores leyes y el más
justo de los derechos, entregó los campos de los terratenientes a
la plebe, para que los cultivaran, como si fueran esclavos.

Si yo quisiera describir las distintas clases de derecho, de   x 17
instituciones, de usos y de costumbres, demostraría no sólo lo
diferentes que son en tan gran número de naciones como hay,
sino también cómo han cambiado mil y una vez en una sola
ciudad, en esta nuestra propia ciudad, incluso; hasta tal punto
que nuestro compatriota Manilio, aquí presente, como intérprete del derecho que es, nos podría decir que las leyes sobre
legados y herencias de las mujeres, que están ahora en vigor, son
distintas de las que él solía aplicar, siendo un adolescente, antes
de la promulgación de la ley Voconia[251]; y esa misma ley, al menos, fue propuesta para favorecer a los hombres y está llena de
injusticia por lo que respecta a las mujeres. En efecto, ¿por qué
una mujer no puede tener dinero? ¿Por qué se puede ser heredero de una vestal[252] y no de su propia madre? ¿Por qué, si se
admite que se ha de establecer una limitación de dinero para las
mujeres, la hija de Publio Craso[253] podría tener, si fuera hija
única, cien millones de sestercios, sin violar la ley, y en cambio
la mía no podría tres millones...[254].

(Faltan dos páginas)

(FILO):   xi 18
—... nos hubiera fijado por ley nuestros derechos, todos los
hombres practicarían los mismos derechos, en vez de que los

---

[251] Ley promovida en 169 por el tribuno Quinto Voconio Saxa. Por ella
se prohibía a los ciudadanos de las clases altas nombrar como herederos a sus
mujeres.
[252] Entre los derechos de que disfrutaban las vestales se contaba el no
estar bajo la patria potestad de padres o tutores y, en consecuencia, la de poder hacer testamento.
[253] Publio Licinio Craso Muciano, cónsul en 131. Los Licinio Craso tenían fama fundada de ricos y de ahí que varios de ellos llevaran el apelativo de
Diues «rico».
[254] Podían dejar en legado la mitad de su fortuna; pero, claro está, la mitad
de una gran suma podría ser muchas veces superior a la mitad de una pequeña.

mismos hombres practiquen en unas partes unos y en otras otros. Y ahora yo planteo la siguiente cuestión: si obedecer las leyes es algo propio del hombre justo y del buen ciudadano, ¿a qué leyes debe obedecer? ¿A cualesquiera que fueran? Pero la virtud no acepta la inconstancia, ni la naturaleza soporta la variabilidad, y las leyes logran su acatamiento gracias al castigo y no gracias al sentido de la justicia. Nada de natural tiene, por tanto, el derecho; de lo que se sigue que ni siquiera existen justos por naturaleza. Pero ¿acaso se dice que hay diversidad en las leyes, pero que los hombres de bien siguen por inclinación natural la justicia tal como es y no a la que consideran como tal? Pues –se dice– es propio del hombre bueno y justo dar a cada 19 uno lo que se merece. Entonces, ¿tendremos en primer lugar que darle algo a los animales desprovistos de la facultad de hablar? Pues no fueron precisamente hombres mediocres, sino de los más grandes y sabios, Pitágoras y Empédocles, quienes afirman que es una sola la condición jurídica de todos los seres vivos y proclaman que existen penas sin remisión para aquellos que hagan violencia contra un ser vivo. En consecuencia, es un crimen hacer daño a una bestia; y este crimen quien quiera...

(Faltan ciento cincuenta y dos páginas)

XII 20 *O si quiere seguir el camino de la justicia, ignorante por otra parte del derecho divino, abrazará las leyes de su pueblo como si éstas fueran el verdadero derecho; leyes que son producto no de la justicia, sino de la utilidad. Pues, ¿por qué razón se han ido estableciendo por todos los pueblos diversas y variadas legislaciones si no es porque cada nación sancionó como ley propia la que consideró de interés para sus propios asuntos? Por otra parte, el propio pueblo romano nos enseña en cuánto se aparta la utilidad de la justicia, cuando logró la posesión de todo el orbe, declarando guerras por medio de sus feciales[255], realizando injusticias «legales» y deseando en todo momento y arrebatando lo que era propiedad de otros[256].*

Pues, si no me equivoco, todo reino, todo imperio se consigue con guerras y se va extendiendo con las victorias. Por otra parte, las guerras y las victorias conllevan un gran número de conquistas

[255] Véase nota 163.
[256] Testimonio de Lactancio (*inst.* 6, 9, 2-4).

y destrucciones de ciudades. Tal actividad no es posible sin que se ofenda a los dioses: destrucciones de murallas y templos por igual, matanzas de ciudadanos y sacerdotes sin distinción, rapiñas indiscriminadas de los tesoros sagrados y profanos. Tantos sacrilegios por parte de los romanos cuantos trofeos; tantos triunfos sobre los dioses como sobre los hombres; tanto botines de guerra cuantas imágenes de dioses cautivos subsisten hasta el día de hoy[257].

Entonces, Carnéades, como eran muy débiles los argumentos 21 *que aducían los filósofos, tuvo la audacia de refutarlos, al darse cuenta de que se podían refutar. Éste es el resumen de la disputa: que los hombres habían sancionado sus legislaciones de acuerdo con sus intereses, esto es, resultando diferentes según las costumbres y, a veces, cambiando entre los mismos hombres de acuerdo con las circunstancias; por otra parte, que no existe derecho natural alguno: que todos, tanto los hombres como los demás seres vivos, se comportan según sus intereses y es en esto en lo que les guía la naturaleza; y además, que no existe la justicia o que, si existiera alguna, sería el colmo de la estupidez, puesto que al proteger los intereses ajenos perjudicaría los suyos propios. Y aducía los siguientes argumentos: todos los pueblos que destacan por su poderío, incluidos los propios romanos, que son los dueños de todo el mundo, si quisieran ser justos, esto es, si restituyeran lo ajeno, tendrían que volverse a sus chozas y yacer en medio de la pobreza y de la miseria*[258].

Considerad los intereses de la patria por encima de los de- 22 *más*[259] *no significan nada en absoluto si desaparece la guerra entre los hombres. Pues ¿cuáles son los intereses de la patria sino el mal de otra ciudad o nación? Es decir: extender las fronteras a territorios arrebatados violentamente a otros, aumentar el imperio, conseguir mayores tributos... De esa manera, cualquiera que haya procurado para su patria estos bienes, pues así los denominan, es decir, cualquiera que, tras destruir ciudades y borrar naciones del mapa, haya dejado el erario repleto de dinero, haya conquistado tierras, haya hecho a sus compatriotas más ricos, tal personaje será llevado hasta el cielo en medio de elogios, en ése se considerará que radica la más alta y perfecta virtud; error este que no es sólo del pueblo y de los analfabetos, sino también de los filósofos, que*

---

[257] Testimonio de Tertuliano (*apol.* 25 p. 90 Rauschen).
[258] Testimonio de Lactancio (*inst.* 5, 16, 2-4).
[259] Verso de Lucilio (1337 Marx).

también dan preceptos que llevan a la injusticia, no sea que a la
estupidez y a la maldad les faltara el prestigio que da la cultura[260].

XIII 23   (FILO):

—... En efecto, todos los que poseen el poder de la vida y de
la muerte sobre el pueblo son tiranos, pero ellos prefieren ser
llamados reyes, el título de Júpiter Óptimo. En cambio, cuando
un número determinado tiene en sus manos el Estado, gracias a
la fortuna personal, a su estirpe o a cualesquiera otros recursos,
nos encontramos entonces ante una facción, pero se les llama
«aristócratas»[261]. Pero si es el pueblo el que más poder tiene y
todas las cosas se rigen a su arbitrio, entonces se le da el nombre de libertad, aunque en realidad se trata de libertinaje. Pero
cuando existe un temor recíproco, cuando un hombre teme a
otro hombre, una clase a la otra, entonces como nadie se fía ni
de sí mismo, se produce una especie de pacto entre el pueblo y
los poderosos; y de él surge el modelo de Estado mixto que
Escipión elogiaba. En efecto, no es la naturaleza ni la voluntad,
sino la debilidad, la madre de la justicia. Pues si se ha de elegir
entre una de estas tres situaciones: cometer la injusticia y no
sufrirla, cometerla y recibirla o ninguna de las dos cosas; lo mejor es cometerla impunemente, si es posible; lo segundo, no cometerla ni sufrirla; y lo peor de todo, es estar a toda hora luchando, ya sea cometiendo injusticias, ya sea recibiéndolas. Así
el que... seguir la primera de ellas...

(Faltan ocho páginas)

XIV 24   Y al preguntarle que qué criminales intenciones le habían
empujado a hacer del mar una amenaza con su barco de piratas,
le respondió: «las mismas que a ti te han empujado a hacerlo
con toda la tierra»[262].

XV   (FILO):

—... De cualquier manera recordar que la inteligencia ordena aumentar los recursos, agrandar la fortuna, extender nuestros territorios –¿de qué si no se hubiera grabado en los monu-

---

[260] Testimonio de Lactancio (*inst.* 6, 6, 19 y 23).
[261] En latín *optimates:* «Los mejores» (se trata de un calco del griego
aristoi).
[262] Fragmento transmitido por Nonio (125, 12; 318, 18; 534, 15). San
Agustín (*ciu.* 4, 4) relata esta anécdota protagonizada por Alejandro Magno y
un pirata cogido prisionero. Probablemente la tomó de Cicerón.

mentos dedicados a los grandes generales el conocido elogio «extendió las fronteras de nuestro imperio», si no es porque lo hubiera acrecentado con alguna propiedad ajena?–, ejercer la soberanía sobre el mayor número posible de personas, disfrutar de los placeres, ser poderosos, ser reyes, ser los amos; la justicia, en cambio, nos manda respetar a todos, tomar decisiones en beneficio de la humanidad, dar a cada uno lo suyo, no tocar las propiedades sagradas, ni las públicas, ni las ajenas. En consecuencia, ¿qué se consigue si se le hace caso a la voz de la inteligencia?: riquezas, poder, recursos, cargos y honores, soberanía, reinos, y esto es válido tanto para los particulares, como para los pueblos en su totalidad. Pero, ya que estamos hablando sobre la república, y que lo que se hace a la luz pública resulta más evidente, y dado que el principio del derecho es el mismo para el pueblo que para los particulares, pienso que debemos tratar acerca de la inteligencia del pueblo. Y este nuestro pueblo, por no mentar a otros, este pueblo del que Africano nos recordó, en la exposición de ayer, su historia desde sus orígenes, a cuya soberanía está sometido ya todo el orbe de la tierra ‹¿se ha convertido en el más grande›[263] de todos, a pesar de comenzar siendo el más pequeño, gracias a su sentido de la justicia o gracias a su inteligencia?…

(Faltan cuatro páginas al menos)

(FILO):   25
—… A excepción de los arcadios y de los atenienses[264], que, pienso yo, temiendo que algún día se planteara este interdicto[265], por parte de la justicia, inventaron eso de que ellos habían nacido de la tierra, lo mismo que esos ratoncillos que emergen de los campos.

A estos argumentos se suele responder, en primer lugar, por   XVI 26
parte de quienes en modo alguno muestran mala intención al discutir (y de quienes más autoridad tienen sobre esta causa en razón de que, cuando se plantea la cuestión acerca del hombre de bien, de quien se exige la condición de ser abierto y sincero,

---

[263] Lo encerrado entre paréntesis angulares es una restitución conjetural de A. Mai, descubridor del palimpsesto.
[264] Ambos pueblos reclamaban para sí el ser autóctonos.
[265] Esto es, que se dudara sobre su derecho de posesión y de soberanía.

no se muestran en la discusión ni ingeniosos, ni astutos, ni maliciosos); en efecto, dicen que el sabio no es bueno por el hecho de que la bondad y la justicia le produzca ya placer por sí mismas y de manera espontánea, sino porque la vida de los hombres de bien está vacía de miedos, de preocupaciones, de angustias y de riesgos; y, por el contrario, en los corazones perversos anida siempre alguna inquietud y ante sus ojos se aparece continuamente la imagen de los tribunales de justicia y sus condenas. Además, no existe beneficio ni premio generado por la injusticia, tan grande como para que compense de los temores continuos, de la persistente obsesión del castigo que se avecina, que pende sobre tu cabeza, del daño...

(Faltan cuatro u ocho páginas, pero una puede reconstruirse casi entera gracias al pasaje citado por Lactancio)

XVII 27   (FILO):
—... Yo me planteo la siguiente cuestión: si tenemos dos individuos, de los cuales uno es un hombre excelente, con un gran sentido de la equidad y de la justicia, cumplidor de su palabra como no hay otro; el segundo, en cambio, sobresale por sus instintos criminales y por su osadía; y supongamos que la comunidad cae en el error de considerar criminal, facineroso e impío al primero, al hombre de bien y, por el contrario, al segundo, al que hemos calificado de malvadísimo, lo considere un hombre de suma honradez, fiel cumplidor de su palabra; y en virtud de esta opinión del conjunto de los ciudadanos, nuestro hombre de bien se vea vejado, violentado, llegándose finalmente a cortarle las manos, a vaciarle los ojos, a declararlo culpable, a encadenarlo, a torturarlo con fuego, a arrojarlo a la más extrema pobreza; y finalmente, llegue a parecer a todos, y con toda razón, el más desgraciado de los hombres; y por el contrario, aquel otro, el malvado, se vea elogiado, reverenciado, estimado por todos, que se le ofrezcan a éste toda clase de cargos políticos y militares, todo tipo de recursos, riquezas, y finalmente, sea considerado en opinión de todos el mejor de todos los hombres, el más digno de la mejor fortuna. ¿Habría alguien tan loco como para dudar entre preferir ser el uno o el otro?

XVIII 28   Esto que sucede con los individuos sucede también con los pueblos: no existe ninguna ciudad tan necia que no prefiera ser soberana injustamente a ser esclava de la manera más justa. Y no voy a remontarme más lejos: en el año de mi consulado[266], planteé la cuestión sobre el tratado de Numancia –y vosotros formabais parte de mi consejo–. ¿Quién ignoraba que Quinto Pompeyo había sido el autor de este tratado, y que Mancino estaba metido en la misma empresa? El uno, persona excelente, sostuvo la proposición por mí presentada de acuerdo con un decreto del Senado; el otro, se defendió con energía. Ahora bien, si lo que se busca es el pundonor, la honradez y la lealtad, de ello dio pruebas Mancino; en cambio, si se trata de buscar la capacidad de reflexión, el sentido común, la sensatez política, Pompeyo está muy por delante[267]. ¿A cuál de los dos...[268].

Entonces, dejando de lado los asuntos concernientes a la comu- xix 29
nidad (Carnéades) pasaba a los particulares. Si un hombre –dijo– tuviera un esclavo que se le escapa a la menor ocasión, o una casa insalubre y malsana, siendo él el único conocedor de estos defectos, y a causa de ellos los pusiera en venta, ¿confesará que pone a la venta un esclavo acostumbrado a escaparse y una casa insana o se lo ocultará al comprador? Si confiesa estos defectos, se le considerará, sin duda, un hombre honrado, puesto que no engaña, pero también un estúpido, porque venderá a bajo precio o no los venderá, sin más; si se los oculta, será un hombre listo, porque defiende sus intereses, pero al mismo tiempo será malo, puesto que engaña. A su vez si encontrara a alguien que creyera estar vendiendo latón, cuando en realidad se tratara de oro; o plomo, tratándose de plata, ¿se callará con el fin de conseguirlo a un precio más bajo o se lo hará saber para tener que pagar un precio más alto? Parece estúpi-do, a todas luces, preferir el alto precio. Con esto quería que se entendiera que el que es justo y honrado es un estúpido, y el que es listo es malo; y que, no obstante, podía ocurrir sin mayores males que haya hombres que estén conformes con la pobreza.

Luego pasaba a situaciones más graves, en las que no se podía xx 30
ser justo sin riesgo de la propia vida. En efecto, decía: no hay duda de que justicia es no matar a una persona, además de no tocar lo

---

[266] El 136 a.C.

[267] Quinto Pompeyo Rufo, cónsul en 141, fue derrotado por los numanti-nos, viéndose obligado a firmar la paz con desventajosas condiciones; pero, después negó haber firmado ningún tratado. Continuó por ello la guerra y los numantinos derrotaron a sus sucesores en el mando: Marco Popilio Lenate (cónsul en 139) y Gayo Hostilio Mancino (cónsul en 137). Este último tam-bién llegó a firmar un tratado de paz, pero el Senado no lo aceptó y lo degradó.

[268] Estos dos párrafos (27 y 28) nos han sido transmitidos por Lactancio (*inst.* 5, 12, 5-6).

ajeno. ¿Qué hará entonces el justo si, por casualidad, le acaeciera un naufragio y alguien físicamente más débil que él hubiera cogido una tabla? ¿No lo arrojará de la tabla para subirse él mismo y, sobre ella, salvarse, sobre todo cuando no hay ningún testigo en medio del mar? Si es listo, lo hará; pues la muerte le espera a él si no lo hace; pero, si prefiriera morir antes que hacer violencia a otro, nos encontramos ante un hombre justo, sí, pero es un necio, pues no se preocupa de su propia vida, mientras que sí se preocupa de la ajena. Otro caso: si tras una retirada de su propio ejército, cuando los enemigos han comenzado ya la persecución, el justo se encontrara a alguien, herido, a lomos de su caballo, ¿intentará salvarlo, aun a costa de morir él mismo en el intento, o lo arrojará del caballo para así poder escapar del enemigo? Si hiciera esto último, sería listo, pero al mismo tiempo malo; si no lo hiciera, sería
31 *justo, pero al mismo tiempo estúpido. Por lo tanto, al dividir en dos partes la justicia, diciendo que había una justicia política y otra natural, destruye la una y la otra; porque, la que llama política se identifica con la sensatez, pero no es justicia; por el contrario, la otra sí es justicia, pero no equivale a sensatez. Sutiles y venenosos son ciertamente estos argumentos, que Marco Tulio fue incapaz de refutar; pues al hacer que Lelio respondiera a Furio en defensa de la justicia, pasó por encima de los mismos, dejándolos sin refutar, como si de una trampa se tratara, de manera que Lelio se nos presenta como defensor no de la justicia natural, que había caído bajo la acusación de necedad, sino de la justicia política, a la que Furio había otorgado la cualidad de la sensatez, si bien resultaba injusta*[269].

XXI 32   (FILO):

—… No me iba a resultar una carga, Lelio, si no fuera porque creo que éstos tienen la intención, y yo mismo lo estoy deseando, de que tú tomes también algo de parte en nuestra conversación, sobre todo después de decirnos ayer que tú ibas a estar de más. De verdad que eso no puede suceder; todos te lo pedimos: no nos dejes sin tu palabra…[270].

… pero nuestra juventud no ha de prestarles oídos; pues, si piensa igual que habla, es un hombre corrupto; si no es así, cosa que prefiero, es su palabra la que es monstruosa[271].

---

[269] Testimonio de Lactancio (*inst.* 5, 16, 5-13).
[270] Fragmento transmitido por Aulo Gelio (I, 22, 8).
[271] Fragmento transmitido por Nonio (323, 18; 324, 15).

(LELIO):   XXII 33

—… La verdadera ley consiste en la recta razón, conforme a
la naturaleza, de validez para todos los hombres, invariable e
imperecedera, que llame al cumplimiento del deber con sus órdenes y aparte del delito con sus prohibiciones; una ley, no obstante, que lo mismo que sus órdenes y prohibiciones no resultan ignoradas para los honrados, tampoco logra que los no
honrados la obedezcan en aquello que les manda o prohíbe.
Sustituir esta ley por otra es un sacrilegio, y tampoco es lícito
derogarla en alguna de sus partes, ni es posible anularla en su
totalidad; ni, por otra parte, tampoco podemos sustraernos de
esta ley por medio del Senado o del pueblo, ni hay necesidad de
buscar a un Sexto Elio[272] para que la explique e interprete; ni
será una ley en Roma y otra en Atenas, una ahora y otra después, sino que una sola y única ley, imperecedera e inmutable,
regirá a todas las naciones y en todas las épocas, y será un dios
solo y común para todos, un jefe y comandante supremo de
todas las cosas: tal es el descubridor de esta ley, su administrador y promotor; quien no la obedezca se verá obligado a huir de
sí mismo y por haber despreciado la naturaleza humana sufrirá
los más graves castigos, aunque haya logrado escapar a los demás suplicios considerados como tales[273].

La ciudad que nosotros concebimos como la mejor no sostie-   XXIII 34
ne una guerra si no es por lealtad a un pacto o por su propia seguridad y supervivencia[274]… Pero estas penas, que hasta los más
tontos entienden, la pobreza, el destierro, los calabozos, los apa-
leamientos, son evitados muchas veces por los particulares gracias a la rapidez que les ofrece la muerte; para las ciudades, en
cambio, constituye su castigo esa misma muerte que parece librar
a los individuos del castigo. En efecto, una ciudad debe consti-
tuirse de manera que sea imperecedera. Por lo tanto, no existe la
muerte natural para el Estado, como lo es para el hombre, en el
que la muerte no es sólo inevitable, sino incluso muchas veces
deseable. En cambio, si una ciudad es suprimida, destruida o
eliminada, resulta semejante en cierto modo, salvando las distan-
cias, a si todo este mundo desapareciera o sucumbiera…[275].

---

[272] Véase más arriba nota 75.
[273] Fragmento transmitido por Lactancio (*inst.* 6, 8, 6-9).
[274] Fragmento transmitido por San Agustín (*ciu.* 22, 6).
[275] Fragmento transmitido por San Agustín (*ibid.*).

35   Son injustas aquellas guerras que se emprenden sin motivo;
pues si no es por vengar una injuria o para rechazar una invasión enemiga no es posible llevar a cabo una guerra justa...[276].
... No se considera justa una guerra si ésta no ha sido anun-
ciada, formalmente declarada, y con motivo de una reclamación...[277].
... Por otra parte, nuestro pueblo defendiendo a sus aliados
se ha hecho ya dueño de todas las tierras...[278].

XXIV 36 *En ese mismo tratado sobre la república, se discute acalorada y
vehementemente en contra de la injusticia y a favor de la justicia;
y dado que antes se había tomado partido a favor de la injusticia y
en contra de la justicia, afirmándose que un Estado no puede sos-
tenerse ni engrandecerse si no es con ayuda de la injusticia, había
quedado sentado muy sólidamente el principio de que era injusto
que unos hombres estuvieran al servicio de los hombres que man-
daban; no obstante, si una ciudad que está a la cabeza de un gran
Estado no ejerce su poder aplicando ese principio injusto, no podrá ejercer su dominio sobre las provincias. La respuesta por parte
de la defensa de la justicia dice que es justa esa servidumbre, porque es útil para tales hombres, y que la misma se aplica en beneficio de ellos, cuando se aplica correctamente, es decir, cuando a los
malvados se les priva de la libertad para cometer delitos; además,
sometidos, se encontrarán en mejor situación, puesto que sin someter estuvieron en una peor. Y para confirmar este argumento se
añade un bello ejemplo, tomado de la naturaleza y que dice:*
‹¿No vemos que la propia naturaleza entrega el mando al
mejor de cada especie, resultando de ello un gran beneficio para
los más débiles?› ¿Pues por qué razón dios manda sobre el hombre, el espíritu sobre el cuerpo, la razón sobre la pasión, ‹sobre
la ira› y sobre todas las demás partes defectuosas del ‹propio›
espíritu?[279].

XXV 37 ... Pero es necesario conocer las diferentes formas que hay
de mandar y de servir; en efecto, lo mismo que se dice que el
alma manda sobre el cuerpo, también se dice que ejerce su dominio sobre las pasiones; pero, sobre el cuerpo lo hace como lo
pueda hacer un rey con sus súbditos o un padre con sus hijos;

[276] Fragmento transmitido por San Isidoro (*Orig.* 18, 1, 2-3).
[277] Fragmento transmitido por Isidoro (*ibid.*).
[278] Fragmento transmitido por Nonio (p. 498, 18).
[279] Testimonio y fragmento transmitidos por San Agustín (*ciu.* 19, 21). Lo
que va entre paréntesis angulares es restituido gracias a esta cita.

sobre la pasión, en cambio, actúa como un amo con sus esclavos, pues la reprime y reduce. De forma que el dominio de reyes, generales, magistrados, senadores y pueblo sobre los conciudadanos y aliados se ejerce tal como lo hace el alma sobre el cuerpo; los amos, en cambio, tratan duramente a los esclavos, lo mismo que la mejor parte del alma, esto es, la inteligencia hace con las partes más débiles y defectuosas de la propia alma, como son los apetitos desordenados, la cólera y demás perturbaciones[280]…

… Hay, en efecto, un tipo de servidumbre que es injusta, como es el caso de quienes pertenecen a otro pudiendo ser dueños de sí mismos; en cambio cuando los que prestan servidumbre…[281].

Si supieras –dijo Carnéades– que un áspid está oculto en un XXVI 38 *sitio determinado y que alguien, cuya muerte te reportaría a ti algún beneficio, va a sentarse, ignorante, sobre ese sitio, obrarías como un desalmado si no le advirtieras que no se sentara, pero de manera impune, eso sí. Pues, ¿quién podría probar que tú lo sabías? Pero sobre esto ya he hablado demasiado. En efecto, es evidente que si la equidad, la lealtad y la justicia no tuvieran su raíz en la naturaleza y todas estas cosas existieran en virtud de un interés utilitario, no sería posible encontrar un hombre bueno; pero sobre esto ya habló suficiente Lelio en mi obra La República*[282].

… Y si, tal como nos acabas de recordar, afirmamos con toda razón, en aquella obra, que en ninguna otra cosa consiste el bien sino en la honorabilidad, y en nada el mal sino en la infamia[283]…

Me alegro de la felicidad que te produce tu hijita y de que estés XXVII 39 *de acuerdo en que «es natural el sentimiento que se tiene por los hijos». Ciertamente, de no ser así, no existiría ninguna relación natural del hombre con el hombre; eliminada ésta, se elimina la vida en sociedad. «¡Que sea para bien!» –exclamó Carnéades, groseramente, pero más inteligentemente que nuestros amigos Lucio y Patrón*[284]*; éstos, al referir todo al interés individual, consideran que nunca se hace nada por otro; y al afirmar que es conveniente que exista el hombre de bien, para no sufrir el mal, en lugar de porque ello es lo que está de acuerdo con la naturaleza, no se dan cuenta de que lo que ellos hablan es de un hombre hábil,*

---

[280] Fragmento transmitido por San Agustín (*c. Iul.* 4, 12; también se refiere a esto en *ciu.* 14, 23).
[281] Fragmento transmitido por Nonio (p. 109, 2).
[282] Testimonio del propio Cicerón (*fin.* 2, 19, 59).
[283] Testimonio del propio Cicerón (*Att.* 10, 4, 4).
[284] Filósofos epicúreos.

no de un hombre de bien. Pero estas cosas aparecen expuestas, creo, en esa obra que con tus elogios me animaste a escribir[285].

... sobre esto yo estoy de acuerdo en que una justicia atormentada y en medio de riesgos no es la propia de un sabio...[286].

XXVIII 40 ... la virtud apenas si quiere honores, pero no hay ninguna otra recompensa para la virtud; y es cierto que la recibe con facilidad, pero no pone empeño en reclamarla...[287].

... A este hombre, ¿qué riquezas le vas a ofrecer, qué poderes, qué reinos, si tal persona considera esos bienes como humanos, y, en cambio, los suyos los considera divinos? Pero si la gran cantidad de ingratos, los muchos envidiosos o sus poderosos enemigos, arrebatan a la virtud sus recompensas, aquélla se contenta con sus muchos consuelos y se sustenta de su propia dignidad[288]...

... Hércules y Rómulo, cuyos cuerpos no fueron elevados hasta el cielo; en efecto, la naturaleza no permitiría que lo que procede de la tierra permaneciera en otro sitio distinto de la tierra...[289].

... Nunca los hombres más esforzados... de su fortaleza, de actividad, de aguante...[290].

... Así es: A Fabricio[291] le faltó la prodigalidad de Pirro y a Curio[292] las riquezas de los samnitas...[293].

... ese hogar que nuestro querido Catón solía visitar cuando iba camino de su propiedad en la región sabina –según le oí contar a él mismo–, sentado ante el cual había rechazado los regalos de los samnitas, en otro tiempo enemigos, ahora sus clientes...[294].

XXIX 41 (LELIO):

—... Asia[295]... Tiberio Graco respetó la situación de quienes tenían la condición de ciudadanos, pero descuidó los derechos

[285] Testimonio de Cicerón (*Att.* 7, 24, 4).
[286] Fragmento transmitido por Prisciano (8, 6, 32).
[287] Fragmento transmitido por Lactancio (*inst.* 5, 18, 4-8).
[288] Fragmento transmitido por Lactancio *(ibid.)*.
[289] Fragmento transmitido por San Agustín (*ciu.* 22,4).
[290] Fragmento transmitido por Nonio (p. 125, 8).
[291] Gayo Fabricio Luscino (cónsul en 282, 278 y 273). También fue jefe del ejército en la guerra contra Pirro.
[292] Manio Curio Dentado (cónsul en 290, 284 y 275). Fue asimismo jefe del ejército en la guerra contra Pirro.
[293] Fragmento transmitido por Nonio (p. 132, 17).
[294] Fragmento transmitido por Nonio (522, 26).
[295] Lo mención de Asia hacía referencia probablemente al legado de riquezas que el rey Atalo III de Pérgamo hizo a Roma, las cuales Tiberio Graco

y tratados establecidos con los pueblos aliados y los que gozaban de derecho latino. Si este comportamiento abusivo empezara a brotar por todas partes, a lo largo y a lo ancho, nuestra soberanía abandonaría el derecho para pasar a imponerse por la fuerza, de manera que los que ahora nos prestan obediencia por su propia voluntad tendrían que ser sometidos mediante el terror; y aunque por nuestra parte, de los que somos de esta época, se mantiene una actitud vigilante, no obstante, siento inquietud por los que vengan después y por la inmortalidad de nuestra república, que podría ser eterna si se viviera de acuerdo con las instituciones y costumbres de nuestros padres.

Tras estas palabras de Lelio, y aunque todos daban muestras xxx 42
de gran contento, quien más destacó de ellos fue Escipión, que dejándose llevar por el entusiasmo dijo:

—Tú, Lelio, has defendido muchas causas y en las más diversas circunstancias y de manera tal que no sólo te comparo con Servio Galba[296], nuestro colega, quien para ti siempre fue el más destacado de todos hasta el fin de sus días, sino que también afirmo que ninguno de los oradores áticos siquiera, ni en suavidad…

(Faltan doce páginas)

… que le faltaron dos cosas para poder hablar ante el pueblo o ante los tribunales: la confianza y la voz…[297].

… el toro mugía con el gemido de los hombres en él encerrados…[298].

(ESCIPIÓN):   xxxi 43
… Volver a llevar… Por lo tanto, ¿quién se atrevería a hablar de «cosa del pueblo», esto es, de «república», desde el momento en que todos sin excepción se encuentren oprimidos por la crueldad de un solo individuo, sin que exista vínculo de dere-

---

había propuesto repartir entre los ciudadanos que habían recibido tierras en virtud de su ley agraria. Estas tierras estaban en poder de los aliados y de los itálicos.
[296] Servio Sulpicio Galba, cónsul en 144, orador sobresaliente en su época (cfr. Cic. *Brut.* 333).
[297] Fragmento transmitido por Nonio (262, 24).
[298] Fragmento transmitido por los *Escolios a las sátiras de Juvenal* (6, 486). El texto hace referencia a Fálaris de Agrigento, el más cruel de los tiranos, quien introducía hombres en un toro de bronce al que daba vueltas sobre el fuego; de esa manera «el toro mugía con el gemido de los hombres en él encerrados».

cho, ni acuerdo, ni asociación para vivir en comunidad, que son los elementos que constituyen el pueblo? Esto mismo sucedía en Siracusa, ciudad famosa e ilustre, de la que Timeo[299] dijo que era la más importante de las ciudades griegas y la más bella del mundo: su ciudadela, algo digno de admiración; sus puertos penetraban hasta los recovecos de las murallas, convirtiendo en muelles las calles de la ciudad; sus amplias avenidas, sus pórticos, sus templos, sus murallas, todo ello no podía conseguir que aquélla fuera una «república», mientras estuviera dominada por Dionisio[300], pues en tal situación nada era del pueblo y el propio pueblo era propiedad de una sola persona. Por lo tanto, donde hay un tirano, allí no es que haya una república defectuosa, como ayer os decía, sino que se debe afirmar, tal como ahora nos dicta la razón, que allí no hay en modo alguno república.

XXXII 44   —Muy claramente te expresas –intervino Lelio–, ciertamente ahora estoy viendo ya adónde quieren ir tus palabras.

(ESCIPIÓN):

—Te das cuenta, entonces, de que ni siquiera se puede llamar república con propiedad a aquélla en la que todo el poder se encuentra en manos de una facción.

(LELIO):

—Así exactamente lo creo.

(ESCIPIÓN):

—Y tienes toda la razón. ¿Qué poder quedaba en manos de los ciudadanos atenienses cuando, inmediatamente después de la gran guerra del Peloponeso, se pusieron al frente de la ciudad aquellos *Treinta* individuos[301] de la manera más injusta? ¿Acaso la rancia gloria de la ciudad, la deslumbrante belleza de su zona fortificada, el teatro, sus gimnasios, sus pórticos o sus nobles Propileos, su ciudadela o las admirables obras de Fidias o aquel grandioso Pireo lograban que aquélla fuera una república?

—En modo alguno –contestó Lelio–, puesto que no había «cosa del pueblo».

(ESCIPIÓN):

—¿Y qué me dices de cuando en Roma estuvieron los decenviros[302] sin obligación de someterse al derecho de apelación

---

[299] Timeo de Tauromenio (siglos IV-III), historiador, autor de una *Historia de Sicilia.*
[300] Véase más arriba nota 73.
[301] Los Treinta Tiranos. Véase nota 95.
[302] Véase más arriba II, 62.

ante el pueblo, en aquel su famoso tercer año, cuando la propia libertad perdió el derecho a ser protegida por las leyes?

(LELIO):
—No había «cosa del pueblo» y por ello el pueblo se movilizó para recuperar un bien que le pertenecía.

(ESCIPIÓN):   XXXIII 45
—Voy ahora con esa tercera forma en la que probablemente se nos presentarán dificultades. Cuando se dice que todos los asuntos se llevan directamente a través del pueblo, que todo está bajo el poder del pueblo, cuando la responsabilidad de condenar al suplicio a cualquier persona está en manos de la masa, cuando persiguen, saquean, requisan o malgastan cuanto quieren, ¿podrías, Lelio, mantener que en tal situación no existe república, a pesar de que todo está en manos del pueblo y de haber convenido en que república significa «cosa del pueblo»?

Entonces Lelio:
—A ningún Estado le negaría más rápidamente el nombre de «república» que a ése en que todo sin excepción está en poder de la multitud. Pues si nosotros opinábamos que no constituían una república ni Siracusa, ni Agrigento, ni Atenas en la época en que había tiranos en ellas y precisamente por esa causa, como tampoco Roma cuando los decenviros, no veo por qué razón iba a convenir más el nombre de «república» en una situación de dominación por parte de la multitud; en primer lugar, porque para mí no existe «pueblo» –como muy bien lo definiste tú, Escipión– si no está constituido sobre la base del derecho por todos aceptado; pero resulta tan tirano ese conjunto de individuos como si fuera uno solo, o todavía más abominable, porque no hay bestia más monstruosa que la que toma la apariencia y el nombre de pueblo. Y en verdad no es conveniente, toda vez que los bienes de los locos se ponen bajo la potestad de sus parientes por parte de padre, como ordenan las leyes, que... de estos... ya...

(Faltan ocho páginas)

(ESCIPIÓN):   XXXIV 46
—... podrían aportarse... de por qué aquélla constituye una república en la que la cosa es del pueblo, que ya se dijeron a propósito de la monarquía.

—Y aún mucho más –añadió Mumio–, pues en contra de la figura del rey está su semejanza con la del amo, puesto que es una sola persona; pero si se trata de un Estado en el que es un grupo de ciudadanos de bien el que detenta el poder, nos encontramos, entonces, ante una situación tal que difícilmente encontrarías otra más feliz. Con todo prefiero la monarquía a la libertad popular. En efecto, te queda por hablar del tercer modelo de Estado, el más imperfecto de todos.

xxxv 47 Escipión le respondió:

—Reconozco, Espurio, esa tu habitual aversión por el régimen popular; y aunque se puede sobrellevar de manera más leve a como tú acostumbras, no obstante, estoy de acuerdo contigo en que, de los tres modelos de Estado, ése es el menos digno de aprobación. Sin embargo, no estoy de acuerdo en que los aristócratas sean preferibles al rey; en efecto, si es la sabiduría la que gobierna los asuntos públicos, ¿qué importancia tiene que ésta se halle en una sola persona o en muchas? Pero caemos en cierto error al plantearlo así. En efecto, al dárseles el nombre de aristócratas, se produce la impresión de que no puede haber nada que sea superior; ¿o puede pensarse en algo que sea mejor que «lo mejor»? En cambio, cuando se hace mención del rey, viene a nuestra mente la imagen de un rey injusto. Y nosotros no estamos hablando ahora de un rey injusto, esto es, cuando nos preguntamos por el régimen monárquico. En efecto, pensad en un rey como Rómulo, o como Pompilio[303] o como Tulio[304] y quizá no os desagrade tanto ese modelo de república.

48 (MUMIO):

—¿Vas a dejar algún tipo de elogio para el régimen popular?

Entonces aquél (Escipión):

—¿Cómo dices? ¿No te parece a ti, Espurio, una república Rodas, donde hace poco que hemos estado juntos?

—Por supuesto que sí me lo parece y en modo alguno reprobable.

(ESCIPIÓN):

—Bien dicho; pero si recuerdas, allí todos eran al mismo tiempo plebeyos y senadores, y establecían turnos alternativos,

---

[303] Numa Pompilio. Véase *rep.* II, 25-30 en esta misma obra.

[304] El palimpsesto dice Tulo; sería por lo tanto Tulo Hostilio; pero Ziegler (*Latomus* 36 [1967], 448-449) reconsideró su anterior posición y cree que se ha de leer Tulio (Servio Tulio, por tanto). Véase más arriba, *rep.* II, 31 s. y 37-40.

por meses, para desempeñar los deberes populares y los senato-
riales; y tanto unos como otros recibían dietas por reunirse; y lo
mismo en el teatro que en la curia juzgaban igual causas capitales que las de cualquier otro tipo; y tanto poder tenía y tanta
importancia el Senado cuanta la multitud...

(Falta un número indeterminado de páginas)

(Fragmentos del libro III *de localización insegura)*

1. ... Hay, por tanto, en los hombres como individuos cierto ele-
    mento perturbador, que los hace saltar de placer o derrumbarse
    por la pena...[305].

2. ... Pero, como ellos mismos bien ponen a prueba su ánimo o
    bien se detienen a ver qué creen que han de hacer...[306].

3. ... Los fenicios fueron los primeros que, con sus comerciantes y
    mercancías, introdujeron en Grecia la avaricia, el lujo y los de-
    seos insaciables de todas las cosas...[307].

4. ... El famoso Sardanápalo[308], mucho más deforme por sus vi-
    cios que por su propio nombre...[309].

5. ... A no ser que alguien quisiera esculpir el monte Atos. Pues,
    ¿hay un Atos o un Olimpo tan grandes...?[310].

6. *... En el momento oportuno me esforzaré en mostrar, siguiendo
    las definiciones del propio Cicerón (por medio de las cuales plan-
    teó brevemente, por boca de Escipión, en qué consiste una repú-
    blica y qué es el pueblo), con las que estuvieron de acuerdo otras*

---

[305] Fragmento transmitido por Nonio (301, 5).
[306] Fragmento transmitido por Nonio (364, 7).
[307] Fragmento transmitido por Nonio (431, 11).
[308] Legendario rey de Asiria.
[309] Fragmento transmitido por los *Schol. Iuv. sat.* 10, 362.
[310] Fragmento transmitido por Prisciano (6, 13, 70). Hace alusión a la
anécdota narrada por Plutarco (*Alex.* 72, 6-8): el arquitecto Estasícrates dijo
a Alejandro Magno que el monte Atos era el más apropiado de todas las montañas para darle una forma humana. Que si él se lo ordenaba lo convertiría en
estatua, cuya mano izquierda abarcaría una ciudad de diez mil habitantes,
mientras que la derecha vertería las aguas de un río en el mar.

muchas opiniones, no sólo la suya sino también la de los otros a quienes hizo participar en ese mismo coloquio, que aquélla no constituyó nunca una república porque nunca hubo en ella verdadera justicia. Pero, siguiendo las definiciones más estimables y de acuerdo con su particular criterio, fue una república y mejor administrada por los romanos antiguos que por los posteriores[311].

---

[311] Testimonio de San Agustín (*ciu.*, 2, 21).

Libro IV

No obstante, y puesto que se ha hecho mención del alma y del cuerpo, intentaré explicar la naturaleza de uno y otro, en la medida en que la insignificancia de mi inteligencia sea capaz de abarcarlos. Es ésta una tarea que considero que he de asumir, sobre todo, porque Marco Tulio Cicerón, hombre de talento excepcional, al intentar hacerlo en el cuarto libro de su obra «La República», encerró en límites tan estrechos una materia tan extensa que sólo tocó de pasada las cosas más importantes. Y para que no hubiera ninguna excusa por no haber proseguido esta cuestión, él mismo aseguró que no le había faltado ni voluntad ni preocupación. En efecto, en el libro primero de su obra «las Leyes», después de tratar este mismo tema de manera resumida, se expresó así: «sobre ese asunto, me parece a mí, ya habló con suficiente exhaustividad Escipión en la obra que leíste»[312]. No obstante, después en el Libro segundo de su tratado «la Naturaleza de los dioses», intentó tratar este mismo tema de manera más extensa[313].

... y esa misma mente que prevé las cosas futuras, guarda recuerdo de la pasadas...[314].

... además, si no hay nadie que no prefiera verse muerto antes que convertido en figura de animal, aun cuando conservara la inteligencia de hombre, ¡cuánto más desgraciado es tener figura de hombre con espíritu de bestia! Y tanto más me parece a mí en cuanto que el alma es superior al cuerpo...[315].

... que él no cree que sea lo mismo el bien de un carnero y el de Publio Escipión el Africano ...[316].

---

[312] *Leyes,* I, 27. Se refiere naturalmente a *La República*.
[313] Testimonio de Lactancio (*opif*. 1, 11-13).
[314] Fragmento transmitido por Nonio (500, 9).
[315] Fragmento transmitido por Lactancio (*inst.* 5, 11, 2).
[316] Fragmento transmitido por San Agustín (*c. Iul*. 4, 12, 59).

... en virtud de su oposición recíproca produce la sombra y la noche, que permite el cómputo de los días y el descanso de las fatigas[317]...

... y al abrirse la tierra en otoño para recibir las semillas, y dilatarse en invierno para concebirlas, y madurar unos con la sazón que da el verano y abrasando otros...[318].

... cuando emplean pastores para el ganado...[319].

II 2   (ESCIPIÓN):

—... De qué manera más útil se realizó la distribución en órdenes, edades, rangos, la caballería en la que se integran también los sufragios de los senadores[320]; pero son ya demasiados los que, de la manera más estúpida, intentan suprimir esta gran ventaja, y tratan de conseguir una insólita prodigalidad en la devolución de los caballos por medio de un plebiscito[321].

III 3   Tomad ahora en consideración qué inteligentemente fueron proyectadas todas las demás cosas tendentes a lograr esa asociación de ciudadanos para vivir feliz y honradamente. Tal es, en efecto, el primer motivo de asociación y ello debe procurarse para los hombres desde el Estado, en parte por medio de sus instituciones, en parte, por medio de sus leyes. En primer lugar, el sistema de educación de los niños de condición libre, sobre el que los griegos derrocharon en vano muchos esfuerzos y que es la única de nuestras instituciones a la que Polibio, nuestro huésped, acusa de negligencia, no se quiso fijar ni reglamentar por leyes, ni desarrollar con carácter público ni que fuera uniforme para todos. Pues...

(Faltan cuatro u ocho páginas)

... se acostumbraba a asignar instructores a los que ingresaban en el ejército para que los dirigieran en el primer año...[322].

---

[317] Fragmento transmitido por Nonio (234, 14).

[318] Fragmento transmitido por Nonio (343, 20). El texto está algo alterado, pero el sentido parece ser ése.

[319] Fragmento transmitido por Nonio (159, 16).

[320] Alusión a la reforma de Servio Tulio.

[321] Hacia el año 128 un plebiscito obligó a los senadores a renunciar al caballo público al tiempo de su entrada en la Curia; de esa manera se les privaba del derecho al voto en las centurias de caballeros, privilegio que habían conservado hasta entonces.

[322] Fragmento transmitido por Servio (*Aen.* 5, 546).

... no sólo como en Esparta, donde los niños eran enseñados a robar y a hacer pillaje ...[323].

... era como una deshonra para los adolescentes no tener otros muchos como amantes...[324].

(ESCIPIÓN):   IV 4
—... Desnudarse un muchacho[325], ... Tan lejos hay que ir a buscar lo que podríamos denominar «orígenes» de nuestro pudor. Pero ¡qué absurdos los ejercicios de la juventud en los gimnasios! ¡Qué liviano el servicio militar aquel de los efebos! ¡Qué disolutos y libertinos sus toqueteos y amoríos! Y paso por alto el caso de eleos y tebanos, entre quienes el apetito sensual disfruta de una gran permisividad y libertad en lo que al amor de los hombres libres se refiere. Los propios lacedemonios, al permitir a sus jóvenes todo respecto al amor, con la excepción del estupro, colocan una débil barrera entre lo permitido y lo prohibido; en efecto, se permite el abrazo y el acostarse juntos pues la tela de sus mantos los separa.

Entonces Lelio:

—Me doy perfecta cuenta, Escipión, de que tú, al reprender estos sistemas de educación de Grecia, prefieres habértelas con los pueblos más notables antes que con tu querido Platón, a quien ni siquiera tocas, sobre todo cuando...[326]

El discípulo de éste (Sócrates), Platón, a quien Cicerón llama   v 5
dios de los filósofos, el único, entre todos, que filosofó de manera que se acercara más a la verdad, no obstante y por ignorar a Dios, cometió tantos tropiezos y errores como nadie hasta entonces; destacando en primer lugar, en su obra «La República», su pretensión de que todas las cosas fueran propiedad común de todos; lo que tratándose del patrimonio se puede tolerar, aunque resulte injusto. En efecto, no se debe causar perjuicio a nadie, si por su trabajo y habilidad posee más, ni favorecerlo, si por su culpa tiene menos; pero, como dije, en cierta medida puede soportarse. Pero, ¿también las esposas, también los hijos serán comunes? ¿No habrá ninguna diferencia de sangre, ni una genealogía segura, ni familias, ni parentescos de sangre o políticos, sino que como en los

---

[323] Fragmento transmitido por Nonio (20, 12).
[324] Fragmento transmitido por Servio (*Aen.* 10, 325).
[325] A pesar de lo fragmentario, se aprecia bien en el texto la contraposición del sistema de educación de los jóvenes griegos (que realizaban desnudos sus ejercicios gimnásticos), con el de los romanos.
[326] A partir de aquí, todo lo que resta del Libro Cuarto se ha perdido.

rebaños, todos estarán mezclados e indiferenciados? ¿No existirá ningún tipo de continencia en los hombres? ¿ni pudor en las mujeres? ¿Qué amor conyugal puede haber entre dos personas en las que no se da ningún sentimiento seguro ni exclusivo? ¿Existirá alguno que sea piadoso con su padre si ignora cuál es el origen de su nacimiento? ¿Quién va a querer a un hijo al que considera de otro? Todavía más: ha reservado la curia para las mujeres, concediéndoles el acceso al ejército, a las magistraturas y al generalato. ¡Cuán grande será la infelicidad de una ciudad en que las tareas de hombres se vean desempeñadas por mujeres![327].

... y nuestro querido Platón va más allá todavía que Licurgo, al disponer que todo sea común, de manera que ningún ciudadano pueda decir que algo, cualquier cosa que sea, es suyo o de su propiedad...[328].

... yo, por la misma razón que aquél expulsa de aquella ciudad ideal[329], que él mismo se diseñó, a un Homero coronado de laureles y rociado de perfumes...[330].

VI 6 ... la sentencia del censor no trae consigo para el condenado casi nada más que la vergüenza de la misma. Así pues, como tal juicio versa exclusivamente sobre la reputación de su nombre, su reprobación recibe el nombre de «ignominia»...[331].

... se cuenta que lo primero que hizo la ciudad fue ponerse a temblar de miedo ante la severidad de éstos...[332].

... ni se ponga al frente de las mujeres un prefecto, como es costumbre que se nombre entre los griegos[333]; sino que haya un censor[334], que enseñe a los hombres a poner freno a las mujeres...[335].

... la educación en el pudor posee una gran fuerza: todas las mujeres se abstienen del vino puro...[336].

... y es más: si alguna tenía «fama», sus parientes no la besaban...[337].

[327] Testimonio de Lactancio (*epit.* 33 [38], 1-5).
[328] Fragmento transmitido por Nonio (362, 11).
[329] Cfr. Platón, *República*, 3, 398 a.
[330] Fragmento transmitido por Nonio (308, 38).
[331] Fragmento transmitido por Nonio (24, 5).
[332] Fragmento transmitido por Nonio (423, 4).
[333] El ginecónomo.
[334] Entre las atribuciones del censor estaba también la de velar por la moral y las costumbres.
[335] Fragmento transmitido por Nonio (499, 14).
[336] Fragmento transmitido por Nonio (5, 10).
[337] Fragmento transmitido por Nonio (306, 3).

... y así del verbo *petere* (=avanzar con arrogancia), viene petulancia, y del verbo *procare*, esto es, «pedir» (en matrimonio), viene procacidad...[338].

... mi deseo, en efecto, es que el mismo pueblo no sea el jefe recaudador de todas las tierras. Por otra parte, pienso que lo mismo en la economía privada como en la pública la mejor renta es el ahorro...[339]. VII 7

Los teatros, los pórticos, los nuevos templos, yo los censuro con un poco más de reparo por causa de Pompeyo; pero, los más cultos no los aprueban, como es el caso del propio Panecio, a quien yo he seguido mucho en esta obra, aunque no al pie de la letra, y Demetrio Falereo, quien aprueba a Pericles, la persona más importante de Grecia, por haber tirado tanto dinero en aquellos magníficas Propileos. Pero, sobre todo este asunto, se discutió ya con todo lujo de detalles en aquel tratado que escribí sobre la república. En consecuencia, como sistema, tales liberalidades son viciosas por principio; necesarias, en algunas circunstancias; pero incluso entonces, han de adecuarse a las posibilidades y moderarse en su justo medio[340].

... La palabra *fides*, me parece que se le hace honor a tal nombre cuando se cumple lo que se promete...[341].

... en un ciudadano ilustre, en un hombre noble, la adulación, la ostentación, la intriga para conseguir honores... es... de debilidad...[342].

... todo el que con comidas y banquetes y otras liberalidades se gana la estimación de los hombres, está demostrando claramente que le falta el verdadero atractivo que se desprende de la virtud y de la dignidad...[343].

Fíjate un momento en ese mismo tratado sobre la república, en el que tú has aprendido el sentimiento de ciudadano patriota: que no hay límites en el servicio que se le debe a la patria, ni término para las buenas acciones. *Fíjate, te lo ruego, y observa bien con cuántos elogios es nombrada la sobriedad y la modera-*

---

[338] Fragmento transmitido por Nonio (23, 17 y 21).

[339] Fragmento transmitido por Nonio (24, 15).

[340] Testimonio del propio Cicerón (*Off*. 2, 60).

[341] Fragmento transmitido por Nonio (24, 11). Cicerón parece establecer aquí una relación etimológica, de gusto varroniano, entre *fides* («lealtad»), y la expresión *cum fit quod dicitur*.

[342] Fragmento transmitido por Nonio (194, 26).

[343] Fragmento transmitido por autor de *Paradoxa Koronne apud* Bielowski, *Pompei Trogi fragmenta*, p. XV s.

ción y la fidelidad al vínculo matrimonial y las costumbres castas, honestas y honradas...[344].

VIII 8   Me produce admiración no sólo las exquisitez del contenido sino también la de la expresión: «Si discuten» –dijo–; se dice «discusión», cuando se trata de una disputa amistosa, no de un litigio entre enemigos en consecuencia, la ley considera que los vecinos discuten entre sí, no que litigan...[345].

Siendo la paz de la familia una parte de la paz general de la nación, si la paz familiar hubiera de ser violentada por los de casa para que no se perdiera la general de la nación, entonces, tendrá que destruirse la paz familiar que reina entre el padre y el hijo, del mismo modo que leemos en lo que escribieron aquellos que mantuvieron un productivo debate sobre la república[346].

... el fin de las preocupaciones de los hombres coincide con el de su vida. Así, en el derecho pontifical, el carácter sagrado de la sepultura...[347].

... porque no habían dado sepultura a quienes por la violencia de la tempestad no habían podido rescatar del mar, los condenaron a muerte a pesar de su inocencia...[348].

... y en esta crisis no asumí la causa del pueblo, sino la de los buenos...[349].

... no se resiste fácilmente a un pueblo fuerte si no se le hace partícipe de derecho alguno o éste resulta escaso...[350].

... ojalá le resultaran ciertos a éste mis augurios, que se cumplieran y fueran muchos...[351].

IX 9   ... cuando les llega (a los poetas) el griterío y el aplauso del público, como si de un grande y sabio maestro se tratara. ¡Cuántas tinieblas extienden! ¡Qué de temores infundados! ¡Cuántas pasiones inflaman![352].

... dice Cicerón que aunque se le duplicara la edad no tendría tiempo para leer a los líricos...[353].

---

[344] Testimonio de San Agustín (*epist.* 91, 3 = CSEL 34, 428, 21).
[345] Testimonio transmitido por Nonio (430, 29).
[346] Testimonio de Rufino, *De bono pacis* 2, 16, PL 150, 1622.
[347] Fragmento transmitido por Nonio (174, 7).
[348] Fragmento transmitido por Nonio (293, 41).
[349] Fragmento transmitido por Nonio (519, 15).
[350] Fragmento transmitido por Prisciano (*gramm.* 15, 4, 20, pág. 76, 14 Hertz).
[351] Fragmento transmitido por Nonio (469, 16). Pasaje alterado.
[352] Fragmento transmitido por San Agustín (*ciu.* 2, 14).
[353] Testimonio de Séneca (*epist.* 49, 5).

Tal como en Cicerón dice el propio Escipión: x 10
—... como (los romanos), consideraban deshonroso todo lo
relacionado con el teatro y la escena, decidieron que toda esta
clase de hombres estuvieran no sólo privados del honor que
tenían el resto de los ciudadanos, sino incluso que fueran excluidos de su tribu, en virtud de una nota censoria...[354].

... si la costumbre de la época no lo hubiese permitido, las   11
comedias no habrían podido nunca conseguir el aplauso del
teatro para sus escandalosas escenas...

... y los griegos, los más antiguos al menos, se mantuvieron de
acuerdo en su libertina opinión e incluso estaba permitido por la
ley, que la comedia dijera lo que quisiera de cualquiera, nom-
brándolo directamente. Tal como se expresa Africano en esa mis-
ma obra:

—... ¿a quién no afectó aquélla (comedia), o mejor, a quién
no ha vejado? ¿A quién respetó? Bien, admitamos que zahirió a
los demagogos Cleón, Cleofonte e Hipérbolo[355], individuos
desalmados e instigadores de la subversión del Estado. Acepté-
moslo, aunque ciudadanos de esta clase es preferible que sean
señalados por el censor[356], antes que por el poeta. Pero que
Pericles sea ultrajado en unos versos y que los mismos sean
objeto de representación en el teatro, cuando llevaba ya muchísimos años al frente de su ciudad, tanto en épocas de paz como
de guerra, encontrándose en la cima de su prestigio, resultó
algo tan indecoroso como si a nuestro Plauto o a nuestro Nevio
se les hubiera ocurrido infamar a Publio y a Gneo Escipión, o a
Cecilio se le hubiera ocurrido hacerlo con Marco Catón...[357]

... por el contrario, nuestras «Doce Tablas», aunque eran   12
muy pocos los delitos que sancionaban con la pena capital, consideraron que ésta se debía aplicar también en los casos de
quien cantare o compusiere un poema que difamara o atentara
contra el honor de otra persona. ¡Excelente! Pues es a los tribu-

---

[354] Testimonio de San Agustín (*ciu.* 2, 13). Mediante la nota censoria alu-
dida en este texto, el censor podía excluir del censo a un ciudadano durante
los cinco años que duraba su mandato. No estar inscrito en el censo suponía
decaer en todos sus derechos.

[355] Demagogos zaheridos por Aristófanes en sus comedias (cfr. *Nubes,*
549-52 y *Ranas,* 1504 ss.).

[356] Mediante la *nota censoria.*

[357] Fragmento transmitido por San Agustín (*ciu.* 2, 9). Como puede apre-
ciarse, entre los romanos no se concebía la libertad de crítica política que
observamos en la Comedia Antigua griega.

nales de justicia, en juicios legalmente constituidos, a los que
tenemos que dar cuenta y hacer pública nuestra conducta y no
a la inspiración de los poetas; como tampoco tener que escuchar infamias, si no es con una ley que nos permita responder y
defendernos ante los tribunales...

... a los antiguos romanos no les gustaba que una persona
viva, cualquiera que fuera, fuese elogiada o vituperada en el
teatro...[358].

XI 13 *... Cicerón dice que la comedia es imitación de la vida, espejo
de las costumbres, e imagen de la verdad*[359].

... El ateniense Esquines, persona de gran elocuencia, tras
haber representado tragedias en su juventud, se dedicó a la política. Asimismo, el actor trágico Aristodemo, lo enviaron muchas veces los atenienses como embajador ante Filipo, para tratar de cosas importantísimas y referentes tanto a la guerra como
a la paz...[360].

XII 14 *... En efecto, ni todo placer es censurable ni ése es el fin último
de la música, sino que la seducción que produce en el alma es algo
concomitante, y el objeto por ella perseguido es el de la virtud.
Cosa que permaneció oculta para muchos, entre ellos para el que
pronuncia el discurso contra la música en la obra «La República»,
del romano Cicerón. Pues al menos yo no afirmaría que tales cosas fueron dichas por aquél. Pues, ¡cómo se podría mantener que
éste insulta y califica de vil a la música!, un arte que trata de los
límites entre la virtud y el mal en el terreno de la armonía y el
ritmo y siendo además Cicerón un hombre que sintió una emo-
ción tan profunda ante el mismo Roscio, que por entonces sólo
representaba ritmos vulgares y de baja calidad, que llegó a decir
que éste había sido enviado a los hombres por la providencia de
los dioses. Pero si alguno dijera que lo que escribió en «La República» es lo que quiso decir, y, en cambio, las palabras dirigidas a
Roscio lo fueron por conveniencia de la causa, nada nos impedirá
darle la vuelta a ese mismo argumento. Pero quien así hiciera estaría recusando, sin saberlo, al orador más que poniéndolo de su
parte, por lo que a este asunto se refiere. No es digno de crédito,
en efecto, cuando se trata de encontrar la verdad o un criterio
justo, quien es esclavo de los prejuicios de los que le rodean o de*

[358] Fragmento transmitido por San Agustín (*ibid.*).
[359] Testimonio de Donato (*exc. de com.* pág. 22, 19, Wessner).
[360] Fragmento transmitido por San Agustín (*ciu.* 2, 11).

los suyos propios y no de las hipótesis basadas en la realidad. Yo pienso que no reprobaría la retórica por los rétores que la corrompieron. De la misma manera, de que haya artistas que cantan cosas vulgares para satisfacer a la masa, no es la música la responsable. Además, también la patria de éste mismo (Cicerón) tenía, bajo el reinado de Numa y de los que reinaron un poco después, hombres que eran educados en la música, aunque todavía eran bastante salvajes, de acuerdo con lo que el propio Cicerón cuenta, y se celebraba con ellos lo mismo los festines privados que todas las fiestas públicas[361].
... brazaletes...[362].

[361] Testimonio de Arístides Quintiliano (de *musica* II, pp. 69-71, ed. Meibomius, pág. 43, 38 s. Jahn).
[362] Palabra (en latín *armillae*) citada por Prisciano (*partit* XII *vers. Aen.* I, 14, p. 462, 31 Hertz) como perteneciente a este Libro Cuarto.

Libro V

El Estado romano se alza firme sobre los cimientos de sus antiguas 1 1
costumbres y de sus hombres.
Verso este que por su concisión y veracidad me parece casi
expresión de un oráculo. En efecto, ni los hombres, si su convivencia no se hubiera basado en las costumbres, ni las costumbres, si no hubieran estado estos hombres a su frente, hubieran
podido fundar ni mantener durante tanto tiempo un Estado tan
vasto y con unos dominios tan extensos. Por ello, en épocas
anteriores a la nuestra, la propia costumbre ancestral echaba
mano de los hombres más sobresalientes y esos excelentes varones mantenían a su vez la vieja tradición y las instituciones de
los antepasados. Nuestra generación, en cambio, tras haber re- 2
cibido una república comparable a una pintura extraordinaria
pero ya desvaída por el paso del tiempo, no sólo no se preocupó
de restaurar los colores originarios que tuvo, sino que ni siquiera se cuidó de conservar, al menos, el dibujo y los trazos de su
contorno. Pues, ¿qué queda ya de aquellas antiguas costumbres
sobre las que aquél dijo que se alzaba firme el Estado romano?
Las vemos ya tan desusadas y olvidadas que no es sólo que no
se cultiven, es que ni siquiera son conocidas. ¿Y qué voy a decir
de los hombres? ¡Si las propias costumbres perecieron por la
falta de hombres! De tan gran mal no sólo hemos de rendir
cuentas, sino que incluso hemos de defendernos como reos de
pena capital en cierto modo. Pues, por causa de nuestros vicios
y no por alguna desgracia fortuita, conservamos la república en
teoría, en la realidad ya hace tiempo que la hemos perdido…[363].

---

[363] Fragmento transmitido por San Agustín (*ciu.* 2, 21). El verso del comienzo es de Enio (*Ann.* 500 V).

*En su tratado político dice Cicerón que el rector de la república
debe ser un hombre de grandes cualidades y muy instruido, esto
es, que sea inteligente, justo, tolerante y elocuente con el fin de
poder expresar con toda la facilidad de su fluida elocuencia los
pensamientos más recónditos encaminados a dirigir a la plebe.
También debe saber derecho, conocer la lengua y la cultura griegas, hecho que se confirma con el caso de Catón, quien ya en su
extrema vejez mostró cuánta era su utilidad*[364].

II 3   (MANILIO?):

—... ‹Que no hay nada tan›[365] propio de la realeza como la
transparencia de su equidad, de la cual dependía la interpretación del derecho, derecho que los particulares acostumbraban
a reclamar al rey. Ésa es la razón de que se acotaran campos de
cultivo, de bosque y de pastizales, extensos y fértiles, que pa-
saban a ser propiedad del rey y se cultivaban sin la intervención directa de los reyes, para que ninguna preocupación de
negocios privados los apartara y distrajera de los asuntos públicos. A su vez, ningún particular era juez ni árbitro de ningún litigio, sino que todos los asuntos se sometían a los juicios
del rey. Y en mi opinión, entre nuestros reyes fue Numa quien
mejor mantuvo esta vieja tradición de los reyes de Grecia.
Pues los otros reyes, aunque también desempeñaron esta función, se dedicaron, no obstante, durante mucho tiempo a la
guerra y a cultivar el derecho de la misma. Por otra parte, la
larga paz que acompañó al reinado de Numa fue la madre del
derecho y de la religión de nuestra patria. También fue este rey
redactor de leyes, que todavía perduran, como vosotros bien
sabéis; lo que ciertamente... propio de este ciudadano del que
estamos tratando...

(Faltan cuatro u ocho páginas)

III 4   ... Pero no obstante, lo mismo que a un buen padre de familia le es necesario tener cierta experiencia en agricultura, en
construcción y en contabilidad...[366].

5   (ESCIPIÓN):

—... ¿Te chocaría que entendiera de raíces y de semillas?

---

[364] Testimonio de Grillus (*rhet.* 1, 4, pág. 24, 14).
[365] Conjetura de Mai.
[366] Fragmento transmitido por Nonio (497, 23).

(Manilio):
—No, siempre que no se descuide la labor.

(Escipión):
—¿Crees, entonces, que el encargado de la finca debe entregarse a esa tarea con todas sus fuerzas?

(Manilio):
—En absoluto, pues habrá muchas ocasiones en que las labores agrícolas necesiten de su concurso.

(Escipión):
—Por lo tanto, lo mismo que el encargado de la finca conoce la naturaleza del campo y el administrador entiende de letras, y ambos prefieren su aplicación práctica al deleite que produce el conocimiento teórico, así, este nuestro gobernante se afanará por conocer el derecho y las leyes, e investigará, en todo caso, sus fuentes; pero, de forma que su dedicación a las consultas, a leer o a escribir no sea tan intensa que le impida dirigir la república como si de su administrador se tratara y, en cierto modo, realizar en ella las tareas propias de un encargado de finca; deberá ser un profundo conocedor del derecho natural, sin el cual nadie puede ser justo; tampoco debe ignorar el derecho civil; y ello de la misma forma que lo hace un timonel con el estudio de los astros o un médico con el de las ciencias naturales; en efecto, tanto uno como otro utilizan estos conocimientos como auxiliares de su arte, pero no les apartan de lo que constituye su verdadera función. Por otra parte, este hombre… verá aquello…

(Se desconoce cuántas páginas faltan)

(Escipión):   IV 6
—… Ciudades, en las que los mejores ciudadanos tratan de alcanzar honor y gloria, y rehúyen la vergüenza y el deshonor. Y no es tanto el miedo a la pena que determinan las leyes lo que les hace actuar así cuanto el sentimiento de vergüenza con el que la naturaleza dotó al hombre; sentimiento que consiste en una especie de temor ante la reprobación justificada. Aquel regidor de Estados ha hecho que se desarrolle aún más ese sentimiento por medio de la opinión pública y lo ha perfeccionado gracias a las instituciones y a la educación, con lo cual el pundonor ciudadano los aparta de delinquir con no menor efectividad que el miedo a un castigo. Y esto es todo por lo que respecta a

la fama, si bien se podría haber desarrollado de forma más detallada y exhaustiva.

V 7 En cuanto a la vida diaria y sus usos existe un sistema en el que entran el matrimonio legal, los hijos legítimos, la ubicación de los lugares consagrados a los dioses Penates y a los Lares[367] familiares; el cual tiene la finalidad de que todos puedan disfrutar de los beneficios comunes de los propios, así como de hacer ver que sería imposible llevar una vida feliz si no es en el marco de una república digna de tal nombre, ni encontrar nada más hermoso que un Estado bien constituido. Por lo que a mí no deja de extrañarme qué hay tan …

(aquí termina el palimpsesto)

VI 8 (ESCIPIÓN):

—… De la misma forma que el objetivo de un piloto es una travesía con éxito; el del médico, la salud; y el del general, la victoria; así, el objetivo de este moderador de la república al que nos estamos refiriendo lo constituye el lograr una vida feliz para sus conciudadanos, esto es, conseguir que sus recursos sean seguros, que haya abundancia en toda clase de bienes, que sea una comunidad que destaque por su reputación, honorable por sus virtudes; a él le encomiendo la realización completa de esta empresa, sin duda, la más grande y bella de la humanidad…[368].

… ¿Y qué hay de aquello que vuestros escritos elogian en aquel regidor de la patria, esto es, que mire más por el interés del pueblo que por los deseos de ese mismo pueblo?…[369]

VII 9 *Tampoco pudo pasarlo por alto Cicerón, en esa misma obra, «La República», donde habla de la formación del primer ciudadano de la comunidad, de quien dice que* se ha de alimentar de gloria, *y en consecuencia, recuerda que* sus antepasados habían realizado muchas e importantes empresas llevados por el deseo de gloria[370].

---

[367] Los Penates son divinidades romanas protectoras del hogar. Los Lares son divinidades de origen etrusco, espíritus tutelares identificados con las almas de los muertos; son los protectores de la casa, de la ciudad, de las encrucijadas, etcétera.

[368] Fragmento citado por el propio Cicerón (*Att.* 8, 11).

[369] Fragmento transmitido por San Agustín (*epist.* 104, 7 ext.).

[370] Testimonio de San Agustín (*ciu.* 5, 13).

… que el primer ciudadano ha de alimentarse de gloria, y que el Estado durará tanto tiempo cuanto se le rinda honor al primer ciudadano por parte de todos…[371].

… en el valor, en el esfuerzo, en sus actividades se buscarían las cualidades naturales de este gran hombre, a no ser que una naturaleza extremadamente impetuosa… a aquél… no sé dónde…[372].

… virtud que recibe el nombre de fortaleza y que significa tener grandeza de ánimo y un gran desprecio por el dolor y por la muerte…[373].

Marcelo, ejemplo de hombre duro y combativo; Máximo, de prudente y reflexivo…[374].   VIII 10

… contenidos en el orbe de las tierras…[375].

… el hecho de que podría hacer participar a los vuestros de los males de su propia vejez …[376].

… como el laconio Menelao[377], poseía una armoniosa y encantadora elocuencia…[378].   IX 11

… que cultive la concisión al expresarse…[379].

(ESCIPIÓN):

—Y dado que ninguna otra cosa debe estar más protegida contra la corrupción que el sufragio y que una sentencia, no acierto a comprender por qué razón es merecedor de castigo quien corrompe por dinero y que el que lo haga por medio de la elocuencia no lo sea, sino que incluso se lleva elogios. En mi opinión, hace más mal el que corrompe a un juez con su discurso que el que lo hace pagando una cantidad de dinero; porque con dinero no es posible corromper a un juez honrado, pero sí es posible hacerlo con un discurso…[380].

… tras estas palabras de Escipión, Mumio, que daba grandes muestras de aprobación (pues estaba imbuido de cierto odio a los rétores)…[381].

---

[371] Fragmento transmitido por Pedro Pictaviense (*ad calumn. Bibl. patr. Lugd.* tom. XXII, p. 824).
[372] Fragmento transmitido por Nonio (233, 39).
[373] Fragmento transmitido por Nonio (201, 29).
[374] Fragmento transmitido por Nonio (337, 34).
[375] Fragmento transmitido por Carisio (I, 139, 17 Keil).
[376] Fragmento transmitido por Nonio (37, 23).
[377] El marido de Helena en los poemas homéricos.
[378] Fragmento transmitido por Gelio (12, 2, 6s.).
[379] Fragmento transmitido por Gelio (*ibid.*).
[380] Fragmento transmitido por Amiano Marcelino (30, 4, 10).
[381] Fragmento transmitido por Nonio (521, 12).

… entonces se hubieran sembrado semillas de primera calidad para conseguir una cosecha óptima…[382].

---

[382] Fragmento transmitido por el autor del *Comm. ad Verg. georg.* (1, 1 *App. Serviana* III, p. 199, 4 Hagen).

Libro VI

Y si esa idea de la «entrada triunfal» –que tú también aprue- 11 bas– no nos hubiera sido inducida, tampoco tú te esforzarías mucho en reclamar el ideal de hombre descrito en el libro sexto de «La República». Pues, ¿qué quieres tú que haga, precisamente tú que has devorado las páginas de aquel tratado? Ciertamente no voy a dudar ahora en arrojar yo mismo todo eso, si tal cosa fuera lo más correcto. En verdad no es posible llevar a cabo simultáneamente uno y otro papel: aspirar a la «entrada triunfal» y ser un político independiente[383].

... Así es que tú esperas de este dirigente una prudencia absoluta, cualidad que obtiene su nombre de la acción de prever...[384].

... he ahí la razón por la que es necesario que este ciudadano se disponga a estar siempre armado contra todas las cosas que ponen en peligro la estabilidad de la ciudad...[385].

... y una divergencia de opiniones entre los ciudadanos tal que terminen separándose hasta formar diferentes bandos recibe el nombre de sedición...[386].

... en una situación de desavenencia civil, dado que la calidad de los ciudadanos tiene más valor que su número, por elevado que sea éste, pienso que se debería proceder a ponderarlos en lugar de a contarlos...[387].

... las pasiones, dueñas y opresoras de nuestros pensamientos, siempre están mandándonos, obligándonos; es imposible hartarlas, imposible saciarlas; no hay medio; por ello, quien se

---

[383] Testimonio de Cicerón (*Att.* 7, 32).
[384] Es decir, *prudentia,* deriva de *prouidere.* Fragmento transmitido por Nonio (42, 3).
[385] Fragmento transmitido por Nonio (256, 27).
[386] Fragmento transmitido por Nonio (25, 3).
[387] Fragmento transmitido por Nonio (519, 17).

deja abrazar por el fuego de sus encantos se ve empujado a toda clase de malas acciones...[388].

... quien haya logrado derribar la violencia de su fuerza y su indomable ferocidad...[389].

II 2   ... y ello fue todavía más importante porque, estando embarcado en un proceso semejante, no sólo eran objeto de un mismo odio, sino que el cariño que despertaba Graco intercedía también frente al odio que suscitaba Claudio...[390].

... quien se presenta como un miembro procedente de la aristocracia y del grupo de los ciudadanos de primer rango abandona aquel tono lúgubre y lleno de dignidad, propios de la seriedad de expresión que le caracteriza...[391].

... de forma que, tal como lo describe aquél, cada día bajaba al foro un millar de hombres con sus palios[392], teñidos de púrpura...[393].

... entonces, como recordaréis, valiéndose del concurso de la voluble muchedumbre, movida por el dinero, se convirtió de repente en un brillante funeral... [394].

... en efecto, nuestros antepasados tuvieron la firme voluntad de que los matrimonios fueran estables...[395].

... el discurso de Lelio, que anda en manos de todos nosotros... cuán gratos resultan a los dioses los vasos de sacrificio de los pontífices y, tal como él escribe, los vasos de Samos...[396].

III 3   *Cicerón, al escribir sobre el tema de la república, a imitación de Platón, utilizó el pasaje aquel, de regreso a la vida del panfilio Er; éste –según cuenta– ya colocado sobre la pira funeraria había vuelto a la vida y narrado muchas cosas extrañas de los infiernos; pero Cicerón no se valió de elementos fabulosos en su*

---

[388] Fragmento transmitido por Nonio (424, 31).
[389] Fragmento transmitido por Nonio (492, 1).
[390] Fragmento transmitido por Gelio (7, 16, 11) y Nonio (290, 15). Los nombres aludidos corresponden a Tiberio Sempronio Graco (padre de los reformadores Tiberio y Gayo) y a Gayo Claudio Pulcro, censores ambos en 169 a.C. Este último se salvó del destierro gracias a que Tiberio se solidarizó con él advirtiendo que marcharía con su colega.
[391] Fragmento transmitido por Nonio (409, 31). Pasaje alterado y poco claro.
[392] Mantos griegos.
[393] Fragmento transmitido por Nonio (501, 27).
[394] Fragmento transmitido por Nonio (517, 35).
[395] Fragmento transmitido por Nonio (512, 27) y por Prisciano (*gramm.* III, 70, 11).
[396] Fragmento transmitido por Nonio (398, 28).

ficción, como aquel otro, sino que mediante un ingenioso pero racional sueño, quiso dar a entender que las cosas que se decían sobre la inmortalidad de las almas y sobre el cielo no eran ficciones salidas de los sueños de los filósofos ni mitos inverosímiles, de esos de los que hacen mofa los epicúreos, sino hipótesis de hombres sabios.

Cuenta que Escipión, aquel que por haber subyugado a Cartago consiguió para su familia el apelativo de «Africano», anuncia al Escipión del diálogo, el hijo de Paulo Emilio, las asechanzas que le tenderán sus propios parientes así como el curso de su fatal destino, que se encuentra determinado por los números que de manera inevitable llevan al término de la vida; y plantea que en el año quincuagésimo sexto de su vida, al coincidir dos números plenos, habrá de devolver su alma al cielo, de donde la había recibido, puesto que la sustancia del espíritu y de la mente es inmortal y a los hombres que se han hecho beneméritos por sus servicios al Estado, así como a los protectores de la patria, les estaba reservado un lugar luminoso y brillante en la Vía Láctea[397].

Muchos de los nuestros, admiradores de Platón, por la gran IV 4 belleza de su estilo y porque en algunas cosas intuyó la verdad, dicen que éste llegó a percibir algo semejante a lo que para nosotros es la resurrección de los muertos. En realidad, Cicerón trató en su obra «La República», este tema de tal manera que asegura que Platón ha pretendido componer una ficción más que afirmar que tal cosa es verdad. *En efecto, nos presenta un hombre que ha revivido y que narra ciertas cosas que están de acuerdo con los diálogos platónicos*[398].

En este punto, la imitación preservó una gran semejanza entre V 5 *las dos obras: Platón, al final de su obra (La República), hizo que un personaje, que había vuelto a la vida que parecía haber abandonado, manifestara cuál era la situación de las almas que se habían desgajado de los cuerpos, incluyendo una no inútil descripción de las esferas y astros; el Escipión del diálogo ciceroniano nos narra la visión de las cosas que se le habían manifestado durante el sueño; y todo ello con un significado no distinto*[399].

Cicerón mostró no menor criterio que talento al mantener VI 6 *este orden: después de dar, en un debate, el triunfo a la justicia en cualquier situación que se encuentre el Estado, ya sea en momen-*

[397] Testimonio (con fragmentos) de Favonio Eulogio (pág. 1, 5, Holder).
[398] Testimonio de San Agustín (*ciu.* 22, 28).
[399] Testimonio de Macrobio (*in somn. Scip.* I, 1, 2).

*tos de ocio como en los de plena actividad, colocó las sagradas
sedes de las almas inmortales y los arcanos de los espacios celestes
en el propio tejado de la obra así acabada, mostrando adónde irán
a parar, o mejor, adónde tornarán quienes administraron los
asuntos públicos con prudencia, justicia, energía y sentido de la
moderación. Pero el narrador de aquellas cosas extraordinarias
en el diálogo platónico[400], fue un personaje de nombre Er, natural de Panfilia, militar de profesión, que, tras, parecer que había
perdido la vida, víctima de las heridas recibidas en combate, al
duodécimo día, finalmente, cuando iba a recibir los honores del
fuego en la pira funeraria junto con los cadáveres de otros que
habían muerto el mismo día, bien porque recibiera de nuevo el
alma, o bien porque la había retenido consigo, comenzó a narrar
todo lo que le había sucedido o había visto en los días transcurridos entre una y otra vida, como si de una declaración pública al
género humano se tratara. Respecto a este mito, si bien Cicerón
se muestra dolido por la mofa que de él hicieran unos incultos,
como si él mismo compartiera su verdad, no obstante en evita-
ción de este ejemplo de crítica necia prefirió despertar al narrador
en lugar de resucitarlo.*

VII 7   *Antes de comentar las palabras de «El sueño», tenemos que
dilucidar a qué tipo de hombres alude Cicerón cuando recuerda
que se ha hecho burla del mito de Platón o de quiénes no teme
que le suceda a él lo mismo. En efecto, con estas palabras no quiere que se interprete «la muchedumbre inculta», sino ese género de
hombres que, ignorantes de la verdad, hacen ostentación de sabiduría, sin duda que para que se supiera que habían leído tales cosas y que estaban decididos a criticarlas. En consecuencia, diremos
quiénes son los que cita Cicerón que han llevado a cabo la ligereza
de censurar a tan gran filósofo, y quién de ellos además ha dejado
su acusación por escrito (…) Se trata de la secta de los epicúreos
toda ella, inmersa siempre en el mismo error, apartada de la verdad y considerando siempre objeto de burla todo aquello que ignora; ella es la que se ha mofado de este libro sagrado y de los más
augustos misterios de la naturaleza. Por otra parte, fue Colotes, el
más conocido entre los discípulos de Epicuro y el que más destacó
en elocuencia, quien refirió en un libro las cosas más amargas que
se le ocurrieron sobre este tema. Las otras cosas que manchó con
la infamia, dado que no atañen a «El sueño» que motiva este co-*

---

[400] *La República,* 10, 814a y ss.

mentario, vamos a omitirlas en este lugar; pero perseguiremos aquella calumnia, que de no aplastarla pervivirá común tanto para Cicerón como para Platón: dice que un filósofo no debe urdir la ficción de un mito, porque ningún género de ficción conviene a quienes hacen profesión de la verdad. Pues si lo que se quería era enseñarnos la idea de los fenómenos celestes o del estado de las almas –dijo– ¿por qué no procuró con una sencilla y precisa exposición, en lugar de profanar la puerta misma que da acceso a la investigación de la verdad con la mentira de buscar un personaje a propósito, la invención de un suceso sin precedentes y la disposición de un escenario también de ficción? Al arrojar tales improperios contra el Er platónico, también están acusando al sueño de nuestro Escipión (…) Opongamos resistencia al agresor, que vea refutados sus vanos argumentos, de manera que, una vez disipada esta única calumnia, la obra de uno y otro, incólume, conserve su dignidad, como es su derecho[401].

He aquí, pues, la ocasión que empujó al propio Escipión a na- VIII 8
rrar el sueño que, según su propio testimonio, habían mantenido callado durante mucho tiempo. En efecto, como Lelio expresara su queja de que no se hubiera colocado en ningún lugar público ninguna estatua de Nasica, como reconocimiento por haber matado al tirano, Escipión le respondió entre otras cosas con estas palabras:

—Sin embargo, aunque para los sabios la sola conciencia de sus acciones egregias constituye la más alta recompensa a su virtud, no obstante aquella virtud divina no aspira a estatuas con base de plomo ni a homenajes de laureles que se marchitan, sino a ciertos géneros de recompensas de bases más firmes y reverdecientes.

—¿Cuáles son ésas? –preguntó Lelio.

Entonces Escipión:

—Permitidme, puesto que estamos ya en el tercer día de las fiestas…

etc., y continuó hablando hasta llegar a la narración del sueño y mostrando que aquel género de recompensas de base más firme y reverdecientes eran las que él había visto reservadas en el cielo para los buenos administradores de las repúblicas[402].

---

[401] Testimonio de Macrobio (*somn. Scip.* I, 1, 8-2, 5).
[402] Testimonio (con fragmentos) de Macrobio (*in somn. Scip.* I, 4, 2 y ss.).

(El sueño de Escipión)

IX (I) 9   (ESCIPIÓN):
—Con ocasión de mi llegada a África para presentarme al
cónsul Manio Manilio[403], en mi calidad de tribuno militar, con
destino a la Cuarta Legión, como vosotros sabéis, nada me resultó más grato que visitar al rey Masinisa, amigo íntimo de mi
familia por muy justas razones[404]. Tan pronto como me presen-
té ante él, el anciano me abrazó llorando e, instantes después,
elevó su mirada al cielo exclamando: «Os doy las gracias, Gran
Sol y a vosotros, los demás dioses del cielo, por tener la oportunidad de ver, antes de abandonar esta vida, en mi propio reino
y bajo este techo, a Publio Cornelio Escipión[405], cuyo nombre,
sólo con oírlo, me da nuevas fuerzas: tan grande es el recuerdo
que dejó aquel victorioso y extraordinario varón, que nunca se
separa de mi pensamiento». A continuación yo le hice algunas
preguntas sobre su reino y él a mí sobre nuestra república; así,
tras intercambiar muchas palabras sobre esto y aquello, se nos
pasó aquella jornada.

x 10   Tras una ceremonia de recepción con todo el protocolo regio, alargamos nuestra conversación hasta muy entrada la noche,
pues el anciano no hablaba más que de Escipión el Africano,
recordando de éste no sólo sus hazañas sino incluso sus palabras. Después nos retiramos a descansar y a mí, cansado que me
encontraba del viaje y tras haber estado despierto hasta muy entrada la noche, me abrazó el sueño de manera más fuerte de la
acostumbrada. Y he aquí lo que me sucedió (yo, al menos, creo
que como consecuencia de lo que habíamos estado hablando; en
efecto, ocurre, a veces, que nuestros pensamientos y conversaciones provocan en el sueño algo semejante a lo que dice Enio
que le pasaba con Homero, sobre el que solía reflexionar y hablar muchas veces estando despierto): el Africano se me apare-

---

[403] En el año 149, cuando dio comienzo la tercera guerra con Cartago,
eran cónsules Manio Manilio y Lucio Marcio Censorino, jefes del ejército de
tierra y de la armada respectivamente. Escipión Emiliano, tribuno militar en
el ejército de España, había sido enviado a África para procurarse elefantes.
[404] Masinisa, fundador del reino de los númidas, tendría a la sazón 90
años (murió al año siguiente, en 148). Roma, a través de Africano el Viejo, le
había concedido territorios a expensas de Cartago. De ahí su amistad y reconocimiento hacia la familia de Escipión.
[405] Se refiere al primer Africano, abuelo adoptivo del Escipión protago-
nista del diálogo.

ció bajo el aspecto que a mí me resultaba más conocido, esto es, según su retrato más que como era él en realidad[406]. Tan pronto como lo reconocí, sentí un estremecimiento; pero él me calmó con estas palabras: «Tranquilízate, Escipión, no temas y disponte a grabar en tu memoria lo que te voy a decir: »¿No ves aquella ciudad, la que sometí a la obediencia del XI (II) 11 pueblo romano, cómo renueva antiguas guerras y se muestra incapaz de mantenerse en paz?» –me mostraba Cartago desde un lugar elevado y lleno de estrellas, luminoso y brillante–. «Tú vienes ahora a asediarla, casi como un simple soldado; pero dentro de dos años, cuando ya seas cónsul, la destruirás y el apellido que ahora llevas por herencia mía te lo habrás ganado por ti mismo[407]. Después de que hayas destruido Cartago y de que hayas recibido el homenaje del triunfo, y de que hayas sido nombrado censor, y de que hayas sido enviado en calidad de legado a Egipto, a Siria, a Asia y a Grecia, conseguirás que te elijan cónsul por segunda vez[408], aun sin estar presente y llevarás a cabo una gran guerra y destruirás Numancia. Pero cuando vayas en el carro triunfal camino del Capitolio, te darás de frente con una república completamente desordenada por las intrigas políticas de mi nieto[409].

»Es en ese momento cuando será necesario que tú, Africano, XII 12 muestres a la patria la luz de tu mente, de tu talento y de tu inteligencia. Pero para esa época veo como una especie de doble vía trazada por el destino. Cuando tu vida haya contemplado el ciclo de ocho veces siete revoluciones del sol sobre su órbita, y estos dos números (uno y otro considerados plenos por distintas razones) hayan llevado a término, en su circuito natural, la suma que se te ha destinado, la ciudad entera se volverá hacia ti únicamente y hacia tu apellido; a ti dirigirán su mirada el Senado, a ti la dirigirán todos los buenos ciudadanos, los aliados, los

---

[406] En efecto, el segundo Africano nació dos años antes (185) de la muerte de su abuelo de adopción (183). El recuerdo que tenía de él era por ello el de su imagen, esto es, el del retrato que se procuraban tras aplicar una mascarilla de cera sobre la cara del difunto. Las *imagines maiorum* se conservaban en un armario en el atrio.

[407] El apellido de Africano era una consecuencia de su victoria sobre Cartago (cfr. n. 12).

[408] Fue elegido cónsul por segunda vez en 134, sin haber estado presente como candidato. Numancia fue conquistada en 133.

[409] Los Gracos eran hijos de Cornelia, hija del primer Africano. En este caso se refiere a Tiberio.

latinos; tú serás el único en el que se apoyará la salvación de la ciudad, y para ser breve: una vez nombrado dictador convendrá que pongas en pie la república, si es que consigues escapar de las impías manos de tus parientes»[410].

En ese momento, como Lelio lanzara una exclamación y los demás dejaran escapar en voz alta sus lamentos, Escipión, sonriendo suavemente, los amonestó:

—¡Chis! Por favor, no me despertéis del sueño y escuchad un momento lo que queda.

XIII (III) 13   «Pero para que te sientas con más estímulos en tu función de protector de la república, ten en cuenta lo siguiente: todos los que hayan contribuido a garantizar la seguridad de la república, todos los que la hayan ayudado, todos los que la hayan engrandecido tienen un lugar destinado y reservado en el cielo, donde, felices, disfrutan de una vida eterna; pues, a aquel dios supremo que rige todo el universo, nada le resulta más agradable, al menos de cuanto sucede en la tierra, que las asociaciones y reuniones de hombres en virtud del vínculo del derecho, que reciben el nombre de ciudades. Sus dirigentes y protectores regresan a este lugar de donde partieron.»

XIV 14   En ese momento, a pesar de que me encontraba asustado, no tanto por el miedo a la muerte como el que me infundían las intrigas de los míos, le pregunté no obstante, si es que acaso vivían tanto él como Paulo, mi padre[411], y otras personas que nosotros considerábamos que se habían extinguido con la muerte. «Claro que sí –me respondió–, viven estos que echaron a volar abandonando las cadenas de sus cuerpos como si se escaparan de una cárcel; lo que vosotros llamáis vida es en realidad la muerte. ¿No ves a Paulo, tu padre, que viene hacia ti?» Tan pronto como lo vi comencé a derramar un mar de lágrimas, pero él con sus besos y abrazos me impedía llorar.

XV 15   Y yo, tan pronto como pude contener mis sollozos y empecé a poder hablar, le dije: «Padre mío, tú que eres el más venerable y bueno, puesto que esta vida es la verdadera, como le he oído decir al Africano, ¿qué hago yo quedándome en la tierra? ¿Es

---

[410] Los 56 años (7 × 8) que le asigna el hado a Escipión corresponden a los que vivió en realidad (185-129). El día de su muerte tenía que haber pronunciado un discurso contra la ley agraria de Graco. Por ello se extendió la sospecha de que los allegados de los Gracos (y, por tanto, suyos) tuvieron que ver con ella.
[411] Lucio Emilio Paulo, cfr. nota 58.

que no voy a apresurarme en venir aquí junto a vosotros?». «De ninguna manera –me respondió–, pues, de no ser que el dios, cuyos dominios sagrados están constituidos por todo esto que tú ves, te libere de las ataduras del cuerpo, no se te podrá franquear la puerta que da paso a este lugar. En efecto, los hombres han sido creados con el objeto de que obedezcan la ley que les ordena proteger aquel globo que ves en el centro de este espacio sagrado y que recibe el nombre de Tierra; a ellos se les ha dado un alma cuyo origen está en aquellos fuegos eternos a los que llamáis constelaciones y estrellas, que tienen forma de globo, redondas y que, al ser sus almas mentes divinas, dibujan sus órbitas circulares con una celeridad digna de admiración. Por ello, Publio, tú y todos los hombres cumplidores del deber, debéis retener vuestra alma bajo la custodia del cuerpo y no debéis abandonar esta vida humana sin que os lo ordene quien os hizo donación del alma, no vaya a parecer que huis de la función que dios os había asignado como hombres.

»Tú, Escipión, lo mismo que tu abuelo, aquí presente, lo mismo que yo, que te engendré, cultiva la justicia y los deberes de la piedad, que, si son grandes cuando se trata de los padres y allegados, lo son muchísimo más todavía cuando se trata de la patria; esa vida constituye el camino hacia el cielo y a esta reunión de quienes ya vivieron y, libres del cuerpo, habitan aquel lugar que ves allí (se trataba de un espacio circular, que brillaba en medio de las llamas, blanco y resplandeciente); lo que vosotros llamáis Vía Láctea, tal como lo aprendisteis de los griegos.» Todo lo demás que podía contemplar desde ese lugar se me mostraba con una luminosidad asombrosa. Había estrellas que nunca habíamos visto desde aquí, desde la Tierra, y de unas dimensiones como nunca habíamos sospechado que fueran; la más pequeña de éstas, que era la que estaba más alejada del cielo y más próxima a la Tierra, brillaba con luz ajena. El volumen de las estrellas superaba con facilidad la magnitud de la Tierra. Tan pequeña me pareció la Tierra que sentí una gran desilusión cuando vi que nuestro imperio no representaba más que un punto de la misma, por decirlo de alguna manera.

Como mi vista no se desviaba de ella, me interpeló Africano: «Por favor, ¿hasta cuándo va a estar tu pensamiento fijo allí abajo en la Tierra? ¿Es que no estás viendo a qué lugares sagrados has llegado? Ahí tienes a todo el Universo comprendido por nueve anillos o, mejor, esferas, de las que una sola es la celeste, la más exterior, que rodea, incluyéndolas, a todas las demás; ella es la divinidad suprema que encierra y contiene a todas las demás; en ella se encuentran trazados los círculos orbitales que recorren las estrellas en su eterno ir y volver. Bajo ésta se encuentran otras siete que giran en sentido contrario al del cielo. Una de estas esferas es ocupada por aquella estrella a la que en la Tierra dan el nombre de Saturno. En segundo lugar, viene aquel resplandor, tan próspero y saludable para el género humano, que recibe el nombre de Júpiter. En seguida, ese astro rojizo que tanto horror causa a la Tierra y que llamáis Marte. Más abajo, ocupando casi el medio, se encuentra el Sol, guía, jefe y moderador de todas las demás luces; él es la mente reguladora del Universo y tiene una magnitud tal que con su sola luz ilumina y abarca todo el Universo. A éste le siguen, como compañeras, las órbitas de Venus y de Mercurio; y la última esfera la recorre la Luna, encendida por los rayos del Sol. Por debajo de ésta nada queda ya que no sea mortal y caduco, con la excepción de las almas, regalo de los dioses al género humano. Por encima de la Luna, todo es eterno. Por otra parte, la que ocupa el noveno lugar y es centro del Universo, la Tierra, no se mueve y se encuentra en la zona más baja, y sobre ella convergen todas las masas arrastradas por su propia inercia.»

XVIII (V) 18   Me había quedado estupefacto contemplando estas cosas, cuando volví en mí y pregunté: «¿Qué sonido es ese tan intenso y tan dulce que llena por completo mis oídos?». Me explicó aquél: «Se trata del producido por el impulso y movimiento de las propias esferas, que lo hacen en intervalos desiguales, pero no obstante, proporcionales; al combinar los sonidos graves con los agudos de manera equilibrada consiguen sinfonías distintas con regularidad. En efecto, tan grandes movimientos no pueden efectuarse de forma silenciosa y es la naturaleza la que hace que las esferas situadas en uno de los extremos emitan sonidos graves y las del otro extremo sonidos agudos. Por esa razón, aquella órbita situada más arriba, la que soporta las estrellas del cielo, cuyas revoluciones son más rápidas, produce al moverse un sonido agudo e intenso; en cambio, la situada más abajo, la de la Luna, es la que da el sonido más grave. La Tierra, la novena por posición, está inmóvil, y permanece continuamente fija en el mismo sitio, ocupando el centro del Universo. En cambio, aquellas ocho esferas, de las que dos tienen el mismo impulso, producen siete sonidos diferenciados por interva-

los, número este, el siete, que es clave para casi todas las cosas.
Los hombres cultos, al imitar todo esto con sus instrumentos de cuerdas y con sus cantos, consiguieron abrirse la puerta de retorno a este lugar, lo mismo que aquellos otros que con sus portentosas inteligencias cultivaron durante su vida humana los estudios divinos. Cuando los oídos humanos se llenaron de este sonido, ensordecieron. No hay sentido, entre nosotros, que esté más embotado que éste, tal como ocurre con los habitantes de ese lugar llamado Catadupa, allí donde el Nilo se precipita desde lo alto de elevadísimas montañas; a causa de la inmensidad del ruido carecen del sentido de la audición. Pero el sonido este del que estamos hablando, el procedente de la rapidísima revolución de todo el Universo, es tan grande que los oídos humanos no pueden percibirlo, de la misma manera que no podéis contemplar fijamente el sol de frente, pues la intensidad de sus rayos sobrepasa vuestra capacidad de percepción.»

19

Yo, aunque me causaba admiración este relato, volvía, sin embargo, continuamente mi vista hacia la Tierra. Entonces Africano me dijo: «Me doy cuenta de que todavía sigues contemplando la que sirve de sede y casa a los hombres; si ésta te parece a ti pequeña –lo es en realidad–, dirige ahora ya siempre tu vista a estos lugares celestes y desprecia aquellos humanos. Pues, ¿qué celebridad vas a conseguir tú de lo que digan los hombres o qué gloria que merezca la pena? Estás viendo que la Tierra está habitada en núcleos dispersos y angostos, y que en esos mismos lugares, que parecen manchas, donde habitan los hombres, hay intercaladas extensas zonas desérticas y que los que viven en la Tierra no sólo están separados entre ellos de forma que no pueden comunicarse, sino que, además, unos se encuentran en situación oblicua con respecto a vosotros; otros, en situación transversal y otros, incluso, en las antípodas. De estos, sin duda, ninguna gloria podéis esperar.

xix (vi) 20

»Te das cuenta, también, de que la Tierra está rodeada y ceñida como por una especie de franjas, dos de las cuales, las más separadas entre sí, están sostenidas de una y otra parte por los mismos polos del cielo, y puedes ver cómo se han endurecido por el hielo; la franja más grande, en cambio, la del medio, se tuesta por el ardor del sol. Dos son habitables; una de las cuales, la austral, en la que sus habitantes trazan sus pasos en sentido opuesto a vosotros, nada importa a vuestra raza. De esta otra, en cambio, que se extiende bajo el Aquilón, la que voso-

xx 21

tros habitáis, observa qué pequeña parte os toca. Todo el territorio que vosotros habitáis, estrecho por los polos y más extenso por los lados, constituye una pequeña isla rodeada por aquel mar al que en la Tierra dais los nombres de Atlántico, de Grande y de Océano; no obstante, puedes observar cuán pequeño es, a pesar de tanto nombre.

22 »Pero incluso ya en las tierras habitadas y conocidas, ¿logró acaso la fama de tu apellido o la de cualquiera de los nuestros atravesar el Cáucaso, este que ves aquí, o pasar a nado el Ganges, aquel que ves allí? ¿Quién va a oír decir tu nombre en las demás regiones, ya sean las más alejadas del Oriente o del Occidente o las del Norte o las del Sur? Eliminadas estas regiones, sin duda observarás en qué estrecheces pretende extenderse vuestra gloria. Además, ¿durante cuánto tiempo hablarán esos mismos que hablan de nosotros?

XXI (VII) 23 »Todavía más: aunque la descendencia de los hombres que todavía no han nacido deseara transmitir a las generaciones posteriores los elogios de cada uno de nosotros, que ellos habrían recibido a su vez de sus padres, a pesar de ello, a causa de las inundaciones e incendios que necesariamente ocurren en la Tierra en épocas determinadas, no sólo no podríamos conseguir una gloria eterna, sino ni siquiera bastante duradera. Por otra parte, ¿qué interés tiene que hablen de ti los hombres que nacerán después, si los que nacieron antes no hablaron? Y éstos no fueron tan pocos y sí ciertamente mejores; y sobre todo cuando ninguno de esos mismos por quienes nuestro nombre podría ser escuchado sería capaz de guardar el recuerdo de un solo año. En efecto, los hombres miden generalmente el año teniendo en cuenta sólo el movimiento del sol, es decir, de un solo astro; pero sólo cuando todos los astros han vuelto al mismo sitio de donde han partido por primera vez, y han efectuado el recorrido de todo el cielo tras largos periodos de tiempo, sólo entonces se puede denominar año al tiempo transcurrido. Apenas si me atrevo a decir qué gran número de generaciones humanas comprende este año. En efecto, teniendo como referencia aquella ocasión, en otro tiempo, en que el sol pareció eclipsarse y apagarse para los hombres, cuando el alma de Rómulo penetró en estos espacios sagrados en los que nos encontramos, y hasta el día en que vuelva a haber eclipse de sol en el mismo sitio y a la misma hora cuando todas las constelaciones y todas las estrellas hayan sido conducidas a su punto de partida, entonces conside-

XXII 24

rad que se ha cumplido un año. Del cual año todavía no ha transcurrido ni siquiera la vigésima parte.

»Por lo tanto, si perdieras la esperanza de volver a este lugar   xxiii 25
en el que todo lo que hay está en función de los hombres que sobresalen por su grandeza, ¿qué valor tiene esa gloria humana que apenas puede durar una pequeña parte de ese año? En consecuencia, si decides dirigir tu mirada hacia lo alto y contemplar estas sedes y moradas eternas, no te pongas en manos de las conversaciones del vulgo, ni deposites la esperanza de tus actos en los premios que te puedan dar los hombres; lo que te conviene es que la propia virtud te arrastre por medio de sus encantos seductores hasta lo que es la verdadera gloria. Que sean los otros quienes se preocupen de qué es lo que van a hablar de ti; pero hablarán, no obstante; sin embargo, todo lo que aquéllos puedan hablar está limitado por los estrechos confines de estas regiones que ahora estás viendo y nunca sus conversaciones han durado mucho; reciben sepultura al tiempo de la muerte de los hombres y se extinguen con el olvido de la posteridad.»

Tras estas palabras, hablé yo: «Africano, si es verdad que a   xxiv (viii)
quienes se han hecho merecedores de la patria por sus buenas   26
acciones se les tiende una especie de sendero que lleva a la entrada del cielo, yo, aunque después de seguir desde la niñez tus huellas y las de mi padre, no he faltado a vuestro honor, ahora no obstante cobraré fuerzas a la vista de tan gran recompensa para estar mucho más vigilante».

Y aquél: «Eso es, toma fuerzas y considera que tú no eres mortal, sino éste, tu cuerpo; pues tú no eres tal como ésa, tu figura, muestra, sino que cada uno es lo que es su alma, y no el contorno que se puede señalar con el dedo. Sábete, por tanto, que tú eres un dios, si es que ciertamente es un dios quien tiene fuerzas, quien es capaz de sentir, quien tiene la facultad de recordar, el que puede prever, el que dirige, modera y pone en movimiento tanto este cuerpo a cuyo mando ha sido destinado como este mundo del que él es el principal dios. Y lo mismo que al mundo que es en parte mortal lo pone en movimiento ese dios, que es eterno, así al cuerpo que es frágil lo mueve un alma eterna.

»En efecto, lo que siempre está en movimiento es eterno; en   xxv 27
cambio, lo que comunica el movimiento a otro, así como lo que recibe el movimiento de fuera, dado que el movimiento tiene un límite, necesariamente tendrá un final de su vida. En conse-

cuencia, sólo lo que se mueve a sí mismo, puesto que nunca se
abandona a sí mismo, tampoco deja nunca de moverse a sí mismo; es más, también para los demás cuerpos que se mueven éste
constituye su fuente; éste es el principio del movimiento. Por
otra parte, no existe comienzo para el principio y del principio
se originan todas las cosas; en cambio, él mismo no puede nacer
de ninguna otra cosa, pues no podría ser principio lo que se
originara en otra parte; y si no tiene un nacimiento, tampoco
muere jamás. En efecto, una causa primera que se hubiera extinguido no renacerá permaneciendo la misma a partir de otra,
ni creará otra a partir de sí misma, si es cierto que necesariamente todas las cosas tienen su origen en una causa primera. Y
es cierto que el movimiento tiene su causa primera en aquello
que se mueve a sí mismo; tal cosa, por otra parte, no puede ni
nacer ni morir, pues de lo contrario todo el cielo se derrumba-
ría, necesariamente, y toda la naturaleza se detendría sin que
pudiera encontrar ninguna energía, a impulsos de la cual comenzara a moverse de nuevo.

XXVI (IX) 28   »Resulta, pues, evidente el carácter eterno de aquello que se
mueve a sí mismo. ¿Habrá alguien capaz de negar que las almas
han sido dotadas de esta naturaleza? En efecto, todo aquello
que se mueve en virtud de un impulso externo carece de alma;
en cambio, lo que posee alma se mueve gracias a su propio impulso interior, pues ésta es la naturaleza y la energía propia del
alma; la cual si es la única entre todas las cosas que se mueve a
29   sí misma, es evidente que no ha nacido y que es eterna. ¡Aplica
tú ésta a las empresas más elevadas! Y las más elevadas son los
cuidados por la buena salud de la patria; el alma que se ocupó
y se aplicó a ellos volará mucho más velozmente, a ésta, su sede
y morada. Y lo hará más rápido aún si ya cuando todavía se
encuentra encerrada en el cuerpo humano se sale hacia fuera
y en la contemplación de lo exterior se aparta todo lo más posible del cuerpo. Y las almas de quienes se entregaron a los placeres del cuerpo y se ofrecieron a ellos, como si fueran sus sir-
vientes, y violaron las leyes de los dioses y de los hombres, al
dejarse llevar por las pasiones siempre sumisas a los placeres,
revolotean alrededor de la propia Tierra, tras haberse separado
de los cuerpos, y no emprenden el camino de vuelta a este lugar
hasta que no han transcurrido muchos siglos.»
      Aquél desapareció; yo desperté del sueño.

Fragmentos cuya localización es incierta, incluso respecto a los libros:

1. ... toma fuerzas ...[412].

2. ... sobresalen...[413].

3. ... *Esta virtud aparece en los escritos de retórica de Cicerón como sinónimo de inteligencia. En otra parte, esto es, en el tratado «La República», el mismo Cicerón la llama «capacidad de previsión»*[414].

4. ... Difícil es la causa que le toca defender a Fanio, pues en el elogio de un muchacho no es una realidad lo que va a ser objeto del tal elogio, sino una esperanza...[415].

5. *Si es que a alguien le está permitido penetrar en los dominios de los dioses del cielo
    Yo soy el único para quien se abre la puerta más grande del mismo.*
    —... Es cierto, Africano, y también estuvo abierta esa misma puerta para Hércules[416].

6. ... realmente... él mismo... dado que su interpelación nos hace volver atrás cuando ya estábamos en la misma meta...[417].

---

[412] Palabra *(nitito)* citada por Diomedes *(gramm.* I, 339).
[413] Palabra *(excellunt)* citada por Diomedes *(ibid.,* I, 374, 17).
[414] Testimonio de Mar. Victorino *(rhet* I, p. 156).
[415] Fragmento transmitido por Servio *(Aen.* 6, 875).
[416] Fragmento transmitido por Lactancio *(inst.* 1, 18, 11). Los versos pertenecen a Enio *(var.* 23 V).
[417] Fragmento transmitido por Séneca *(epist.* 198, 32 s.).

LAS LEYES

Libro I

ÁTICO.—Aquel bosque y esta encina de Arpino[418] me resultan   1 1
bien conocidos, de tantas veces como he leído sobre ellos en
el *Mario*[419]; si la encina a la que aquél se refiere existe todavía, tiene que ser ésta, pues en verdad que es vieja.
QUINTO.—Todavía existe, mi querido Ático, y siempre existirá,
pues su siembra la realizó el ingenio. Y no hay planta sembrada por un agricultor que sea capaz de durar tanto como
la sembrada por los versos de un poeta.
ÁTICO.—¿Cómo dices, Quinto? ¿Qué es lo que siembran los
poetas? Me da la impresión de que tú estás haciendo campaña a tu favor al elogiar a tu hermano.
QUINTO.—Está bien, de acuerdo. No obstante, mientras las le-   2
tras latinas tengan voz, no faltará aquí, en este lugar, una
encina que recibirá el nombre de «encina de Mario», y que,
tal como dice Escévola a propósito del *Mario* de mi hermano

cuando tenga innumerables siglos su cabello empezará a encanecer[420].

Pues, ¿de qué otra manera crees tú que hubiera podido tu
querida Atenas mantener el olivo eterno en su ciudadela?
¿Cómo, si no, iban a mostrar en Delos todavía hoy la misma
palmera que el Ulises de Homero dijo haber visto allí? Y otras
muchas cosas viven en otros muchos lugares gracias al recuer-

---

[418] Arpino es un municipio volsco, en el Lacio; patria chica de Cicerón y
de Mario (el famoso reformador del ejército romano).
[419] Poema de Cicerón dedicado a su paisano Mario y conocido bajo este
título.
[420] Verso (pentámetro, segunda parte de un dístico), que vierte la opinión
de uno de los Escévolas sobre el poema de Cicerón, o bien se trata de un verso
puesto en boca de uno de los personajes del poema, de nombre Escévola.

do que de ellos se tiene, y durante mucho más tiempo del que les sería posible de forma natural. Por lo tanto, aquella encina, cargada de bellotas, desde la que en otro tiempo volara

la dorada mensajera de Júpiter, la de impresionante figura[421],

sea ahora ésta; pero cuando el tiempo o la vejez la hayan consumido, no obstante, seguirá existiendo en estos lugares una encina a la que se le dará el nombre de «encina de Mario».

3 ÁTICO.—Esto sí que no lo dudo; pero ahora no es a ti a quien pregunto, sino al propio poeta, ¿son tus versos los que sembraron la encina o se trata de una anécdota sobre Mario que tú has escuchado tal como la describes en tu poema?

MARCO.—Voy a responderte, pero antes tienes que contestarme tú a mí, Ático, si es cierto que Rómulo, ya después de su muerte, en una ocasión en que caminaba no lejos de donde está tu casa, le dijo a Próculo Julio[422], que él era un dios y que su nombre era Quirino, ordenándole que se le dedicara un templo en ese lugar; y si es verdad también que en Atenas, no lejos tampoco de la que fue tu antigua casa, Aquilón raptó a Oritia; pues así es como lo cuenta la tradición[423].

4 ÁTICO.—¿A dónde quieres llegar con tu pregunta?

MARCO.—A nada que no sea el que no se cuestione con excesivo rigor la tradición que de esa manera nos ha llegado.

ÁTICO.—Pero la gente se pregunta si muchas de las cosas que aparecen en el *Mario* son verdad o son producto de la ficción; y, puesto que se trata de hechos muy recientes y de una persona natural de Arpino, son muchos los que te piden que les digas la verdad.

MARCO.—¡Por Hércules! Tampoco yo deseo pasar por un mentiroso, pero, no obstante, esos «muchos» de los que tú hablas, mi querido Tito, se comportan como unos incultos, pues al exigir la veracidad de los hechos de ese ensayo, están actuando como si interrogaran no a un poeta, sino a un testigo; y no me cabe la menor duda de que son los mismos que

---

[421] Verso perteneciente al *Mario*. La dorada mensajera de Júpiter es el águila.

[422] Véase *rep.* 2,20.

[423] El rapto de Oritia, hija del rey de Atenas, Erecteo, tiene lugar según el *Fedro* de Platón (229 b) a orillas del Iliso. Una variante de esta leyenda lo localiza, sin embargo, durante una procesión que subía a la Acrópolis.

creen que Numa habló con Egeria[424], y que un águila le colocó a Tarquinio el gorro de flámine[425].

QUINTO.—Por lo que veo, hermano, tú consideras que las nor- 5
mas que han de regir para la historia han de ser distintas de
las de la poesía.

MARCO.—En efecto, Quinto, puesto que en la primera todo
está en función de la verdad; en la segunda, en cambio, casi
todo tiende al placer; aunque es verdad que en Heródoto[426],
padre de la historia, y en Teopompo[427] se encuentran muchí-
simas leyendas.

ÁTICO.—Ahora tengo la ocasión que esperaba y no voy a dejar- II
la pasar.

MARCO.—¿Qué es ello, Tito?

ÁTICO.—Ya hace tiempo que se te viene pidiendo o, más bien,
insistiendo que escribas sobre historia. Pues piensan que si
tú te dedicaras a ella, se podría conseguir que tampoco en
este género estuviéramos por debajo de Grecia. Y para que
conozcas mi opinión, creo que tú tienes contraída esta deuda no sólo con la afición de quienes sienten placer con tus
escritos, sino también con la patria; de manera que la que
fue salvada por ti, por ti mismo se vea embellecida. En efecto, se echa en falta la historia en nuestra literatura, tal como
muchas veces te he oído decir y yo mismo puedo observar. Y
es algo que tú puedes realizar satisfactoriamente, no hay
duda, pues, al menos según tu opinión, es éste un género
muy especialmente propio de la oratoria.

Por lo tanto, te pedimos que te pongas manos a la obra y 6
consumas tu tiempo en esta materia que hasta ahora ha sido
ignorada o dejada de lado por nuestros conciudadanos. En
efecto, después de los *Anales* de los Pontífices Máximos[428],

---

[424] Numa Pompilio, segundo rey de Roma y nacido, según la leyenda, el
mismo día en que Rómulo fundó la ciudad, tenía como consejera religiosa a
Egeria, una ninfa (diosa de las fuentes) que venía por las noches a darle consejos en la gruta de las Camenas, enseñándole oraciones y conjuros religiosos.
Otra tradición la hace su esposa o amiga (T. Livio, I, 21, 3).
[425] La leyenda que nos transmite T. Livio (I, 34, 8) dice que un águila le
arrebató el gorro de flámine (píleo) y que, tras mantenerlo un momento sus-
pendido en el aire, se lo volvió a colocar.
[426] Heródoto de Halicarnaso, siglo V.
[427] Teopompo de Quíos, siglo IV.
[428] El Pontífice Máximo, además de confeccionar los *Fastos consulares* y
el calendario de fiestas, llevaba un libro en el que iba anotando los sucesos

que son de una aridez inigualable, si llegamos a Fabio[429], Catón[430], a quien siempre tienes en la lengua, o a Pisón[431], a Fanio[432] y a Venonio[433], aunque unos tienen más talento que otros, no obstante, ¿hay algo más pobre que todos ellos juntos? El contemporáneo de Fanio, ‹Celio Antí›patro[434], elevó un poco más el tono, estando dotado de cierta energía agreste y ruda, sin brillantez ni técnica, pero, no obstante, supo llamar la atención de los demás para que escribieran con más esmero. He ahí sus sucesores: Gelio[435], Clodio[436], y Aselión[437], que en nada se parecieron a Celio, sino más bien a los antiguos, a juzgar por su incultura y falta de estilo. ¿Y para qué citar a Macro[438]? Su locuacidad tiene cierto ingenio, pero logrado no con la ayuda de la rica erudición de los griegos, sino con la de los copistas latinos; hay en sus discursos mucha amplificación, pero impertinente, el colmo de la petulancia. Sisena[439], amigo de este último, superó sin dificultad a todos nuestros historiadores habidos hasta esta época –se hace excepción de quienes todavía no han publicado, si los hay, pues sobre ellos no podemos juzgar–. Tal escritor, no obstante, nunca fue considerado un orador como vosotros y en historia siguió un método tan pueril que da la impresión

7

---

más importantes ocurridos durante el año (de ahí el nombre de *Anales*). Constituyen el germen de la historiografía romana.

[429] Quinto Fabio Píctor, el más antiguo de los analistas. Vivió durante la segunda guerra púnica (218-202), y escribió en griego una *Historia de Roma*.

[430] Marco Porcio Catón, el Censor, es autor de una obra histórica, *Orígenes,* que narra los acontecimientos desde la llegada de Eneas a Italia hasta el año 149 (el de su muerte).

[431] Lucio Calpurnio Pisón (cónsul en 133) autor de unos *Anales*.

[432] Gayo Fanio, también analista, participó en el sitio de Cartago (146).

[433] Autor poco conocido; debió escribir también *Anales* de Roma desde sus orígenes.

[434] Lucio Celio Antípatro fue el primero en escribir (después del 121) una monografía histórica (sobre la segunda guerra púnica).

[435] Quizá se trate de un analista citado por Cicerón (*diu.* 1, 55) y por Dioniso de Halicarnaso (1, 7, 3), si es que el plural utilizado por éstos hay que tomarlo como genérico (cfr. H. Bardon, *La littérature latine inconnue,* París, 1952, I, p. 80, n. 16).

[436] Historiador desconocido, si es que no hay que leer *Claudius,* esto es, Quinto Claudio Cuadrigario, contemporáneo y admirador de Sila, autor de *Anales.*

[437] Sempronio Aselión fue tribuno militar en el sitio de Numancia (133 a.C.). Autor de unos *Libri rerum gestarum.*

[438] Gayo Licinio Macro, tribuno de la plebe en 73. Autor de unas *Historiae.*

[439] Lucio Cornelio Sisena, pretor en 78, autor de *Historiae.*

de haber leído sólo a Clitarco[440], y a ningún otro de los escritores griegos por querer imitar sólo a éste; lo que, aunque lo hubiera conseguido, estaría no obstante a alguna distancia del ideal óptimo. Por lo tanto, esta tarea es tuya y de ti se espera, a no ser que a Quinto le parezca otra cosa.

QUINTO.—A mí, desde luego que no; ya hemos hablado mu- III 8 chas veces de ello. Sin embargo hay una pequeña diferencia entre nuestros puntos de vista.

ÁTICO.—¿Cuál es ella?

QUINTO.—Por qué época de la historia se ha de comenzar a escribir. Por mi parte, creo que desde los tiempos más antiguos, puesto que tal como se ha escrito sobre ellos ni siquiera se podrían leer; en cambio, él prefiere la historia de su propia época, de forma que comprenda los acontecimientos en los que él mismo participó.

ÁTICO.—Pues yo estoy de acuerdo con éste, más bien. Y ello porque en esta nuestra época, se han producido acontecimientos de la mayor importancia; y esclarecerá, por otra parte, la gloria de nuestro queridísimo amigo Gneo Pompeyo[441], recorriendo también aquel famoso y memorable año de su consulado; yo prefiero que se comience por ese periodo mejor que, como se suele decir, por Rómulo y Remo.

MARCO.—Me doy cuenta que ya hace tiempo que se me viene pidiendo ese esfuerzo, Ático. Y no renunciaría a ello si se me concediera algún tiempo libre y sin ocupaciones. Tarea tan importante no se puede asumir cuando se tienen las manos y la mente ocupadas en otros asuntos; ambas cosas son necesarias: estar libre de preocupaciones y de trabajo.

ÁTICO.—¿Y para los demás temas, sobre los que escribiste más 9 que cualquiera de nuestros conciudadanos, qué tiempo libre se te concedió?

MARCO.—Hay algunas horas muertas que yo no soporto perderlas; de manera que si tengo unos cuantos días para pasar en el campo, lo que escribo se acomoda a ese número de días. Pero una obra de historia no puede proyectarse si no se dispone previamente de ocio; ni puede llevarse a cabo en un espacio corto de tiempo; además, yo estoy con el alma en

---

440 Cronista y expedicionario de Alejandro. Escribió en torno al 310.
441 Rival de César y derrotado por él en la batalla de Farsalia (48 a.C.). Fue cónsul en los años 70, 55 y 52, formando parte del primer triunvirato.

vilo, si, una vez que he comenzado un trabajo, paso a otro; y no me resulta tan fácil reanudar lo interrumpido como acabar lo comenzado.

10 ÁTICO.—Esas palabras están pidiendo, sin duda, alguna embajada o algún tipo de vacación oficial que te libere de toda actividad.

MARCO.—Yo, la verdad, confiaba más en las vacaciones propias de mi edad, no rehusando sobre todo a responder a las consultas, sentado en mi sillón, de acuerdo con las costumbres de nuestros antepasados; así cumpliría con el grato y honorable deber de una vejez todavía activa. Y de esa manera también me sería posible dedicar cuanto esfuerzo quisiera a esa tarea que me pedís y a otras cosas mucho más fructíferas e importantes.

IV 11 ÁTICO.—Pero me temo que nadie entienda esas razones y tengas que estar siempre pronunciando discursos y más aún por haber cambiado e inaugurado un nuevo estilo de oratoria; de manera que, del mismo modo que tu amigo Roscio[442], ya en la vejez, templara el ritmo de su canto y acompasara el de su flauta, así tú, cada día te vas apartando más de aquella elocuencia apasionada a la que nos tenías acostumbrados, hasta el punto de que tu discurso no se distingue mucho ya de la suavidad propia de los filósofos; y puesto que parece que incluso en tu avanzada edad eres capaz de mantenerlo, estoy seguro que a ti no se te va a dar ocasión de apartarte de tus actividades forenses.

12 QUINTO.—Pero yo pensaba que era posible que nuestro pueblo aprobara esto, si tú te entregaras a la tarea de responder las consultas sobre derecho; por lo tanto, cuando te parezca bien, creo que debes intentarlo.

MARCO.—Ciertamente, si no hubiera ningún peligro en esa experiencia, Quinto; pero me temo que, queriendo disminuir mi trabajo, lo aumente y que a la labor procesal, a la que nunca me pongo si no la he preparado y meditado previamente, se añada esta otra de la interpretación del derecho; la cual no sería tanta carga para mí por el esfuerzo que supone como por el hecho de privarme de tiempo para la reflexión previa a mi intervención oral, sin la cual nunca me atreví a actuar en ninguna causa importante.

---

[442] Sexto Roscio Comoedo, actor cómico a quien Cicerón defendió en el 76.

ÁTICO.—Entonces, ¿por qué no nos explicas esos mismos asun- 13
tos en estas horas muertas, como tú las llamas, y escribes
sobre derecho civil de una manera más profunda que como
lo han hecho los demás? Pues yo recuerdo que tú tenías un
gran interés por el derecho desde tu más tierna edad, en la
época en que yo también frecuentaba la casa de Escévola[443],
y nunca creí que tu entrega a la oratoria iba a ser tal que
despreciaras el derecho civil.

MARCO.—A una larga conversación me invitas, Ático; no obstante, a no ser que Quinto prefiera que hagamos otra cosa, la
aceptaré y ya que estamos libres de ocupaciones, hablaré.

QUINTO.—Para mí sería un placer escucharte. ¿Qué podría hacer mejor o en qué podría pasar mejor el día?

MARCO.—Entonces, ¿por qué no vamos a los sitios donde sole- 14
mos pasear y sentarnos? Allí, cuando hayamos paseado lo
suficiente, descansaremos; y seguro que no nos faltará entretenimiento planteándonos una cuestión tras otra.

ÁTICO.—Si os parece, vamos por aquí, junto al Liris, por la orilla y a la sombra. Pero, empieza ya, por favor, a exponernos
tu opinión sobre el derecho civil.

MARCO.—¿Yo? Hubo en nuestra ciudad personas eminentes
que se dedicaban a la interpretación del derecho y a responder a las cuestiones que les hacía el pueblo, pero hacían
grandes declaraciones enredándose en pequeños detalles.
Pues, ¿hay algo tan importante como el derecho político?
En cambio, ¿hay algo tan poco importante como la tarea de
los que son consultados, aunque sea una cosa necesaria para
el pueblo? Y yo no creo que quienes estuvieron al frente de
esa tarea hayan ignorado el derecho en su perspectiva inte-
gradora, pero se dedicaron a ejercer ese que llaman civil sólo
en lo que pensaron que era útil al pueblo; esto tiene muy
poca importancia teórica pero es muy útil en la práctica. Por
lo tanto, ¿a dónde quieres que vaya o a qué me estás invitando? ¿A que componga unos traaditos sobre legislación de
goteras y paredes? ¿O tal vez a que redacte fórmulas de contratos y de procesos? Estas cuestiones ya han sido tratadas
puntualmente por muchos y son de un nivel más bajo, creo,
que lo que se espera de mí.

---

[443] Quinto Mucio Escévola. Son dos los juristas de este nombre, augur
uno, pontífice el otro, con los que Cicerón mantuvo relaciones de amistad.

v 15 ÁTICO.—Bien, si quieres saber qué es lo que yo espero de ti,
puesto que eres autor de una obra que trata sobre el modelo
mejor de Estado, me parece que es consecuente que escribas
otra en el mismo sentido pero sobre las leyes: veo que eso es
lo que hizo también aquel tu querido Platón, a quien admi-
ras y pones por delante de todos los demás; no hay duda de
que es el autor que más estimas.

MARCO.—Entonces, ¿quieres tú que, lo mismo que Platón discute con el cretense Clinias y con el lacedemonio Megilo[444],
en un día de verano, según nos cuenta, sobre las instituciones políticas y sobre las mejores leyes, deteniéndose a descansar frecuentemente, aquí y allá, entre los cipreses de Cno-
sos y sus paseos arbolados, nosotros también paseemos y nos
sentemos entre estos altísimos álamos de la verde y sombría
orilla para tratar de estas mismas cosas con más amplitud
que la requerida por la práctica forense?

16 ÁTICO.—De verdad que estoy deseando escucharte eso.

MARCO.—¿Y Quinto qué dice?

QUINTO.—Que nada me gustaría tanto como eso.

MARCO.—Y con razón, ciertamente; y pensad que en ningún
otro género de diálogos sobre cosas dignas de consideración
se manifiesta qué dones ha recibido el hombre de la naturaleza, qué cantidad de bienes posee el alma humana, para
cumplir qué tareas y deberes hemos nacido y hemos venido
a este mundo, cuáles son los lazos que unen a los hombres,
qué sociedad natural se da entre los mismos. En efecto, es en
el desarrollo de estas cuestiones donde se puede encontrar la
fuente de las leyes y del derecho.

17 ÁTICO.—Entonces, ¿piensas que la ciencia del derecho se ha de
aprehender no del edicto del pretor, como hace ahora la mayoría, ni de las Doce Tablas, como hacían los antiguos, sino
de los principios más profundos de la filosofía?

MARCO.—Lo que buscamos con nuestro coloquio, Pomponio,
no es cómo defendernos en un juicio ni qué responder sobre
cualquier consulta. Cierto que es una cuestión muy importante realmente esa función que en otro tiempo desempeña-
ban muchos eminentes varones y que en nuestro tiempo es
desempeñada por uno solo que goza de gran prestigio y sabiduría; sin embargo, lo que nosotros debemos abarcar en

---

[444] Se trata de los personajes del diálogo platónico *Las Leyes.*

este diálogo es todo el derecho en su conjunto, así como las leyes, de manera que éste al que damos el nombre de civil queda reducido a un pequeño y estrecho lugar. Debemos exponer con claridad la naturaleza del derecho y ésta ha de buscarse en la naturaleza del hombre; y hemos de someter a consideración las leyes por las que deben gobernarse las ciudades; a continuación habremos de tratar los derechos y las legislaciones de los pueblos que hayan sido formuladas y puestas por escrito, entre las cuales el llamado derecho civil, propio de nuestro pueblo, no resultará desconocido.

QUINTO.—A sus más profundas fuentes, como debe ser, vas a buscar, querido hermano, la respuesta a nuestras cuestiones. Quienes utilizan otro método para la enseñanza del derecho civil, enseñan no tanto el camino de la justicia como el del litigio. **VI 18**

MARCO.—No es así, Quinto. Más bien es la ignorancia del derecho la que gusta de litigar y no su conocimiento. Pero de esto hablaremos más tarde; ahora veamos los principios del derecho.

Pareció bien a los más sabios de los hombres comenzar por la ley; no sé si con razón; depende de si, como ellos mismos definen, la ley consiste en la razón suprema, grabada en nuestra naturaleza, que nos ordena qué es lo que debe hacerse y prohíbe sus contrarios. Esa misma razón cuando está firmemente desarrollada en el alma del hombre constituye la ley. Y así creen que la sabiduría es ley, pues la esencia de la misma consiste en ordenar hacer el bien y prohibir cometer el delito; y piensan que en griego se le ha dado tal nombre del hecho de «dar a cada uno lo suyo»[445]; yo, por mi parte, creo que en nuestra lengua viene de «elegir»[446]. En efecto, aquéllos ven la esencia de la ley en la equidad, nosotros en cambio en la idea de selección; sin embargo, una y otra idea pertenecen al concepto de ley. Si tal razonamiento es correcto, cosa que a mí sí me lo parece de manera general, se debe comenzar por la ley al tratar del derecho. Tal es, en efecto, la esencia de la naturaleza, tal el espíritu y la razón del sabio, tal la norma **19**

---

[445] En griego ley se dice *nómos,* relacionado etimológicamente con el verbo *némo* («repartir, distribuir»).

[446] Cicerón relaciona etimológicamente *lex* («ley») con el verbo *legere* («escoger», pero también «leer»).

de lo justo y de lo injusto. Pero como toda nuestra conversación va a girar en torno al razonamiento popular, nos será necesario que hablemos algunas veces al modo popular y llamar ley al texto escrito que sanciona lo que es su voluntad con órdenes o prohibiciones, según palabras de la gente en general. Pero para la constitución del derecho comencemos por aquella suprema ley, cuyo origen es anterior al de cualquier otra ley escrita y a la constitución de cualquier ciudad.

20 QUINTO.—Ello es más razonable y está más de acuerdo con el carácter de nuestra conversación.

MARCO.—¿Queréis, entonces, que nos remontemos a los principios fundamentales del derecho desde su fuente? Una vez que la hayamos descubierto no nos cabrá la duda de que a ella habrán de referirse todas las cuestiones que nos planteemos.

QUINTO.—Sí, pienso que ése es el modo de proceder.

ÁTICO.—Apúntame a mí también a la misma opinión que tu hermano.

MARCO.—Entonces, puesto que es nuestra obligación mantener y conservar el modelo de Estado que Escipión demostró que era el mejor en aquel conocido tratado en seis libros[447], y puesto que las leyes han de conformarse a aquel modelo político y han de inculcarse además sus costumbres, que no todo se ha de sancionar mediante su redacción escrita, iré a buscar la raíz del derecho a la naturaleza; con ella como guía se desarrollará nuestro diálogo.

ÁTICO.—Lo más lógico; pues, al menos, con esa guía será imposible errar.

VII 21 MARCO.—¿Estás de acuerdo, Pomponio –la opinión de Quinto ya me la sé–, que la naturaleza en su conjunto está regida por la energía de los dioses inmortales, por su naturaleza, por su razón, por su poder, por su mente, por su voluntad divina, a falta de otra palabra que exprese más claramente lo que quiero decir? Si nos das tu conformidad a este punto, por aquí debe comenzar nuestra argumentación en primer lugar.

ÁTICO.—Te la doy, si me la pides; pues no temo que ninguno de mis condiscípulos[448] se entere, gracias a la sinfonía de las aves y al estrépito que producen los riachuelos.

---

[447] *La República.*
[448] Alusión a los filósofos epicúreos, a cuyo grupo pertenece Ático.

Marco.—Pero se han de tomar precauciones, pues acostumbran a montar en cólera, lo que es propio de hombres de bien, y no lo soportarán, si se enteran que tú has traicionado el capítulo principal del mejor de los hombres, en el que escribió que la divinidad no se preocupa de nada ni de sí misma ni de lo ajeno[449].

Ático.—Continúa, por favor. Pues estoy esperando a ver a   22
dónde lleva la concesión que te he hecho.

Marco.—No lo dilataré más. Hasta aquí lleva: este animal capaz de prever, sagaz, complejo, sutil, dotado de memoria y pleno de razón y de capacidad reflexiva, al que llamamos hombre, ha sido engendrado por un dios supremo en medio de unas condiciones excelentes. En efecto, él es el único de todas las especies animales que hay en la naturaleza partícipe de razón y con capacidad para reflexionar; todos los demás están privados de ello. ¿Hay algo, no digo ya en el hombre, sino en todos los cielos y tierras, más divino que la razón?

Y puesto que no hay nada mejor que la razón, y ésta exis-   23
te tanto en el hombre como en la divinidad, tenemos que el primer vínculo del hombre con la divinidad es la razón; además, quienes tienen en común la razón, también tienen en común la recta razón; y, dado que ésta constituye la ley, hemos de considerar que también estamos vinculados a los dioses por la ley. Y aquellos que tienen una ley en común, también tienen un derecho común; y quienes tienen todas estas cosas en común, han de ser considerados como pertenecientes a la misma comunidad ciudadana; pero si resulta que también obedecen a las mismas autoridades y poderes, pues con más motivo todavía. Y resulta que obedecen al sistema organizado del cielo y a su mente divina y al dios que manda sobre todas las cosas, de forma que todo el universo en su conjunto ha de considerarse como una sola ciudad común a los dioses y a los hombres. Y de la misma manera que en las ciudades se establecen los rangos de acuerdo con la ascendencia familiar, siguiendo un sistema del que se hablará en el lugar adecuado, también sucede en la naturaleza, pero de una manera mucho más grandiosa y excelente, hasta el punto de que los hombres son considerados de acuerdo con el criterio de su ascendencia divina.

---

[449] Es éste uno de los principios esenciales de la filosofía de Epicuro.

VIII 24   Cuando se plantea la cuestión sobre la naturaleza humana, se suele exponer la idea –y sin duda es así, como se expone– de que de los constantes cursos y revoluciones celestes
surgió la ocasión propicia para la siembra del género humano y, que una vez esparcido y sembrado en las tierras, se vio
engrandecido con el divino regalo de las almas; y como los
otros elementos de los que se compone el hombre habían
sido tomados de la naturaleza mortal, siendo por tanto frági-
les y caducos, que el alma fue engendrada por la divinidad.
De ahí que con toda razón se pueda hablar de parentesco,
genealogía o estirpe cuando se trata de la relación que nos
une con los dioses. Es por ello por lo que de todas las especies animales, no hay ninguna, excepto la humana, que tenga
alguna forma de conocimiento de la divinidad; y ya entre los
propios hombres, no hay pueblo ni tan civilizado ni tan salvaje que no crea que ha de haber un dios, aunque ignore

25   cuál ha de considerarse como tal. De ello se sigue que tiene
conocimiento de dios quien, por así decirlo, recuerda [reco-
noce] cuál es su origen. Por otra parte, la misma virtud es
compartida por la divinidad y por los hombres, y ésta no
existe en ninguna otra especie. Pero, virtud no significa otra
cosa que naturaleza perfecta y que ha alcanzado su más alto
nivel; hay por tanto una semejanza natural del hombre con
dios. Siendo esto así, ¿es posible un parentesco más cercano
o más seguro? Y así es como la naturaleza ofreció generosamente tanta abundancia de bienes útiles para los hombres,
de manera que las cosas que produce nos parecen regalos
hechos deliberadamente y no nacidas por azar; y no se trata
sólo de los frutos y granos que nos prodiga la fecundidad de
la tierra, sino también de los ganados, pues es evidente que
han sido creados en parte para uso de los hombres, en parte

26   para disfrute y en parte para alimento. Además, son innumerables las artes que se han descubierto, actuando de maestra
la naturaleza, pues al imitarla la razón consiguió hábilmente
los conocimientos necesarios para la vida.

IX   Por otra parte, esa misma naturaleza no sólo adornó al
hombre con la agilidad de su mente, sino que le dotó con los
sentidos, a modo de sus guardianes y mensajeros; y depositó
en él el germen del conocimiento de casi todas las cosas, si
bien todavía oscuro y poco perfecto, lo que constituyó el
fundamento, por así decir, de la ciencia; y lo pertrechó de

una forma corporal hábil y apropiada para la inteligencia humana. En efecto: a todos los demás seres vivos los hizo inclinados hacia el pasto, sólo al hombre hizo erecto, estimulándole a mirar al cielo como si de su antiguo domicilio familiar se tratara. Además, modeló las facciones de su rostro de forma tal que expresara en él los rasgos más íntimos de su carácter. Los ojos, demasiado expresivos, declaran de qué 27 modo se encuentra afectada nuestra alma; y lo que recibe el nombre de semblante –que en ningún otro ser vivo puede existir además del hombre– revela su carácter[450]; los griegos conocieron el significado de éste, pero no tienen una palabra para expresarlo. Paso por alto las ventajas y habilidades del resto del cuerpo, como la modulación de la voz o el poder de la palabra, que es con mucho la mejor conciliadora de la sociedad humana. Pero no es ocasión para tratar de todas estas cosas ni es el tema de nuestro diálogo, aparte de que, en mi opinión, lo explicó ya suficientemente Escipión en ese tratado que habéis leído[451].

Ahora, puesto que dios creó y adornó con estos dones al hombre, porque fue su voluntad que él fuera el fundamento de las demás cosas, se hace patente –para no extendernos en detalles– que la propia naturaleza por sí misma progresa cada vez más; sin nadie que la enseñe, a partir de esos gérmenes rudimentarios de conocimiento, refuerza y perfecciona por sí misma la razón.

ÁTICO.—¡Dioses inmortales! ¡Qué lejos vas tú a buscar los fun- x 28 damentos del derecho! Así es que no sólo no voy a sentirme impaciente por lo que esperaba saber de ti sobre el derecho civil, sino que con gusto aguantaré incluso que consumas todo el día hablando sobre este tema; pues tiene mayor importancia los que has abordado casualmente y a raíz de los otros que incluso ése para el que estos otros sirven de introducción.

MARCO.—Son, efectivamente, importantes las cuestiones que se han tocado ahora brevemente. Pero de todos los temas sobre los que tratan las discusiones de lo sabios, no hay nada que destaque más que el hecho de comprender claramente

---

[450] Cfr. Cicerón, *de orat.* 3, 221: *imago animi uultus* («el rostro es el espejo del alma»).
[451] *La República*.

que hemos nacido con un objetivo: la justicia; y que el derecho no ha sido establecido por convención sino por naturaleza. Tal hecho resultará evidente, si se observa la sociedad y la unión de los hombres entre sí.

29 En efecto, no existe una sola cosa tan semejante ni tan igual a otra como lo somos todos nosotros comparados con nosotros mismos. Si la depravación de las costumbres o lo engañoso de las opiniones no quebraran la debilidad de nuestras almas y la doblegara a cualquier cosa a la que hubiera comenzado a inclinarse, no habría nadie tan semejante a sí mismo como lo serían todos los hombres con respecto a los demás. De manera que, cualquiera que sea la definición de
30 hombre, ésa misma es válida para todos los demás. Lo cual es prueba suficiente de que no hay ninguna diferencia en el género humano: si la hubiera, una sola definición no podría comprender a todos. En efecto, la razón, lo único por lo que sobresalimos y nos distinguimos de las bestias, por medio de la cual somos capaces de plantear hipótesis, de argumentar a favor o en contra, de discutir y resolver cuestiones y de llegar a una conclusión, ésta es, sin duda alguna, común: si es diferente desde el punto de vista de los conocimientos adquiridos, es igual ciertamente en cuanto a su facultad de aprender. En efecto, las mismas cosas son percibidas por los sentidos de todos los hombres, los estímulos de los sentidos son los mismos para todos, los gérmenes del conocimiento impresos en las almas, a los que antes me referí, se imprimen de manera semejante en todas; y el intérprete del pensamiento, el lenguaje, se diferencia por las palabras, pero es el mismo desde el punto de vista del significado. Y no hay nadie, sea de la raza que sea, que tomando como guía a la naturaleza no sea capaz de alcanzar la virtud.

XI 31 Y no sólo en las buenas acciones, sino también en las depravadas se evidencia el carácter de semejanza del género humano. En efecto, todos se dejan arrebatar por el placer, que, aunque es una tentación que lleva al vicio no obstante tiene semejanza con el bien natural, pues deleita con su dulzura y suavidad. De esa manera, por un error de la mente se le hace venir como si se tratara de algo saludable; por un acto de ignorancia semejante se rehúye la muerte, como si ésta significara la disolución de nuestra naturaleza, y se busca la vida porque nos mantiene en donde nacimos; el dolor es considerado como uno de los más grandes males, tanto por su crueldad como porque parece preceder a la muerte de la naturaleza. Y debido a la semejanza que hay entre ho- 32 nor y gloria, nos parecen felices aquellos que recibieron honores e infelices los que están faltos de gloria. Las penas, las alegrías, los deseos y los temores invaden de manera semejante los espíritus de todos los hombres, y aunque las opiniones difieren de unos a otros, quienes adoran al perro y al gato no dejan de estar padeciendo la misma superstición que los demás pueblos. Además, ¿hay algún pueblo que no ame la cortesía, la bondad, la gratitud y el reconocimiento de las buenas acciones? ¿Hay alguno que no odie y desprecie a los soberbios, a los malvados, a los crueles y a los ingratos? Al desprenderse de todo este planteamiento que las distintas razas humanas forman una unidad entre sí, sólo queda[452]... que un sistema de vida recta los vuelve mejores. Si estáis de acuerdo con ello, seguiremos adelante; pero si queréis hacer alguna pregunta, responderemos a ella previamente.

ÁTICO.—No, ninguna; si se me permite contestar por los dos.

MARCO.—El punto siguiente es que la naturaleza nos ha creado XII 33 para que tomemos parte y hagamos común el derecho entre todos nosotros. Y esto quiero que quede claro en todo este diálogo, que cuando diga naturaleza... es...[453] tan grande la corrupción que generan los malos hábitos, que llega a extinguir esa especie de fueguecillos con que nos dotó la naturaleza[454], originando y consolidando los vicios opuestos. Y si la opinión de los hombres fuera conforme a la naturaleza, juzgarían, como dice el poeta, que nada humano les es ajeno[455]; y todos rendirían culto al derecho por igual. En efecto, a quienes la naturaleza les concedió la razón, también les dio la recta razón y, por tanto, también la ley, que consiste en la rectitud de la razón en el acto de mandar y en el de prohibir; y si les dio la ley, también el derecho: y como la razón es para todos, en consecuencia, el derecho se les ha concedido a todos; con razón acostumbraba Sócrates a maldecir al primero que hubiera separado lo útil de lo justo; pues se quejaba de

---

[452] Laguna señalada por De Plinval.
[453] Laguna señalada por Vahlen.
[454] Esto es, los conocimientos embrionarios.
[455] Terencio Afer (*Haut.* 77): *Homo sum: humani nihil a me alienum puto* («Hombre soy y considero que nada humano me es ajeno»).

que esta acción había constituido la fuente de todos los desastres. De ahí las famosas palabras de Pitágoras: *El pasaje sobre la amistad*[456].

34   A partir de esto se comprende cómo, cuando un sabio proyecta esta benevolencia, tan extendida a lo largo y a lo ancho, sobre otra persona dotada de los mismos valores, sucede aquello que a algunos pudiera parecer increíble, pero que se da necesariamente, que es el que uno no llegue a sentir más afecto por sí mismo que por el otro. ¿O es que puede haber alguna diferencia donde todo es semejante? Y si fuera posible la existencia de la más mínima diferencia en la amistad, perdería de inmediato el nombre de amistad, pues su significado se anula desde el momento en que uno deseara para sí algo antes que para el otro.

Toda esta introducción a lo que nos queda de discusión y coloquio se ha planteado con el fin de que resulte más fácilmente comprensible que el fundamento del derecho está en la naturaleza. Así es que, una vez que haya dicho unas cuantas cosas más sobre esta cuestión, pasaré enseguida al tema que ha motivado este debate: el derecho civil.

QUINTO.—Desde luego, muy poco tienes que añadir. Por lo que ya has dicho, yo no sé a Ático, pero a mí al menos me parece que es cierto que el derecho tiene su origen en la naturaleza.

XIII 35 ÁTICO.—¿Podría parecerme a mí de otra manera, cuando han quedado claros todos estos puntos: primero, que hemos sido equipados y pertrechados por lo que podríamos llamar munificencia de los dioses; segundo, que los hombres tienen un mismo y común sistema de vida; y, finalmente, que la relación que se da entre todos ellos es debida a cierta natural complacencia y benevolencia, además de a una sociedad de derecho? Y una vez admitido esto –con toda razón, me parece a mí–, ¿cómo vamos a poder separar las leyes y el derecho de la naturaleza?

36 MARCO.—Efectivamente, ése es el estado de la cuestión. Pero, según las costumbres de los filósofos, no de aquellos antiguos, sino de los que abrieron esa especie de talleres de filo-

---

[456] Para Büchner –cuya edición seguimos–, Cicerón no dejó terminado este capítulo, sino que solamente lo esbozó. No obstante, algunos editores completan el pasaje con alguna de las sentencias pitagóricas que nos transmite Diógenes Laercio (*Vidas de Filósofos*, 8, 10).

sofía, las cuestiones que antes se trataban profusa y libremente, ahora se analizan y se exponen punto por punto[457]. Y considerarían que no está suficientemente tratado el asunto que ahora tenemos entre manos, si no se discute separadamente esto mismo: que derecho equivale a naturaleza.

ÁTICO.—Es decir, que tu libertad de exponer tus razonamientos se ha perdido. ¡Tú eres de los que al discutir no siguen su propia opinión sino que se pliegan a la autoridad de otros!

MARCO.—No siempre, Tito, pero ya ves cuál es el camino que 37 sigue nuestra conversación: el objetivo de todo nuestro discurso es la consolidación de los Estados, dar estabilidad a sus fuerzas y velar por la salud de los pueblos. Por ello, tengo el temor de aventurarme a plantear principios que no están bien estudiados ni suficientemente meditados; y si lo hago no es para conseguir la aprobación de todos –cosa que es imposible–, pero sí la de quienes consideran que todo lo justo y honesto es deseable por sí mismo, y que no se ha de juzgar como bien más que aquello que es elogiable por sí mismo y que no se ha de tener como un gran bien nada que no pueda ser objeto de elogios por su propia naturaleza.

De todos éstos: ya sean los que permanecieron en la Aca- 38 demia Antigua[458], con Espeusipo, Jenócrates y Polemón[459]; o los que siguieron a Aristóteles y a Teofrasto[460], que estaban de acuerdo en el fondo, si bien diferían un poco en la manera de enseñarlo; o los que, conforme al parecer de Zenón[461], modificaron la terminología sin cambiar el contenido; o incluso los que han seguido la difícil y estricta escuela de Aris-

---

[457] Esta alusión va referida sobre todo a los estoicos, cuya forma de analizar los problemas filosóficos contrastaba con la de los filósofos antiguos.

[458] Nombre que recibió la escuela fundada por Platón, situada en un lugar que había tomado este nombre de un espíritu protector prehelénico llamado *Academos.*

[459] Espeusipo (*ca.* 420/408-339), Jenócrates (396/5-315) y Polemón (315-270) son los sucesores de Platón en la dirección de la Academia y conforman la etapa denominada Antigua.

[460] Aristóteles (384-322), discípulo aventajado de Platón, abrió escuela en las proximidades de un templo dedicado a Apolo Likaios y de ahí el nombre de Liceo con el que se conoce a esta escuela. En la dirección de la misma le sucedió Teofrasto (muerto en 288/6). Los miembros de esta escuela recibían el nombre de peripatéticos.

[461] Zenón (333/2-262), como fundador de la *Stoa,* fue quien trazó las líneas fundamentales del estoicismo.

tón[462], ahora ya deshecha y convencida de su error, quienes colocaban todo en la más absoluta igualdad, haciendo sólo excepción de las virtudes y de los vicios. De todos éstos, decía, quiero obtener su aprobación para mis palabras.

39   En cambio, a esos que se dedican a complacerse a sí mismos, convirtiéndose en esclavos de su cuerpo, y que todo lo que persiguen o rehúyen en la vida lo ponderan con el criterio del placer o del dolor, aunque estuvieran diciendo la verdad –pues no hay necesidad de discutir en este momento sobre esto– mandémoslos a enseñarlo a sus jardines[463] y pidámosles también que se alejen de toda participación en los asuntos del Estado, del que nunca han tenido ningún conocimiento ni nunca han querido tenerlo. En cuanto a esa nueva Academia dirigida por Arcesilao y Carnéades[464] que siembra la confusión en todas estas cuestiones que nos ocupan, supliquémosle que guarde silencio. Pues, si nos invadieran estos temas que a nosotros nos parecen tan sabiamente construidos y dispuestos, nos provocarían la mayor de las catástrofes. Mi deseo en cuanto a ésta es calmarla, no me atrevo a rechazarla.

XIV 40   ...[465], pues ya nos hemos purificado sin necesidad de las fumigaciones de aquél. Pero no existe expiación alguna de los crímenes cometidos contra los hombres ni de los actos de impiedad contra los dioses. De esa manera, pagan sus culpas no mediante procesos judiciales (que no existían antiguamente y hoy día no existen en muchas partes y donde los hay muy a menudo son falsos), pero los acosan y persiguen las Furias[466]; no con teas encendidas, como en las obras de tea-

---

[462] Aristón de Quíos (hacia 275 a.C.), discípulo de Zenón. Se distinguió por su rigor moral: sólo daba importancia a la práctica de las virtudes, desdeñando las teorías.

[463] Los jardines de Epicuro (341-271/70), fundador del epicureísmo (uno de cuyos más conspicuos representantes en Roma fue Lucrecio).

[464] Arcesilao (316/5-241/0) y Carnéades (214-137) dirigieron la segunda y tercera etapa de la Academia, a la que Cicerón se refiere como a una sola. Los dos son los introductores del escepticismo en la doctrina académica, al negar el valor de conocimiento seguro al proveniente de los sentidos; esto entraba en contradicción con la tesis de los estoicos, ya que si no era posible un conocimiento seguro, tampoco lo era la acción basada en él.

[465] Por no conservarse el comienzo de este capítulo no es posible saber a qué expiación se refiere.

[466] Las Furias son demonios del mundo infernal en la mitología primitiva romana, que pronto se asimilaron a las Erinias griegas, también llamadas, por

tro, sino con la angustia del remordimiento y el tormento que les produce su mala acción. Y si el castigo, en lugar de su propia naturaleza, debiera apartar a los hombres de los actos injustos, ¿qué tipo de inquietud iba a atormentar a los impíos, una vez eliminado el miedo al suplicio? Por otra parte, ninguno de éstos fue tan osado que no negara haber cometido su crimen o que no inventara algún motivo de justo resentimiento y buscara la defensa de su mala acción en algún derecho natural. Y si los impíos se atreven a invocar estos principios, ¿con qué afán no serán cultivados por los buenos? Y si el castigo y el miedo al suplicio es lo que nos aparta de llevar una vida injusta y criminal, en lugar de la vergüenza que produce la propia acción, nadie hay injusto; al contrario, incautos, más bien, han de ser considerados los malvados. A su vez, quienes nos vemos movidos a actuar 41 como hombres de bien, no por la honra que de ello se desprende, sino por algún tipo de ventaja o provecho, somos listos, no buenos. En efecto, ¿qué va a hacer el que se encuentre en un lugar desierto a una persona sola y sin fuerzas a la que pudiera despojar de una gran cantidad de oro? En esa ocasión, el hombre justo y bueno por naturaleza, del que estamos hablando, incluso le hablará, le ayudará y lo conducirá hasta el camino. En cambio, el que no acostumbre a hacer nada en favor de otro y mida todo según el beneficio que le reporte, ¡a la vista tenéis, creo, qué es lo que hará! Pero si llegara a negar que le arrebataría la vida y que le despojaría del oro, nunca lo negará por ese motivo, porque considere que es una acción infame por naturaleza, sino por el temor de que se llegue a saber, es decir, no sea que le acarree algún mal. ¡Desde luego es algo digno de hacer enrojecer no digo ya a los cultos, sino incluso a los salvajes!

Pero ya lo más absurdo es creer que es justo todo aquello xv 42 que aparece contemplado en las leyes e instituciones de los pueblos. ¿Lo serían también si se tratara de las leyes de los tiranos? Si aquellos famosos Treinta de Atenas[467] hubieran querido imponer sus leyes, o si todos los atenienses se hubie-

---

eufemismo, Euménides. Eran representadas como genios alados, con serpientes enredadas en su cabellera y antorchas o látigos en sus manos, que perseguían y torturaban a sus víctimas hasta hacerlas enloquecer.
[467] Véase más arriba nota 95.

ran mostrado a gusto con las leyes tiránicas, ¿es que por ello se iban a considerar justas tales leyes? No creo que más que aquella que dio nuestro interrey[468], en virtud de la cual, el dictador podía matar impunemente al ciudadano que quisiera sin necesidad de proceso judicial. Existe, pues, un único derecho, que constituye el vínculo de la sociedad humana y que está basado en una sola ley, ley definida como recta razón de mandar y de prohibir. Quien la ignora es injusto, se haya escrito aquella en algún lugar o no. Y si justicia significa obediencia a las leyes escritas y a las instituciones de los pueblos; y si como ellos mismos dicen, todo se ha de medir según su utilidad, despreciará y violará las leyes, cuando le sea posible, el que considere que ha de sacar de ello alguna ventaja. En consecuencia, no existe justicia, en modo alguno, si ésta no consiste en la naturaleza; pues la basada en la utilidad que reporte es destruida por la propia utilidad, y si no fuera la naturaleza la que da base al derecho... desaparecerán... Pues, ¿de dónde iba a nacer la liberalidad, el amor a la patria, la piedad, la voluntad de hacer un servicio a otro o la de estarle agradecido? En efecto, estas cosas nacen de una disposición natural que nos lleva a amar a los hombres, lo que constituye el fundamento del derecho. Y no sólo desaparecerán las deferencias hacia los hombres, sino también las ceremonias y prácticas religiosas dedicadas a los dioses, las que considero que se han de conservar no por temor, sino por ese vínculo que hay entre los hombres y la divinidad. Y si el fundamento del derecho lo constituyera la voluntad de los pueblos, las decisiones de sus jefes o las sentencias de los jueces, sería conforme a derecho robar, cometer adulterio, falsificar testamentos, si tales acciones fueran aprobadas mediante votación o por aclamación de la multitud.

Pues, si tan grande es el poder que tiene la opinión y la voluntad de los necios que es capaz de cambiar con sus votos la naturaleza de las cosas, ¿por qué no legislar que se considere bueno y saludable lo que es malo y dañino? O, ya que la ley puede crear el derecho a partir de la injusticia, ¿no podría igualmente convertir lo malo en bueno? Pero nosotros no podemos distinguir una ley buena de la mala con ninguna

43

XVI

44

---

[468] Alusión a Lucio Valerio Flaco, quien, siendo en el año 82 *interrey* (magistratura extraordinaria de cinco días de duración), propuso una ley que concedía a Sila tales poderes que cualquier cosa que hiciera resultaba legal.

otra norma que la de la naturaleza. Y no sólo se distingue lo justo de lo injusto según la naturaleza, sino todo en general, lo noble y lo vil. Y como la naturaleza nos dotó de unos gérmenes de conocimiento comunes que dejó como esbozados en nuestras almas, las cosas nobles están adscritas a la virtud; las viles, a los vicios. Considerar que tales cosas dependen de 45 la opinión y no de la naturaleza es cosa propia de locos. En efecto, ni la virtud del árbol, ni la del caballo, como se suele decir –y en esto abusamos del término– dependen de la opinión, sino de la naturaleza. Y si esto es así, también lo que es noble y lo que es vil habrá que distinguirlo de acuerdo con la naturaleza. Pues, si la virtud, considerada en general, se basara en la opinión, ocurriría lo mismo con las diversas partes de ésta. En consecuencia, ¿se juzgará que una persona es inteligente y, por así decir, ingeniosa partiendo no de su comportamiento, sino de alguna cosa externa a ella? Virtud es la razón perfecta, la que, sin duda, se encuentra en la naturaleza. En consecuencia, todo lo que es noble se halla en las mismas circunstancias. Y de la misma manera que se distingue XVII lo verdadero de lo falso, lo consecuente de lo contrario, por su propia esencia y no por datos ajenos, así también se distingue ese sistema de vida, constante y perpetuo, que constituye la virtud; asimismo, la inconstancia que constituye el vicio, por su propia naturaleza… estará de acuerdo en que…[469] ¿nosotros no haremos lo mismo con el talento de los jóvenes? ¿Acaso se va a juzgar el carácter partiendo de la naturale- 46 za, y las virtudes y los vicios que tienen su origen en los caracteres se juzgarán con otro criterio? Si no es así, ¿no será también necesario que lo noble y lo vil sea referido a la naturaleza? Si lo que es digno de elogio es bueno, necesariamente tiene que tener en sí mismo aquello que lo hace digno de elogio; pues, lo que es bueno en sí mismo no depende de las opiniones sino de su naturaleza. Y si no fuera así, también el hecho de ser felices dependería de la opinión. ¿Se puede expresar una estupidez mayor? Por lo tanto, dado que el criterio para distinguir el bien del mal es la naturaleza, y que tales son los principios de la naturaleza, no hay duda de que también lo noble y lo vil habrá de discernirse con un criterio semejante y habrán de ser referidos a la naturaleza.

---

[469] Laguna señalada por Madvig.

47   Pero nos llena de confusión la variedad de opiniones y el
            desacuerdo existente entre los hombres, y como eso mismo
            no sucede con los sentidos, creemos que éstos son infalibles
            por naturaleza; y lo que a unos les parece de una manera y a
            otros de otra e incluso a los mismos no les parece siempre
            igual, decimos que es ficticio. Apreciación esta que dista mu-
            cho de ser así. En efecto, a nuestros sentidos no los distorsio-
            na nuestro padre, ni la nodriza, ni el maestro, ni el poeta, ni
            el teatro; tampoco la opinión común de la masa los desvía de
            la verdad. En cambio, a nuestras almas se les tienden todo
            tipo de asechanzas, ya sea por parte de los que acabo de
            nombrar, los sentidos, que tras haberlos recibido tiernos y
            sin desbrozar, los hacen y moldean a su voluntad; o bien por
            parte de ese que vive profundamente imbricado en todos y
            cada uno de los sentidos, el placer; imitador del bien, pero
            que es el origen de todos los males; seducidos por sus cari-
            cias no logramos distinguir con claridad las cosas que son
            buenas por naturaleza, por carecer éstas de la dulzura y en-
            canto de aquéllas.

XVIII 48   Viene ahora (para terminar ya con todo este discurso)
            algo que ya tenemos ante nuestros ojos, como consecuencia
            de lo que se acaba de decir, que el derecho y todo lo que es
            noble han de perseguirse por su propio valor. En efecto, to-
            das las personas de bien aman la equidad por sí misma y por
            sí mismo el derecho; y no es propio de un hombre de bien
            cometer el error de desear lo que por sí mismo no es desea-
            ble. En consecuencia, el derecho ha de perseguirse y culti-
            varse por sí mismo. Y si esto ocurre con el derecho, también
            con la justicia; pero si esto ocurre con la justicia, también las
            restantes virtudes han de cultivarse por sí mismas. ¿Qué hay
            de la liberalidad? ¿Es desinteresada o tiene un precio? Si
            una persona es benefactora sin esperar recompensa por ello,
            es desinteresada; si espera algo a cambio, es mercenaria. Y
            está fuera de toda duda que la persona de la que se dice que
            es generosa o benefactora, ésta no va persiguiendo ningún
            fruto de ello, sino que la impulsa el sentimiento del deber.
            Por tanto, tampoco la justicia quiere ningún premio, ningu-
            na recompensa: es deseada, por consiguiente, por ella mis-
            ma; y todas las virtudes tienen la misma motivación y lo mis-
49   mo se ha de pensar de ellas. Es más, si se persiguiera la virtud
            por interés y no por lo que ella es en sí, no existiría más que

una sola virtud, a la que más bien habría que llamar «maldad». Pues, lo mismo que cuanto más mira uno su interés en cualquier cosa que haga, más se aleja cada vez de ser una persona buena, quienes miden la virtud según la recompensa, no están pensando en ninguna virtud sino en la maldad. Pues, ¿dónde se encontrará un benefactor si nadie hace ningún bien por otra persona? ¿Dónde un agradecido, si los propios beneficiados no reconocen a la persona a quien deben el favor? ¿Dónde aquella sagrada amistad, si al propio amigo no se le ama por sí mismo de todo corazón, como se suele decir? Hasta habrá que abandonarlo y rechazarlo, una vez que se pierda la esperanza de conseguir ventajas o premios. ¿Se podría expresar algo más monstruoso? Pero si la amistad se ha de cultivar por lo que es en sí misma, también se han de perseguir por sí mismas la solidaridad humana, la equidad y la justicia. De no ser así, no hay justicia en absoluto. Pues eso constituye precisamente la mayor injusticia: buscar recompensas de la justicia.

¿Y qué decir de la modestia, de la moderación, de la continencia, de la vergüenza, del pudor y de la castidad? ¿Que se evita ser indecente por temor al descrédito, a las leyes y tribunales? ¿Que las personas son íntegras y respetuosas con el fin de que hablen bien de ellas mismas y se ruborizan para cosechar una buena reputación? Vergüenza me da a mí ya de hablar del sentido de la vergüenza, y vergüenza me causan esos filósofos que consideran suficiente no evitar otro juicio que el que esté suficientemente alterado por su propio vicio[470]. ¿Que por qué? ¿Podemos dar el nombre de castos a quienes evitan cometer estupro por miedo al deshonor, cuando en realidad el deshonor es una consecuencia de la indignidad del propio acto? ¿Hay posibilidad de elogio o de vituperación cuando se prescinde de la naturaleza de aquello que se considera que ha de ser elogiado o vituperado? ¿Es que los defectos del cuerpo, si son muy pronunciados, producirán repugnancia, y, en cambio, la deformidad del alma no la va a producir? La fealdad de la deformación de esta última se hace patentísima en sus propios vicios. ¿Podría pensarse en algo más horrendo que la avaricia? ¿Y en algo más monstruoso que la lujuria? ¿Qué hay más despreciable

XIX 50

51

---

[470] Texto muy alterado, por lo que el sentido es dudoso.

que la cobardía? ¿Y qué más banal que la imbecilidad o que la necedad? ¿Cuál es la consecuencia? ¿Cuándo llamamos desgraciados a quienes sobresalen en algún vicio o en muchos, los llamamos así por causa de los daños, perjuicios y sufrimientos o por la fealdad intrínseca de los vicios en sí? Y al contrario, lo mismo puede decirse respecto al elogio de la virtud. Por último, si la causa de la pretensión de alcanzar la virtud está fuera de ella, necesariamente debe haber algo que sea mejor que la virtud: ¿lo es acaso el dinero, los honores, la belleza o la salud? Éstas, cuando se hacen presentes, son muy poca cosa y en modo alguno se puede saber cuánto tiempo nos va a durar. ¿O acaso lo es eso cuya sola mención produce vergüenza, el placer? Pero si precisamente cuando mejor se revela la virtud es al despreciar y repudiar a éste.

52

Pero, ¿no estáis viendo cuán grande es la cadena de asuntos y de opiniones y cómo se relacionan unos con otros? Como que ya me habría extendido mucho más si yo mismo no me hubiera contenido.

xx   QUINTO.—¿Hasta dónde? Con mucho gusto me hubiera dejado llevar por tu discurso hasta donde fuera, hermano.

MARCO.—Hasta el bien supremo, cuya referencia es constante para todas las cosas y a cuya adquisición han de ir encaminadas todas las acciones. Se trata de un tema controvertido y objeto de discusión entre los más sabios de los hombres, pero sobre el que alguna vez, no obstante, habrá que decidirse.

53   ÁTICO.—¿Cómo será posible hacer eso, una vez muerto Lucio Gelio?[471].

MARCO.—¿Qué tiene que ver eso en nuestro asunto?

ÁTICO.—Pues, que yo recuerdo haber oído en Atenas a mi querido Fedro[472] que tu amigo Gelio, con ocasión de su llegada a Grecia como procónsul, al término de su pretura, convocó a todos los filósofos, que entonces estaban en Atenas, en un lugar, y que puso todo su empeño instándoles a que pusieran límite por una vez a sus discusiones. Y que si no tenían la intención de consumir toda su vida en disputas, que podían

---

[471] Lucio Gelio Poplícola o Publícola (136-55/2), cónsul en 72, propuso que se le concediera a Cicerón una corona por haber descubierto la conjuración de Catilina.
[472] Fedro, filósofo epicúreo de la época de Cicerón, autor de un tratado titulado *Perì theôn* («Sobre los dioses»).

llegar a un acuerdo sobre el asunto y les prometió al mismo tiempo su ayuda, si es que había posibilidad de llegar a un acuerdo entre ellos.

MARCO.—Ciertamente es gracioso eso, Pomponio, y muchas veces ha movido a muchos a la risa. Pero yo preferiría ser nombrado árbitro entre la Academia Antigua y Zenón[473].

ÁTICO.—¿Y cómo es ello?

MARCO.—Porque sólo disienten en una sola cosa, en el resto están asombrosamente de acuerdo.

ÁTICO.—¿Qué dices? ¿Sólo un punto de discrepancia?

MARCO.—En el fondo, en uno solo: puesto que los de la Acade-   54
mia Antigua consideraron que era un bien todo aquello que siendo conforme con la naturaleza nos sirviera de ayuda en la vida y éste, en cambio, no lo considera un bien si no reúne la condición de noble.

ÁTICO.—Pequeña discrepancia dices, pero no hasta el punto de que dirima todas las cosas.

MARCO.—Sin duda que estarías en lo cierto, si discreparan en el fondo y no en las palabras.

ÁTICO.—Entonces, tú estás de acuerdo con mi amigo Antío-   xxi
co[474] –pues no me atrevo a decir maestro– con quien viví y quien por poco no me arrancó de nuestros jardines y me condujo a muy pocos pasos de la Academia.

MARCO.—Fue ese un hombre agudo e inteligente, y en su géne-ro perfecto, amigo mío, como tú sabes; no obstante, si estoy de acuerdo con él en todo o no, enseguida lo veré. Yo lo que digo es que toda esa controversia puede calmarse.

ÁTICO.—¿Cómo ves tú esa posibilidad?

MARCO.—Pues, que si hubiera dicho, como Aristón de Quíos[475]   55
que sólo es bueno lo que es noble y malo lo que es vil, siendo todas las demás cosas exactamente iguales, sin que ni siquie-ra interese lo más mínimo su presencia o su ausencia, mucho discreparía de Jenócrates, de Aristóteles y de toda aquella escuela de Platón, y existiría entre ellos discrepancia sobre el punto más importante y sobre cualquier sistema de vida.

---

[473] Cfr. notas 458 y 461.

[474] Antíoco de Ascalón (hacia 150-68) dirigió la Academia sucediendo a su maestro Filón de Larisa. Cicerón asistió a sus lecciones e igualmente Ático. Sostenía que el platonismo, aristotelismo y estoicismo concordaban en lo esencial y que sólo diferían en la expresión.

[475] Cfr. nota 462.

Ahora, en cambio, al decir éste que lo digno, lo que los de la
Antigua Academia habían definido como el Bien Supremo,
era el único bien; y asimismo, que lo indigno, que para aquéllos era el Mal Supremo, para éste el único mal; y al llamar a
las riquezas, a la salud y a la belleza, cosas útiles, no bienes;
y a la pobreza, a la debilidad y al dolor, inconvenientes, no
males; Zenón está opinando lo mismo que Jenócrates y que
Aristóteles, si bien lo expresa de otro modo. De esta discrepancia no de fondo, sino terminológica, surgió la divergencia acerca de los límites; en la cual, puesto que las Doce Tablas prohibieron la usucapión del espacio comprendido por
cinco pies desde el límite de la finca hacia su interior[476], no
vamos a permitir que este hombre tan astuto paste sobre la
antigua posesión de la Academia y para fijar los límites no
actuaremos cada uno por separado como manda la Ley Manilia, sino que, de acuerdo con la ley de las Doce Tablas, los
tres seremos los árbitros[477].

56 QUINTO.—¿Cuál será nuestra decisión?

MARCO.—Que se busquen los límites que Sócrates estableció y
que se respeten; ésa es nuestra decisión.

QUINTO.—Muy brillantemente, hermano, utilizas ahora tú el
lenguaje de las leyes del derecho civil, precisamente sobre lo
que yo estoy esperando que entres en debate. Pues es ésa
una cuestión muy discutida, según te he oído decir a ti muchas veces. Pero, éste es ciertamente el estado de la cuestión:
vivir de acuerdo con la naturaleza constituye el sumo bien,
esto es, el disfrutar de una vida moderada y conforme a la
virtud; o bien, el seguir a la naturaleza y vivir de acuerdo con
lo que podríamos llamar su ley, esto es, no ahorrar ningún
esfuerzo personal para conseguir lo que la naturaleza pida;
lo que, a su vez, requiere vivir de acuerdo con la virtud como
si de su ley se tratara. Por lo cual, yo no sé si se podrá terminar este debate alguna vez, pero en esta nuestra conversación, desde luego que no, al menos si queremos concluir lo
que nos propusimos.

---

[476] Cicerón juega aquí con los sentidos de la palabra *finis*, como «definición», «delimitación» de conceptos y como «límite» de una finca. Según Cicerón, las Doce Tablas prohibían la adquisición por usucapión de la franja li-
mítrofe de cinco pies de anchura.

[477] La Ley Manilia debía fijar que actuara un solo juez como árbitro,
mientras que las Doce Tablas establecían que fueran tres los jueces.

ÁTICO.—Pues yo me estaba dejando llevar por aquí y no de   XXII 57
mala gana.

MARCO.—Eso estará bien para otra ocasión. Ahora ¡continuemos con lo que habíamos comenzado a tratar!

QUINTO.—Sobre todo porque esta discusión sobre el bien y el
mal supremos no tiene que ver nada con ello.

MARCO.—Tienes muchísima razón, Quinto. Pues lo que he dicho hasta ahora...[478].

QUINTO.—... no son las leyes de Licurgo[479], no las de Solón[480],
ni las de Carondas[481], ni las de Zaleuco[482], ni los plebiscitos
lo que yo espero saber de ti, sino que yo creo que lo que tú
nos debes dar en este coloquio de hoy son las leyes y normas
de conducta con validez tanto para los pueblos como para
los particulares.

MARCO.—Ese que tú esperas, Quinto, es el tema propio de este   58
coloquio, y ¡ojalá fuera también el adecuado a mis facultades! Pero el estado de la cuestión es el siguiente: dado que
debe haber una ley correctora de los vicios y fomentadora de
las virtudes, que la norma de conducta se extraiga de ésta.
Resulta que la madre de todas las cosas humanas es la sabiduría, por amor a la cual encontró su nombre en lengua griega la filosofía[483]; no hay don más fecundo, ni más próspero
ni más excelente entre los concedidos por los dioses a la vida
humana. Ella fue la que nos enseñó, junto con todas las demás cosas, la más difícil de todas: que nos conociéramos a
nosotros mismos; precepto este que encierra tanto valor y
significado como para no atribuírselo a un hombre, cualquiera que fuera, sino al propio dios délfico[484]. Pues el hom-   59
bre que se conozca a sí mismo, enseguida se dará cuenta de
que hay en él algo divino y considerará que su espíritu es

---

[478] Los editores señalan aquí una laguna: faltan las últimas palabras de
Marco y las primeras de Quinto.

[479] Legendario reformador y legislador de Esparta.

[480] Poeta y reformador de la legislación ateniense. Entre sus medidas más
importantes destaca la abolición de la esclavitud por deudas. Solón nació hacia el 640 a.C.

[481] Legislador y reformador de la administración de justicia de Catania
(Sicilia) de finales del siglo VI.

[482] Legislador de Locri (sur de Italia) del siglo VII.

[483] Como es sabido, filosofía significa en griego «amor a la sabiduría».

[484] La sentencia «conócete a ti mismo» (*gnôthi seautón*) constituía un precepto fundamental de la filosofía socrática; atribuida al Apolo de Delfos, se
hallaba inscrita en el frontispicio de su templo.

algo así como una imagen consagrada que hay dentro de sí mismo, y siempre realizará y sentirá cosas dignas de tan gran regalo de los dioses; y cuando se haya observado a sí mismo, a fondo, y haya puesto todo a prueba, comprenderá de qué modo ha sido equipado por la naturaleza al venir a la vida; y de cuántos medios dispone para alcanzar y obtener la sabiduría, puesto que desde el primer momento de su vida habrá recibido en su alma y en su mente una especie de conocimientos, incipientes y oscuros todavía, de todas las cosas, pero que una vez iluminados bajo la guía de la sabiduría le harían apreciar que él es un hombre de bien y que por esa misma causa será un hombre feliz.

XXIII 60   En efecto, una vez que el alma, conocidas y experimentadas ya las virtudes, se haya liberado de la atracción y seducción que sobre ella ejerce el cuerpo y haya reprimido el placer como si de una mancha indecorosa se tratara, y haya escapado a todo tipo de temores, ya se trate de la muerte o del dolor, y haya formado con los suyos una sociedad basada en el amor, y haya reconocido como suyos a todos los que están unidos a ella por naturaleza, y haya asumido el culto a los dioses y a la religión pura, y haya logrado aguzar tanto su ingenio como su vista que le permita escoger el bien y rechazar su contrario (virtud esta que recibe el nombre de prudencia porque viene de prever)[485], ¿podría expresarse o pensarse en alguna situación de mayor felicidad?

61   Igualmente, cuando haya contemplado el cielo, la tierra y la naturaleza en su conjunto, cuando haya visto de dónde provienen, a dónde han de volver, cuándo y de qué modo morirán todas las cosas que hay en ellas de mortal y de caduco y qué de divino y eterno; cuando haya casi tocado con sus manos al mismísimo dios que las regula y modera; cuando se haya dado cuenta de que no es un habitante, rodeado de murallas humanas, de un lugar determinado, sino un ciudadano del mundo, como si éste constituyera una sola ciudad; en medio de tanta grandiosidad y ante la contemplación y conocimiento de la naturaleza ¡cómo se conocerá a sí mismo, según el precepto de Apolo Pítico, dioses inmortales! ¡Cómo despreciará y desdeñará, considerándolas banales, las cosas que vulgarmente se llaman magníficas!

---

[485] *Prudentia* deriva del verbo *prouidere* («prever»).

Y todo esto lo fortificará dotándole, a modo de empaliza- **XXIV** 62
da, de la dialéctica, de la ciencia de distinguir lo verdadero
de lo falso y de cierta técnica de la comprensión de las consecuencias y sus contrarios. Y cuando se haya dado cuenta de
que ha nacido para vivir en sociedad, considerará que no
tiene que utilizar solamente esa forma sutil de discusión teórica, sino también esa forma de expresión más extensa y con-
tinua que es el discurso, para regir a los pueblos, consolidar
las leyes, castigar a los malvados, proteger a los buenos, elogiar a los hombres ilustres, dar a sus conciudadanos consejos
para su buena salud y para su gloria capaces de convencerlos,
poder exhortarlos a que tomen el camino del honor, a que se
aparten del de la infamia, a poder consolar a los abatidos, a
expresar en monumentos eternos los hechos y decisiones
propias de los hombres valientes y sabios junto a las ignomi-
niosas acciones de los malvados. Tantas y tan grandes son las
cosas que descubrirían que hay en el hombre quienes toma-
ran la decisión de conocerse a sí mismos; y de todas ellas es
la sabiduría progenitora y educadora al mismo tiempo.
ÁTICO.—Ciertamente has hecho un elogio de ella digno y ver- 63
dadero. ¿Pero a qué nos lleva esto?
MARCO.—En primer lugar, Pomponio, a esas cosas que son tan
importantes, según nuestro deseo, y que vamos a tratar ahora ya. Pues no lo serán si la fuente de donde surgen no fuera
tan grandiosa. En segundo lugar, lo hago muy a gusto, y según espero, correctamente, pues no puedo dejar de mencionar a aquella de cuyo amor soy preso y que ha hecho de mí
todo cuanto soy.
ÁTICO.—Claro que actúas correctamente, y meritoria y piadosa-
mente; y era necesario actuar como tú dices en este coloquio.

Libro II

ÁTICO.—Como ya hemos paseado bastante y tú debes comen- 11
zar con otro tema, ¿te parece bien si cambiamos de sitio y
vamos a sentarnos en la isla⁴⁸⁶ que hay en el Fibreno (me
parece que éste es el nombre de ese otro río) y continuamos
allí el resto de nuestra conversación?

MARCO.—De acuerdo. Es ése un lugar que me resulta muy
agradable tanto para reflexionar a solas como para escribir o
leer algún libro.

ÁTICO.—Ciertamente, y sobre todo ahora que he llegado aquí, 2
no llego a sentirme saciado y sí a sentir desprecio por las
grandiosas villas de recreo, los pavimentos de mármol y sus
techos artesonados. ¿Habría alguien que al ver este paisaje
no encontrara ridículos esos canales artificiales a los que llaman Nilos y Euripos⁴⁸⁷? Y tal como tú, un poco antes cuando hablabas de la ley y del derecho, referías todas las cosas a
su origen en la naturaleza, también aquí en estas cosas desti-
nadas al descanso y al recreo del espíritu reina la naturaleza.
Por eso yo sentía extrañeza –pues creía que en estos lugares
no había más que rocas y montañas, creencia a la que me
inducían tus discursos y tus versos–; pero, sentía extrañeza,
como os decía, por lo grato que te resultaba a ti este lugar.
Ahora, por el contrario, lo que me extraña es que cuando te
ausentes de Roma, prefieras algún otro lugar a éste.

MARCO.—Ciertamente, cuanto tengo posibilidad de ausentar- 3
me varios días, sobre todo en esta época del año, busco el
encanto y la salubridad de este lugar. Pero pocas veces tengo

---

⁴⁸⁶ El curso de Fibreno se divide en dos brazos, formando una isla en
medio. Véase la descripción más adelante en § 6.
⁴⁸⁷ Euripo es el nombre del estrecho entre la isla de Eubea y Beocia.

la posibilidad. Pero hay además otra razón por la que también me resulta grato y que a ti no te atañe de esa forma.

ÁTICO.—¿Cuál es esa razón?

MARCO.—Pues que, a decir verdad, ésta es mi verdadera patria y la de éste, mi hermano. Los dos hemos nacido aquí, de una familia antiquísima; aquí están sus dioses, nuestro linaje y muchas huellas que dejaron nuestros antepasados. ¿Qué más podría decir? Estás viendo esta casa de campo, ahora edificada con más lujo gracias al afán de nuestro padre, que, por encontrarse débil de salud, pasó aquí casi toda su vida, dedicado a las letras. Pero has de saber que yo he nacido aquí, en este mismo lugar, cuando vivía mi abuelo y la casa era pequeña, a la antigua usanza, como la de Curio[488] en el país sabino. Por ello hay en mi alma y en mi corazón un no sé qué escondido que hace que este lugar me resulte más placentero; si bien es verdad que, según está escrito, el más sagaz de los hombres ante la vista de Ítaca, rechazó la inmortalidad[489].

II 4   ÁTICO.—Me parece verdaderamente justa la razón por la que prefieras venir aquí y por la que amas este lugar. Pero, si hasta yo mismo me he hecho desde hace un rato más amigo de esta casa y de todo este paraje donde tú fuiste engendrado y dado a luz. En efecto, nos conmueven, no sé de qué manera, los lugares en que quedan vestigios de las personas que amamos o que admiramos. La propia Atenas, ciudad tan entrañable para nosotros, no me gusta tanto por sus grandiosos monumentos y por las extraordinarias obras de arte de los antiguos como por el recuerdo de sus más ilustres personajes: el lugar en que vivía cada uno de ellos, donde acostumbraban a sentarse o a dialogar; incluso sus sepulcros contemplo yo con admiración. Por esa razón, a partir de ahora, voy a querer más este lugar donde tú has nacido.

MARCO.—Me alegro, entonces, de haberte enseñado lo que podría llamar mi cuna.

5   ÁTICO.—Y yo me alegro aún más por haberla conocido. Pero, no obstante, ¿cómo es eso que dijiste hace un rato, que este

---

[488] Manio Curio Dentado (cfr. nota 237), gozaba de fama de austero, de lo que era un buen ejemplo su villa (cfr. Cic. *Sen*. 55 y ss.).

[489] Ulises, que prefirió volver a su casa de Ítaca a llevar una vida inmortal junto a la ninfa Calipso (*Odisea*, 1, 57 y s.).

lugar –el mismo que te he oído llamar Arpino– es vuestra verdadera patria? ¿Acaso tenéis dos patrias o hay una sola patria, aquella común? A no ser que aquel sabio que fue Catón no tuviera por patria a Roma sino a Túsculo[490].

MARCO.—¡Por Hércules! Yo creo que aquél, igual que todos los procedentes de los municipios, tienen dos patrias: una por naturaleza, la otra, por ciudadanía. Así el Catón del que hablamos, como había nacido en Túsculo y fue admitido en la ciudadanía del pueblo romano, aunque era tusculano por nacimiento, era romano por ciudadanía: tenía una patria de origen, otra de derecho. De la misma forma que tus queridos áticos, antes de que Teseo les ordenara abandonar los campos y reunirse todos en la llamada *asty*[491], los mismos eran a la vez de su lugar de origen y áticos; así, también nosotros llamamos patria a donde nacimos y a aquella que nos ha acogido. Pero es necesario tener por delante en nuestro afecto a aquélla por la que el nombre de «república» se extiende a toda la ciudadanía. Por ella debemos morir, a ella debemos entregarnos totalmente, y en ella debemos depositar y hasta consagrar, diría yo, todo lo nuestro. La que nos engendró nos resulta querida no de forma muy distinta a la que nos adoptó. Por eso, yo nunca negaré que ésta es mi patria, si bien aquélla es la mayor y comprende a esta otra… tiene…[492] ciudades, pero considera que sólo aquélla es su ciudad.

ÁTICO.—Por tanto, tenía razón nuestro común amigo Pompeyo el Grande, cuando sostuvo, en aquel juicio en que compartió contigo la defensa de Ampio[493], y que tuve la oportunidad de escuchar, que nuestra república podría mostrar un muy bien merecido reconocimiento a este municipio, porque de él habían salido dos salvadores de ella[494]; para que quede claro que estoy convencido de que ésta que te engendró también es tu patria.

III 6

---

490 Túsculo, municipio del Lacio donde el propio Cicerón tenía una finca.
491 «Ciudad» en griego. La leyenda según la cual Teseo reunió (sinecismo) a los distintos grupos de habitantes de las aldeas en una ciudad a la que dio por nombre Atenas aparece en Tucídides (II, 15) y Plutarco (*Teseo,* 24).
492 Hay una laguna y el texto se presta a varias interpretaciones.
493 No se conserva tal discurso. Se sabe de él por una referencia de Quintiliano (*inst.* 3, 8, 50) sobre un discurso en defensa de Tito Ampio Balbo, tribuno en 63 y pretor en 58.
494 Mario y el propio Cicerón.

Pero, hemos llegado a la isla. Y la verdad es que no hay nada más agradable que esto. En efecto, el Fibreno aparece escindido por esta especie de espolón de nave, y tras dividirse en dos partes iguales, baña estas riberas y se precipita rápido confluyendo enseguida en un solo curso; y sólo abarca con sus brazos el terreno suficiente para una pequeña palestra. Después y como si su oficio y deber fuera ofrecernos este sitio para dialogar, al punto se precipita en el Liris; y como si entrara a formar parte de una familia patricia, pierde su nombre, tan oscuro[495], y convierte al Liris en un río mucho más gélido. Jamás he tocado unas aguas más frías que éstas, y eso que me he acercado a muchos ríos; como que apenas si podría tocarlas con el pie, como hace Sócrates en el Fedro de Platón[496].

7 MARCO.—Así es, cierto. No obstante, no creo que le vaya a la zaga, en cuanto a placentero, tu Tiamis[497], allá en el Epiro, que muchas veces oigo mencionar a Quinto.

QUINTO.—Es cierto lo que dices. Y no vayas a creer que hay algo más admirable que el Amaltio[498] de nuestro amigo Ático y que aquellos plátanos. Pero, si te parece, sentémonos aquí, en la sombra, y volvamos a nuestra conversación en el punto donde la habíamos dejado.

MARCO.—Muy claramente me lo exiges, Quinto (yo pensaba que había logrado esquivarlo), y a ti no es posible dejarte este tipo de deudas.

QUINTO.—Comienza, entonces, pues te dedicamos todo este día.

MARCO.—«Por Júpiter comienzan las Musas», tal como empezamos en el poema de Arato[499].

QUINTO.—¿Por qué eso?

MARCO.—Porque ahora también hemos de comenzar nuestra conversación por ese mismo dios y por el resto de los dioses inmortales.

QUINTO.—Muy bien, hermano; así es como hay que hacer.

---

[495] Con cierta frecuencia un plebeyo era adoptado por una familia patricia; entonces perdía su nombre gentilicio y tomaba el de la nueva familia.

[496] *Fedro*, 230b.

[497] Río que desemboca frente a Corcira.

[498] Nombre de una finca de Ático, en la región del Epiro, donde había un altar dedicado a la ninfa Amaltea (cfr. Cic. *Att*. I, 13, 1 y I, 16, 15 y 18).

[499] Cfr. notas 57 y 100.

MARCO.—Veamos, entonces, antes de pasar a ver cada una de las   IV 8
leyes, el significado y esencia de la palabra ley; pues, teniendo
que referir todo a la misma, no vayamos a caer en algún error
de expresión e ignoremos el significado de esto a partir de lo
cual hemos de definir todos los puntos del derecho.

QUINTO.—No hay duda, por Hércules, de que ése es el método
correcto de exposición.

MARCO.—Veo que ésta fue la opinión de los más sabios: la ley
no es algo forjado por el talento humano, ni por ningún decreto de los pueblos, sino algo de carácter eterno que rige el
mundo entero en virtud de su sabiduría para mandar y para
prohibir. Y decían que esta ley, primera y última, era el pensamiento de la divinidad que obligaba o prohibía cualquier
cosa que fuese, siempre de acuerdo con la razón. Por proceder de ella, la ley que los dioses dieron al género humano, es
justamente elogiada: pues consiste en la razón y en la mente
de un ser sabio apta para el mando y para la prohibición.

QUINTO.—Este tema ya lo has tocado en alguna ocasión. Pero   9
antes de que llegues a las leyes de los pueblos, explica, por
favor, el significado de esa ley celeste, para que no nos arrastre la fuerza de la costumbre, atrayéndonos al sentido que
tiene en el lenguaje común.

MARCO.—Desde niños, Quinto, hemos aprendido a llamar leyes a fórmulas como «si se le cita ante un tribunal»[500] y otras
de este estilo. Pero es necesario comprender que este y otros
mandatos y prohibiciones de los pueblos tienen el sentido
de exhortar a realizar el bien y a apartar del mal; significado
este que no sólo es más antiguo que cualquier pueblo o ciudad, sino que es de la misma época que aquel dios que pro-
tege y gobierna el cielo y la tierra.

En efecto, ni es posible la existencia de aquella mente   10
divina sin la razón, ni la razón divina puede dejar de tener
este sentido sancionador de las acciones buenas y de las malas; y aun cuando nunca se puso por escrito que un solo
hombre resistiera contra todas las tropas enemigas, tras ordenar cortar el puente a sus espaldas, no por ello dejamos de
creer que el famoso Cóclite[501] realizó tan gran gesta siguien-

---

[500] Fórmula procedente de la Ley de las Doce Tablas (cfr. *rep.* II, 61).

[501] Horacio Cóclite realizó esta hazaña durante la guerra contra el rey
etrusco Porsena, que pretendía reponer en el trono a los Tarquinios (cfr. T.
Livio, I, 10, 22).

do la ley y el mandato del valor. Como tampoco por el hecho de no haber en Roma, durante el reinado de Lucio Tarquinio, ninguna ley escrita sobre el estupro, dejó de hacer violencia Sexto Tarquinio a la hija de Tricipitino, Lucrecia[502], en contra de aquella ley sempiterna. Existía, pues, una razón, emanada de la naturaleza universal, que impelía a obrar rectamente y apartaba de la comisión del delito; la cual no comenzó a ser ley en el momento en que se puso por escrito, sino cuando nació. Y nació al mismo tiempo que el pensamiento divino. Por tanto, la ley verdadera y principal, la idónea para mandar y para prohibir, es la recta razón de Júpiter Supremo.

v 11   QUINTO.—Estoy de acuerdo contigo, hermano, en que lo que es justo y verdadero ‹sea la verdadera ley› y en que ésta no nace ni muere con las letras con las que se escriben los decretos.

MARCO.—Entonces, como el pensamiento divino es la ley suprema, cuando ésta se realiza en su totalidad en el hombre, también lo hace en la mente de un sabio. En cambio, las que son redactadas por los pueblos, en sus distintas formas y adaptadas a las circunstancias particulares, obtienen el nombre de ley más por aprobación que porque lo sean realmente. Algunos declaran públicamente que es digna de elogio toda ley, a la que se le pueda dar con propiedad el nombre de ley, y ello basándose en los siguientes argumentos: es un hecho cierto, sin duda, que las leyes han sido creadas en orden a garantizar la seguridad de los ciudadanos, la integridad de las ciudades y una vida tranquila y feliz para los hombres; y los que por primera vez sancionaron medidas de este tipo habían mostrado a los pueblos que ellos iban a redactar y a proponer tales medidas con el fin de conseguir, una vez refrendadas con sus votos y acatadas, una vida honrada y feliz para ellos; y las que de esa manera fueron compuestas y sancionadas, tales reciben el nombre de leyes. De lo que igualmente se puede entender que los que redactaron órdenes funestas e injustas para los pueblos, desde el momento en que habían actuado en contra de lo que habían prometido y declarado, lo que hubieran propuesto sería cualquier

---

[502] Según la leyenda, ésta fue la causa de la expulsión de los reyes: es entonces cuando nace la República.

cosa antes que verdaderas leyes; de manera que queda claro
que en la interpretación de la propia palabra ley se encuentra su sentido y valor de «selección»[503] de lo justo y verdadero. Entonces, Quinto, voy a hacerte una pregunta tal como   12
acostumbran a hacer aquéllos: si una ciudad careciera de
algo, y precisamente por esa causa, por carecer de ese algo,
no se la considerara ciudad, ¿no habrá que considerar ese
algo como un bien?
QUINTO.—Y entre los más grandes, no hay duda.
MARCO.—Y si una ciudad carece de ley, ¿no habrá que considerar que no es una ciudad?
QUINTO.—Otra cosa no se puede afirmar.
MARCO.—Por tanto es necesario tener a la ley como uno de los
más grandes bienes.
QUINTO.—Estoy absolutamente de acuerdo.
MARCO.—¿Y qué decir de las muchas disposiciones funestas y   13
perniciosas votadas favorablemente en los pueblos y que no
tienen del nombre de ley más que el hecho de haber sido
sancionadas por el acuerdo de unos bandidos? No se pueden llamar con propiedad «prescripciones médicas» si resultan mortíferas en lugar de remedios por haberlas receta-
do algún ignorante o inexperto; como tampoco se puede
llamar ley de un pueblo, cualquiera que fuera su sentido, si
lo que el pueblo aceptó es algo funesto. En consecuencia,
ley es distinción de lo justo y de lo injusto, expresión de
aquella antiquísima y primordial naturaleza universal, que
constituye el objetivo de las leyes humanas que castigan a
los malvados con el tormento y defienden y protegen a los
buenos.
QUINTO.—Ahora comprendo perfectamente y pienso que a   VI
ninguna otra no sólo no se le ha de considerar ley, sino que
ni siquiera se le ha de dar tal nombre.
MARCO.—¿Consecuentemente, tú no consideras leyes a las que   14
reciben el nombre de Ticias[504] y Apuleyas[505]?
QUINTO.—Efectivamente, para mí no lo son ni siquiera las Li-
vias[506].

---

[503] Cfr. nota 446.
[504] Ley agraria promovida por el tribuno de la plebe Sexto Ticio en el
año 99.
[505] Las promovidas por el tribuno Lucio Apuleyo Saturnino en el año 100.
[506] Promovidas en el año 91 por el tribuno Marco Livio Druso.

MARCO.—Y haces bien, sobre todo con las que el Senado derogó en un instante y con una sola frase. Pero la ley aquella, cuya naturaleza expliqué, ni se puede abolir ni se puede revocar.

QUINTO.—Luego, tú nos vas a proponer leyes que nunca serán derogadas.

MARCO.—Cierto, con tal de que sean aceptadas por vosotros dos. Pero, lo mismo que hizo Platón, el hombre más sabio y el más profundo de todos los filósofos, el primero y más importante autor que escribió sobre la república, y lo mismo, en obra aparte, sobre las leyes, eso creo que debo hacer yo: hablar de los méritos de esta ley, antes incluso de dar lectura a la propia ley. Compruebo que lo mismo hicieron Zaleuco y Carondas[507], quienes redactaron leyes para sus propias ciudades, no por afición o por placer, sino por interés de la república. Está claro que, a imitación de éstos, Platón consideró que era también función de la ley el persuadir y no obligar a todo por la fuerza y por la coerción[508].

15 QUINTO.—¿Y qué decir del hecho de que Timeo[509] niegue la existencia de ese tal Zaleuco?

MARCO.—Pero la afirma Teofrasto[510], quien no tiene menos crédito, al menos en mi opinión (muchos afirman que tiene más); y guardan su recuerdo sus conciudadanos, los locros, nuestros clientes. Pero, si existió o no, no importa para nuestro asunto: hablamos de algo que es tradición.

VII   En consecuencia, los ciudadanos deben partir del convencimiento de que los dioses son los dueños y reguladores de todas las cosas y de que, todo lo que se hace, se hace por decisión y voluntad de ellos; y de que, como grandes benefactores del género humano, están pendientes de cómo somos cada uno de nosotros, qué hacemos, qué proyectos concebimos, con qué disposición, con qué piedad rendimos culto a nuestras creencias religiosas; y llevan cuenta de quiénes son piadosos y quiénes impíos. Y una vez que las mentes se encuentren imbuidas por estos principios, seguro que no se apartarán de la opinión útil y verdadera. ¿Hay una verdad más grande que la conveniencia de que nadie sea tan estúpi-

16

---

507 Cfr. notas 481 y 482.
508 Cfr. Platón, *Las Leyes*, 4, 720a y ss.
509 Timeo de Tauromenio (Sicilia), historiador que vivió a caballo de los siglos IV y III.
510 Cfr. nota 460.

damente arrogante que crea que él posee mente y razón y crea, en cambio, que no las poseen el cielo y el universo? ¿O que crea que aquello que apenas se llega a entender tras un gran esfuerzo racional, no está movido por alguna razón? ¿Cómo es posible considerar hombre a quien no se siente obligado a dar gracias por el orden de las estrellas, la sucesión de los días y de las noches, la equilibrada alternancia de las estaciones y todo lo que ha sido creado para ser disfrutado por nosotros? Y dado que todo lo que posee razón es superior a todo lo que está desprovisto de ella, no sería legítimo decir que una cosa cualquiera es superior a la naturaleza universal; será obligado afirmar que la razón es consustancial a ella. ¿Se atreverá alguien a negar la utilidad de estas creencias cuando se dé cuenta de la gran cantidad de empresas que se hicieron firmes gracias al juramento, de cuánta seguridad aportó el carácter religioso de los tratados, a cuántos apartó del crimen el temor al castigo divino, cuán sagrada es la solidaridad de los ciudadanos entre sí cuando se ve asistida por los dioses, ya sea en calidad de jueces o de testigos? Ahí tienes el proemio de la ley. Pues así es como llama Platón a lo que antecede[511].

QUINTO.—Así es, hermano; y me causa un gran placer que tú **17** trates de cosas e ideas distintas a las de aquél. Pues nada hay tan diferente como lo que dijiste antes e incluso este exordio sobre los dioses. Sólo en una cosa me parece que lo imitas: en el tipo de exposición[512].

MARCO.—Podría ser mi intención ésa, no más; ¿pues puede o pudo alguna vez alguien imitarlo? Traducir sus opiniones es muy fácil, que es lo que yo, al menos, haría, si no fuera porque lo que deseo es ser yo mismo sin más. Pues, ¿qué dificultad entraña expresar las mismas ideas traducidas casi con las mismas palabras?

QUINTO.—Estoy completamente de acuerdo. Y, como tú mismo acabas de decir, prefiero que hables por ti mismo. Pero exponnos ya, por favor, esas leyes sobre la religión.

MARCO.—Las expondré, como me sea posible; y dado que tanto el lugar como nuestra conversación son privados, voy a presentar las leyes en el estilo de las leyes.

---

[511] Platón, *Las Leyes*, 4, 722d-723.
[512] Esto es, en forma de diálogo.

QUINTO.—¿Qué quieres decir con eso?

18 MARCO.—Hay algunos términos legales, Quinto, que no son tan arcaicos como los de las antiguas Doce Tablas ni los de las Leyes Sagradas[513], pero que, con el fin de que tengan más autoridad, son un poco más antiguas que los que utilizamos en nuestro lenguaje actual. Por tanto, voy a tratar de seguir ese estilo con la concisión que le es característica. Por otra parte, no voy a exponer las leyes de manera exhaustiva –pues sería inacabable–, sino lo más importante de sus contenidos e ideas.

QUINTO.—Necesariamente tiene que ser así. Escuchemos pues.

VIII 19 MARCO.—«Váyase ante los dioses con pureza; obsérvese con ellos la piedad; apártese de ellos la opulencia. Quien de otra forma actuare, el propio dios se lo demandará.

»Que nadie tenga dioses individualmente, ni nuevos ni extranjeros, si no han sido reconocidos oficialmente; en privado, ríndase culto a los dioses ‹que hubieran recibido› de sus padres junto con sus ritos.

»Ténganse santuarios ‹en las ciudades›; ténganse bosques sagrados en los campos y santuarios para los lares.

»Consérvense los ritos familiares y los de los antepasados.

»Que se rinda culto a los dioses y a aquellos que siempre han sido considerados como habitantes del cielo y a aquellos a los que sus méritos lograron un lugar en el cielo: Hércules, Liber[514], Esculapio, Cástor, Pólux, Quirino[515]. Asimismo a aquellas por las que le es concedida al hombre su ascensión al cielo: el Intelecto, la Virtud, la Piedad, la Fidelidad[516]; haya santuarios dedicados a sus méritos, pero ninguno a sus vicios.

»Cúmplanse los actos religiosos solemnes.

---

[513] Según Tito Livio (II,33) como consecuencia de la secesión de la plebe al Monte Sacro (siglo V) fueron nombrados dos tribunos a quienes una Ley Sagrada les confería la *sacrosanctitas* («inviolabilidad»). En virtud de ésta, cualquiera que hiciera violencia a un tribuno era considerado *sacer* («consagrado a los dioses infernales»), esto es, «maldito» y, en consecuencia, se le podía dar muerte sin incurrir en responsabilidad criminal alguna.

[514] Antigua divinidad latina identificada con Baco.

[515] Quirino es uno de los dioses romanos más antiguos; forma la tríada junto con Júpiter y Marte. No obstante, éste es el nombre que recibió Rómulo al ser divinizado (cfr. *leg*. 3 y *rep*. II, 20).

[516] Deificación de «La Palabra Dada», a la que se representaba como una anciana de cabello blanco, simbolizando que el respeto a la palabra dada constituye la base fundamental de todo orden político y social.

»En días de fiesta queden prohibidas las querellas; que los siervos celebren las fiestas una vez acabadas las labores; y dispóngase por escrito de forma que coincidan con periodos libres del año. Que los sacerdotes ofrezcan en sacrificio público los frutos y frutas determinados para los sacrificios y días determinados. Asimismo guárdense para otros días   20 abundancia de leche y de crías; y para que no pueda haber omisión de ello, que los sacerdotes establezcan el sistema de cómputo y los ciclos anuales con precisión y a estos efectos; y que tengan previsto qué víctimas son propicias y gratas a cada divinidad.

»Que los diversos dioses tengan diversos sacerdotes; todos en general, pontífices; cada uno en particular, fláminones[517]. Que las vírgenes vestales[518] guarden en la ciudad la llama eterna del fuego público.

»Y para que estas ceremonias se hagan tanto particular como oficialmente, según su forma y ritual, que aquellos que lo ignoren lo aprendan de los sacerdotes públicos. De éstos, tres deben ser las categorías: una, que está al frente de las ceremonias y de los sacrificios; otra, que interpreta las palabras misteriosas de los que predicen el destino y de los adivinos y a los cuales nombra el Senado y el pueblo; y los intérpretes de Júpiter Óptimo Máximo, los augures públicos[519], que vean los acontecimientos que han de suceder en los presagios y en los auspicios; que conserven su arte; que los sa-   21 cerdotes observen los augurios en relación con los viñedos, las plantaciones de mimbre y la seguridad de su pueblo; quienes vayan a emprender acciones de guerra o asuntos de Estado sean informados previamente de los auspicios y a ellos obedezcan. Que prevean la cólera de los dioses y obedezcan sus deseos; que observen la regularidad de los relámpagos del cielo sobre regiones determinadas del mismo. Y que mantengan la ciudad, los campos y los templos libres y consagrados. Y la acción que un augur tachara de injusta, nefasta, irregular o siniestra, quede anulada y sin realizarse, y quienes no obedecieren sean reos de pena capital.

---

[517] Los fláminones fueron tres en principio (cfr. *rep.* II, 26 y n. 156) y estaban adscritos a los dioses que componían la Tríada Capitalina (Júpiter, Marte y Quirino).

[518] Véase n. 158 y el § 29 de este mismo libro.

[519] Cfr. *rep.* II, 36 y n. 154, así como el 30 y ss. de este mismo libro.

IX   »De los tratados de paz y de guerra y de la ratificación de las treguas, sean árbitros y embajadores los feciales[520]; que ellos decidan sobre las guerras.

»De los prodigios y monstruosidades, dese cuenta si el senado lo ordenare, a los arúspices etruscos[521]; que la Etruria se encargue de enseñar este arte a los ciudadanos más nobles. Que se hagan sacrificios expiatorios a los dioses que determinaren y asimismo que se purifiquen los lugares que hubieren sido iluminados y heridos por el rayo.

»No haya sacrificios nocturnos celebrados por mujeres, a excepción de aquellos que se hagan en favor del pueblo de acuerdo con la costumbre. Ni tampoco se proceda a la iniciación de nadie en misterios; exceptúese en el caso del culto griego a Ceres[522], como es costumbre.

22   »La comisión de un sacrilegio que no pueda ser expiado, que quede bajo la consideración de "cometido impíamente"; el que pueda ser expiado, que se encarguen de su expiación los sacerdotes públicos.

»En los espectáculos públicos, en la parte que se desarrolla sin carreras y sin combates cuerpo a cuerpo, que se modere la alegría popular con los cantos y con las liras y flautas, y adécuese al honor debido a los dioses[523].

»De los ritos de los antepasados, cultívense los mejores.

»Que nadie haga colectas, excepción hecha de los siervos de la madre del Ida[524], y éstos en los días señalados.

»Quien hurtare o robare algún objeto sagrado o encomendado a la custodia de un lugar sagrado, incurra en delito de parricidio.

---

[520] El cometido de los *feciales* era el de hacer de heraldos de la paz y exigir la reparación de agravios. Cuando esto no se cumplía declaraban la guerra en nombre del pueblo romano. Cfr. nota 163 y § 34 de este mismo libro.

[521] Sacerdocio de origen etrusco encargado de examinar las entrañas de las víctimas.

[522] Ceres es nombre romano identificado con la diosa griega Deméter, diosa de la agricultura. Su culto comenzaba con la iniciación en los misterios de Eleusis.

[523] Los «Juegos Públicos» tienen un origen religioso y guardaron siempre este carácter.

[524] Los sacerdotes de Cibeles, llamada también Gran Madre de los Dioses. El apelativo de Madre del Ida le viene por el monte Ida, en Frigia. Sus sacerdotes, los «galos» –que acostumbraban a castrarse a sí mismos en las fiestas orgiásticas dedicadas a la diosa–, iban en procesión tocando sus instrumentos y recaudando las limosnas de los espectadores (cfr. Lucrecio, 2, 598-645). Los romanos no podían pertenecer a este sacerdocio.

»Que el perjurio tenga como castigo divino la muerte; como castigo humano, la deshonra.

»El incesto sea castigado por los pontífices con el suplicio supremo.

»Que el impío no ose aplacar con regalos la cólera de los dioses.

»Que los votos se cumplan escrupulosamente; que haya un castigo para la violación de esa norma.

»[Por lo tanto] que nadie consagre un campo. Que se ponga un límite a la consagración de oro, plata y marfil.

»Que los ritos sagrados familiares se conserven por siempre.

»Que los derechos de los dioses manes[525] sean inviolables. Que los difuntos sean considerados de carácter divino. Que se reduzca el gasto y los funerales en su honor.»

ÁTICO.—¡En qué pocas palabras has encerrado una gran ley! x 23 Pero, por lo que a mí me parece, la constitución religiosa que acabas de darnos no discrepa mucho de las leyes de Numa[526] ni de nuestras costumbres.

MARCO.—¿No crees tú que una vez que parece que Africano nos ha convencido, en aquel tratado sobre la república, que de todas las formas de Estado existentes aquella nuestra antigua república fue la mejor[527], teníamos la obligación de dar a esa república tan perfecta unas leyes dignas de ella?

ÁTICO.—Por supuesto, así lo creo.

MARCO.—Pues entonces, debéis esperar leyes capaces de mantener esa forma óptima de Estado; y si yo llegara a proponeros hoy leyes que no sean ni hayan sido de nuestra república, no obstante seguro que fueron costumbres tradicionales de nuestros antepasados, que entonces tenían el mismo valor que la ley.

ÁTICO.—Pues realiza la defensa de esa misma ley, por favor, 24 para que yo pueda votar «Sí, como tú propones»[528].

MARCO.—¿Qué dices, Ático? ¿Es que no te vas a pronunciar de otra forma?

---

[525] Los *Manes* son los espíritus de los muertos.
[526] Cfr. *rep*. II, 26.
[527] Cfr. *rep*. I, 70.
[528] En los comicios, las fórmulas utilizadas para la votación mediante tablilla eran V. R. (*Vti rogas* «como tú propones»), en el caso de que el voto fuese afirmativo; o bien A. (*Antiquo* = «la rechazo») si era negativo.

ÁTICO.—En los aspectos más importantes, no; y en los aspectos de detalle, si te parece, me confiaré a ti.

QUINTO.—Yo soy de la misma opinión.

MARCO.—Pero ved que no se alargue.

ÁTICO.—¡Ojalá se alargara! ¿Pues qué podíamos hacer mejor?

MARCO.—La ley ordena[529] que se vaya ante los dioses con pureza; pureza de espíritu, claro, en lo que se incluye todo. Y no excluye la castidad respecto al cuerpo, sino que debe quedar claro que siendo el espíritu muy superior al cuerpo y que se va a observar la norma de presentarse con castidad respecto al cuerpo, mucho más habrá de observarse ésta en relación con el espíritu. Pues, la impureza del cuerpo se quita con un riego de agua o con el paso del tiempo; la del alma no puede desaparecer por mucho tiempo que pase, ni se puede lavar en río alguno.

25   El hecho de mandar que se observe con ellos la piedad y que se les aparte la opulencia, significa que la rectitud moral es grata a la divinidad y que ha de eliminarse el gasto excesivo. ¿Que por qué? Si queremos que la condición de pobre sea igual a la de rico incluso entre los hombres, ¿por qué vamos a impedirle a aquélla el acceso a los dioses volviendo su culto suntuoso? Sobre todo teniendo en cuenta que a la propia divinidad nada le iba a resultar más desagradable que el hecho de que no estuviese abierto para todos el camino que lleva a aplacarlo y a rendirle culto. El que se instituya como demandante al propio dios, en lugar de un juez, parece consolidar el sentimiento religioso ante el miedo a un castigo inevitable.

Rendir culto a dioses nuevos o extranjeros entraña confusión de religiones y ceremonias desconocidas para nuestros 26   sacerdotes. En efecto, parece bien que se rinda culto a los dioses que ya fueron aceptados por nuestros antepasados, con tal de que nuestros antepasados hubieran obedecido también a esta ley.

Que haya santuarios en las ciudades, estoy de acuerdo; y no lo estoy con los magos de Persia[530], de quienes se dice que indujeron a Jerjes a que incendiara los templos de Grecia,

---

[529] Aquí comienza el comentario de la ley propuesta por Cicerón en los § 19-22.
[530] Sacerdotes de Zoroastro.

con el pretexto de que tenían encerrados a los dioses en sus
paredes, para los que todo debería ser un espacio abierto y
libre, pues su templo y residencia lo constituía todo este
mundo. Mejor actuaron los griegos y nuestros antepasados,   xi
quienes para fomentar la piedad hacia los dioses, quisieron
que habitaran las mismas ciudades que nosotros. Esta creencia proporciona una útil idea religiosa a las ciudades, si es
que tuvo razón Pitágoras, aquel hombre tan sabio, que dijo
que la piedad y el sentimiento religioso anidan en nuestras
almas sobre todo cuando nos entregamos a los actos relacio-
nados con la divinidad; y también aquello de Tales, que fue
el más sabio de los Siete[531], que afirmó la conveniencia de
que los hombres creyeran que todo lo que ven está lleno de
dioses, pues todos se volverían más castos, tal como cuando
se encuentran en los templos en los que hay un mayor ambiente de religiosidad. Pues se produce, según cierta opinión, una manifestación visual de los dioses y no sólo men-
tal. La misma razón de ser tienen los bosques sagrados en los   27
campos. Y tampoco se ha de repudiar el culto religioso a los
Lares, colocados a la vista de todos ante la finca y la casa,
culto que nos ha sido transmitido por nuestros antepasados,
tanto a los amos como a los siervos.

Llegamos ahora a lo de conservar los ritos de la familia y
de los antepasados; es decir, dado que la antigüedad se acerca a muy poca distancia de los dioses, se ha de cuidar del
hecho religioso como si nos hubiera sido transmitido por los
dioses.

El que la ley ordene rendir culto a los que, siendo de origen humano, han sido consagrados, como es el caso de Hércules y otros, quiere decir que las almas de todos son inmortales, pero que las de los valerosos y buenos son divinas. Está   28
muy bien que se divinice el Intelecto, la Piedad, la Virtud y
la Fidelidad humanas, a todas ellas hay dedicados templos
públicos en Roma, de forma que quienes las posean –y las
poseen todos los buenos– consideren que los propios dioses
se han instalado en sus almas. Lo que es perverso es lo que
hicieron en Atenas con motivo de la expiación del crimen de
Cilón y a propuesta del cretense Epiménides: levantar un

---

[531] Cfr. nota 28.

templo a la Injuria y a la Impudencia[532]. Es a las virtudes y no a los vicios a las que hay que divinizar. El viejo altar de la Fiebre en el Palatino y aquel otro de la Mala Fortuna en el Monte Esquilino han de ser reprobados de la misma forma que hay que repudiar todas las cosas de este tipo. Pero si se han de inventar nombres, sean mejor los de Vica Pota [de la idea de «vencer» y de «poder»] el de Stata [de «mantenerse firme»][533], y en cuanto a apelativos, los de Stator[534], e Invicto, propios de Júpiter; y en cuanto a nombres de cosas deseables, los de Salud, Honor, Riqueza y Victoria; y, dado que por la esperanza de cosas buenas se levanta el ánimo, con razón fue divinizada también por Calatino[535] la Esperanza. Divinícese también la Fortuna del día de Hoy (pues vale para todos los días) o la Fortuna Vigilante para prestarnos ayuda, o la de la Suerte en la que los sucesos inciertos se señalan más, o la Natalicia de nacer...[536].

XII 29   El sistema de cómputo de los días de ferias y festivos conlleva el cese de litigios y querellas para los hombres libres y el de trabajos y labores para los siervos. La ordenación del año debe hacer coincidir estos días con el término de las faenas agrícolas. Para que se guarden para este tiempo las ofrendas de los sacrificios y las crías de ganado que están prescritas en la ley, se ha de poner especial cuidado en el cómputo de la intercalación, cosa que fue sabiamente instituida por Numa y que terminó por relajarse a causa de la negligencia de los pontífices posteriores[537]. Y no se debe alterar lo instituido por los pontífices y arúspices acerca de

---

[532] Cilón, vencedor de los Juegos Olímpicos, trató de instaurar la tiranía, tras apoderarse de la Acrópolis con un grupo de hombres armados. Fracasó y logró huir, pero sus hombres fueron muertos, a pesar de haberse refugiado en el altar de Atena Políade y de las Euménides. Se hacía necesaria la purificación de este sacrilegio y para ello se hizo venir de Creta a Epiménides.

[533] Lo encuadrado entre corchetes parecen ser glosas de algún copista o comentador. *Vica Pota* es la diosa de la Victoria y de la Conquista. *Stata* es Vesta.

[534] *Stator* «que detiene a los que huyen».

[535] Aulo Atilio Calatino, cónsul en 258, dedicó un templo a la Esperanza.

[536] Hay una laguna en el texto.

[537] La falta de concordancia entre el año solar y los doce meses lunares se paliaba intercalando de vez en cuando un mes *(mensis intercalaris);* de ello se encargaban los pontífices; pero, ya fuera por negligencia o por motivaciones políticas (para retrasar el nombramiento de un magistrado, por ejemplo), dejaron de hacerlo. Julio César reformaría el calendario introduciendo los años bisiestos y los meses alternativos de 30 y 31 días.

qué víctimas se han de sacrificar a cada uno de los dioses; a qué dioses se le han de ofrecer animales adultos; a cuáles, lechales; a cuál, machos, a cuál hembras.

El que haya varios sacerdotes para el conjunto de los dioses, así como un sacerdote asignado a cada uno de los dioses en particular, tiene como misión el hacer posible la evacuación de consultas de derecho y la realización de las ceremonias religiosas. Y ya que Vesta ha tomado bajo su protección eso que podríamos llamar «el hogar de la ciudad», que es lo que el nombre de la diosa significa en griego, pues nosotros conservamos en la traducción casi la misma palabra griega[538], que estén al frente de su culto seis vírgenes, de forma que sea más fácil la vigilancia y custodia del fuego y puedan darse cuenta las mujeres, al verlas, que la naturaleza femenina es capaz de una castidad total.

Lo que sigue, en cambio, no sólo atañe a la religión, sino también a la estabilidad política, a saber: que no se pueda dar cumplimiento al culto religioso privado sin el concurso de los que están al frente de las ceremonias públicas. En efecto, sostiene al Estado el hecho de que el pueblo siempre esté necesitado del consejo y autoridad de los aristócratas. La organización sacerdotal no excluye ningún género de religión legítima. Pues hay unos destinados a aplacar a los dioses, que son los que dirigen las ceremonias solemnes; otros, a interpretar las predicciones de los adivinos, que no son muchos para evitar que fuera interminable y para que nadie que no perteneciera al colegio pudiera conocer las mismas predicciones que eran tomadas en consideración oficialmente. Por otra parte, el derecho más grande e importante en la república es el de los augures, dotado al mismo tiempo de un gran prestigio y autoridad[539]. Y no es que yo opine así porque yo mismo sea augur[540], sino porque es necesario que se considere así. En efecto, si lo sometemos a la perspectiva jurídica, ¿hay algo más grande que tener facultad para disolver los comicios y asambleas convocados por los más altos magistrados y poderes, así como la de invalidar las que ya

30

31

---

[538] En griego *Hestía*.
[539] No es la única vez que Cicerón pone de relieve en sus escritos la relación etimológica entre *augur* y *auctoritas* (cfr. *har. resp.* 18).
[540] Cicerón fue propuesto para augur en el 53 por Hortensio y por Pompeyo.

hubieran tenido lugar? ¿Hay algo que pueda tener más importancia que la suspensión de una empresa ya iniciada sólo con que un augur dijera «para otro día»? ¿Hay algo más grandioso que el poder de decidir que los cónsules renuncien a su cargo de magistrado? ¿Hay algún derecho de carácter más sagrado que el de conceder o denegar la facultad de convocar al pueblo o a la plebe? ¿Y qué decir de la anulación de una ley no sometida a votación con arreglo a derecho, como fue el caso de la ley Ticia, invalidada con un decreto del colegio de augures, o el de la Livia, por decisión de Filipo[541], a la sazón cónsul y augur? ¿Y del hecho de no poderse ratificar ningún asunto llevado a cabo por un magistrado, tanto en tiempo de paz como de guerra, si no ha contado con la autorización de los augures?

XIII 32 ÁTICO.—¡Ea! Ahora es cuando veo claro y reconozco la importancia de eso. Pero existe en vuestro colegio un gran desacuerdo entre Marcelo y Apio, dos excelentes augures[542] –he consultado sus libros; para el uno, los auspicios han sido instituidos en interés de la República; el otro opina que vuestra ciencia es capaz de realizar la adivinación o algo así. Dinos qué opinas tú de esto.

MARCO.—¿Yo? Yo opino que la adivinación, que en griego se llama *mantiké* existe y que hay una parte de ésta que versa sobre las aves y demás presagios, lo que es objeto de nuestra ciencia. Si admitimos que hay dioses y que el mundo es regido por su inteligencia, dioses que velan por el interés del género humano y que pueden mostrarnos indicios de las cosas que van a suceder, no veo por qué negar que existe la
33   adivinación. Tales son las premisas que he planteado, de las que resultará y se deducirá lo que queremos. La historia de nuestra república, así como la de todos los reinos, pueblos y naciones, está llena de multitud de ejemplos de cosas que sucedieron y resultaron ser increíblemente ciertas de acuerdo con las predicciones de los augures. En efecto, no tendrían tanta fama Polido, ni Melampo, ni Mopso, ni Anfiarao, ni Calcante, ni Heleno[543], ni habrían conservado este

---

[541] Lucio Marcio Filipo, cónsul en 91.
[542] Gayo Claudio Marcelo, procónsul de Sicilia en 79. Apio Claudio Pulcro escribió una obra sobre la ciencia de los augures.
[543] Todos ellos son célebres adivinos de la época legendaria griega. Calcante, por ejemplo, es el augur oficial de los griegos en la guerra contra Troya.

arte tantos pueblos hasta hoy, como es el caso de los frigios, los licaones, los cilicios y, sobre todo, los pisidas[544], si la experiencia de los años no hubiese demostrado que eran ciertas tales cosas. Ni nuestro Rómulo habría fundado Roma tras tomar los auspicios[545], ni el nombre de Atio Navio[546] hubiera perdurado tanto tiempo en el recuerdo, si todos ellos no hubieran predicho cosas asombrosamente ciertas. Pero no hay duda de que esta disciplina y arte de los augures se ha desvanecido ya por efecto de la vejez y de la negligencia. Por ello no estoy de acuerdo con quien dice que esta ciencia no ha existido jamás en nuestro colegio, como tampoco lo estoy con quien piensa que todavía existe. Yo creo que entre nuestros antepasados esa ciencia tuvo un uso doble, de manera que muchas veces se aplicaba a circunstancias políticas difíciles, pero más frecuentemente en los momentos de decidir alguna empresa.

ÁTICO.—¡Por Hércules! Creo que así es; y estoy muy de acuerdo con ese razonamiento. Pero continúa con el resto. 34

MARCO.—Continuaré y, en la medida de lo posible, con brevedad. Viene a continuación lo relativo al derecho de la guerra, en cuya declaración, ejecución y cese hemos sancionado por ley que sea la justicia y la lealtad las que tengan más valor y que de todo ello hay intérpretes oficiales del Estado. XIV

En cuanto a las prácticas religiosas de los arúspices, las expiaciones y purificaciones, creo que ya ha quedado suficientemente explicado en la propia ley.

ÁTICO.—Estoy de acuerdo, pues toda esta exposición ha versado sobre aspectos religiosos.

MARCO.—Pero respecto a lo que viene ahora, yo me pregunto, Tito, de qué manera tú vas a estar de acuerdo o cómo voy yo a censurarlo.

Heleno, hijo de Príamo, predijo a su hermano Paris las desgracias que se derivarían de su viaje a Grecia (en el que raptó a Helena).

[544] En su tratado *El arte adivinatoria* (*diu.* 1, 94), alude también Cicerón a estos pueblos como expertos en estas artes.

[545] Según la leyenda, el acto de la fundación de Roma comenzó por la toma de los auspicios por parte de Rómulo y Remo, resultando éstos favorables al primero.

[546] Adivino de la época de Tarquinio. Con su actuación, según nos cuenta Tito Livio (I, 36), creció tanto el prestigio de los augures que, en adelante, no se llevó a cabo ninguna empresa civil y militar sin haber tomado antes los auspicios.

35 ÁTICO.—¿Qué es ello entonces?

MARCO.—Los sacrificios nocturnos realizados por mujeres.

ÁTICO.—En eso yo estoy de acuerdo contigo, sobre todo con la excepción del sacrificio público y solemne que contempla la propia ley.

MARCO.—Entonces, ¿qué van a hacer Jaco[547] y tus queridos Eumólpidas[548] y aquellos sagrados misterios, si abolimos los sacrificios nocturnos? Pues estamos dando las leyes no al pueblo romano, sino a todos los pueblos buenos y estables.

36 ÁTICO.—Yo supongo que exceptúas aquellos misterios en los que nosotros mismos nos hemos iniciado.

MARCO.—Es cierto, yo hago esa excepción. Y a mí me parece que entre las muchas cosas excelentes y divinas que ha generado y aportado a la vida humana tu querida Atenas, ninguna mejor que los famosos misterios; por medio de ellos fuimos apartados de una vida salvaje y bárbara y educados y refinados en el humanismo; y aprendimos lo que ellos llaman «inicios» y que son en realidad principios de la vida; y no sólo aprendimos el método de vivir con alegría, sino incluso de morir con la esperanza de algo mejor. Pero los poetas cómicos se encargan de mostrarnos qué es lo que no me agrada a mí de las celebraciones nocturnas[549]. Si en Roma estuviera permitido, ¿qué hubiera llegado a hacer aquel que introdujo su premeditada lujuria en un sacrificio, lugar al que ni siquiera estaba permitido dirigir la vista aunque fuera de manera involuntaria?[550].

ÁTICO.—Bien, tú propón esa ley a Roma; no nos vayas a quitar a nosotros las nuestras[551].

xv 37 MARCO.—Entonces vuelvo a las nuestras. Éstas han de sancionar con especial claridad que el buen nombre de las mujeres lo guarda la luz del día ante los ojos de muchos; y que se

---

[547] Jaco es el nombre de un dios relacionado con Deméter y Perséfone, pero que es comúnmente identificado con Baco.

[548] Los Eumólpidas forman una familia sacerdotal que se consideraba descenciente de Eumolpo, a quien se atribuía la institución de los misterios de Eleusis.

[549] Plauto (*Aul.* 36) sitúa la violación de la doncella Fedra en la fiesta nocturna a Ceres. Lo mismo ocurre en *El Arbitraje* de Menandro (234 y ss.).

[550] Alusión a Clodio que se había introducido en casa de César, vestido de mujer, con ocasión de los ritos religiosos nocturnos en honor de la *Bona Dea* (a. 62), en los cuales no estaba permitida la participación de los hombres.

[551] Esto es, las de Atenas.

inicien en el rito a Ceres tal como se practica en Roma. La
severidad de nuestros mayores en esta materia la muestran el
antiguo decreto del Senado sobre las Bacanales[552] y el proceso y represión realizados por los cónsules en los que hicieron
intervenir al ejército. Además –no vayamos a parecer nosotros demasiado severos–, Diagondas de Tebas[553] prohibió
para siempre todas las celebraciones nocturnas, en el propio
centro de Grecia y mediante una ley. Respecto a los nuevos
dioses y a las vigilias nocturnas en las que se les rinde culto,
Aristófanes, el poeta más ingenioso de la Comedia Antigua,
los zahiere hasta tal punto que en sus comedias Sabacio y
algunos otros dioses, tras ser juzgados como extranjeros, son
desterrados de la ciudad[554].

Por otra parte, el sacerdote público debe liberar de temor
la acción no intencionada, una vez expiada mediante la reflexión y que condene y juzgue impía la osadía de introducir
infames pasiones en las ceremonias religiosas.

Vienen ahora los juegos públicos y, ya que están divididos   38
en juegos de teatro y juegos de circo, que el circo se destine a
las competiciones físicas, carreras, pugilatos, luchas y las carreras de caballos cuyo final es decidido por una victoria segura; que el teatro se llene de los sones del canto, de las liras y de
las flautas, siempre que sea con moderación tal como prescri-
be la ley. Pues estoy de acuerdo con Platón[555] en que nada
influye más fácilmente en unos espíritus tiernos y flexibles que
los variados tonos de la música, cuyo poder para conseguir
tanto una cosa como su contraria apenas si es posible expresar
con palabras. En efecto, estimula a los que están decaídos y
hace decaer a los excitados; tan pronto libera los ánimos como
los contrae; y muchas ciudades de Grecia mostraron su interés en mantener el ritmo antiguo de su música[556]; sus costumbres, deslizándose hacia el refinamiento, cambiaron al mismo
tiempo con sus cantos; depravadas por esa dulzura corrupto-

---

[552] Del a. 186 a.C., felizmente conservado hasta hoy, inscrito en una tabla
de bronce.
[553] Personaje del que nada más se sabe.
[554] Aristófanes (*ca.* 445-380) es el máximo representante de la Comedia
Antigua. Sabacio es un dios frigio que fue asimilado a Dioniso (Baco).
[555] Cfr. *La República*, 3, 401d.
[556] Platón encomienda a *los guardianes* de su *República* (4, 424b) velar
por que no se innove nada en la música en contra del orden establecido.

ra, según unos; o bien fue cuando su austeridad cedió ante otros vicios cuando tuvo cabida también esta transformación

39   en unas almas y en unos oídos ya cambiados. Ésa es la razón por la que el hombre más sabio y más docto de Grecia teme tanto esta degeneración. En efecto, dice que no se pueden transformar las leyes musicales sin que resulten transformadas las leyes políticas[557]. Yo, por mi parte, considero que ni se ha de temer tanto tal cosa, ni se ha de despreciar por completo. Lo estamos viendo nosotros, el que solía llenarse de la austera alegría de los ritmos de Livio y de Nevio[558], ese mismo teatro para que ahora aplauda[559]... contorsionan los cuellos y los ojos, siguiendo las inflexiones del ritmo. En otros tiempos, la antigua y famosa Grecia castigaba severamente esas cosas, previendo con mucha anticipación que, si aquella corrupción se infiltraba poco a poco en las almas de los ciudadanos con sus malvadas aficiones y enseñanzas, acabaría por destruir totalmente y de improviso a las ciudades; la austera Lacedemonia, si es ello verdad, ordenó cortar todas las cuerdas que sobrepasaran el número de siete de la lira de Timoteo[560].

XVI 40   A continuación aparece en la ley eso de que de los ritos de los antepasados se cultiven los mejores. Acerca de lo cual, como los atenienses consultaron al Apolo Pitio qué prácticas religiosas debían conservar principalmente, éste fue el oráculo que les dio: «Las que fueran costumbre de los mayores». Y como volvieran allí diciendo que la costumbre de los mayores había sido cambiada muy a menudo y preguntaran qué costumbre habían de seguir principalmente entre las varias que había, les respondió: «la mejor». Y no hay duda de que así es: que se ha de tener como lo más antiguo y próximo a dios aquello que sea lo mejor.

Hemos suprimido la colecta, haciendo excepción de la de la Madre del Ida[561], que se realiza durante unos pocos días. En efecto, la colecta llena los espíritus de superstición y a las casas las deja vacías.

[557] *La República*, 4, 424c. Se trata de una cita casi literal.
[558] Livio Andronico y Gneo Nevio (siglo III), poetas que inauguran la Historia de la Literatura Romana.
[559] Hay aquí una laguna en el texto, según señaló Ziegler.
[560] Timoteo de Mileto (siglos V-VI), poeta que, según la tradición, añadió cuatro cuerdas más a las siete usuales.
[561] Cfr. nota 524.

Se determina un castigo para el sacrílego: y no sólo para el que arrebatare algo sagrado, sino también para el que lo hiciere con lo confiado a lugar sagrado. Lo cual también se 41 hace ahora en muchos lugares sagrados, y se cuenta que Alejandro en Cilicia, también depositó dinero en un templo de Soli; y Clístenes, el ilustre ciudadano ateniense, confió la dote de sus hijas a Juno de Samos, al sentir temor por su hacienda privada. Y ya respecto a los perjurios e incestos nada hay que decir, al menos en este lugar.

Que los impíos no osen aplacar a los dioses con regalos; que se escuche a Platón[562], quien no deja lugar a dudas sobre qué pensará la divinidad, toda vez que ningún hombre bueno acepta recibir regalos de un hombre malvado.

Sobre el cuidado que se ha de poner en el cumplimiento de los votos se ha dicho ya suficiente en la propia ley[563]… y la promesa del voto con la que nos obligamos con la divinidad. El castigo impuesto a la violación del deber religioso no admite recusación legítima. ¿Para qué voy a poner aquí ejemplos de criminales, si de ellos están llenos las tragedias? Prefiero más bien tratar de lo que tengo ante los ojos. Y aunque temo que parezca que sobrepasa la fortuna humana esto que traigo a colación, no obstante, puesto que se trata de una conversación con vosotros, no me lo callaré y querría que lo que voy a decir resultara más bien grato a los dioses inmortales antes que molesto a los hombres. Cuando fueron XVII 42 profanados los derechos religiosos en mi exilio[564] por el crimen de unos pérfidos ciudadanos, y fueron vejados mis Lares familiares, edificándose sobre sus moradas un templo al Libertinaje[565], y expulsándose de los lugares sagrados a quien se había encargado de guardarlos; repasad rápidamente en vuestra imaginación –pues no es pertinente nombrar a nadie– cuáles fueron las consecuencias de estas acciones; nosotros, que tras ser despojados y perder todos nuestros bienes no consentimos que la protectora de la ciu-

---

[562] *Las Leyes,* IV, 716e.
[563] Aquí señaló Vahlen una laguna.
[564] Cicerón tuvo que partir al exilio (del 58 al 57), por haber condenado a muerte, sin proceso, a los responsables de la conjuración de Catilina.
[565] Clodio, instigador político y enemigo de Cicerón, hizo levantar un templo sobre el solar de su casa, dedicado a la Libertad.

dad fuera violentada por los impíos y desde nuestra casa la llevamos a la casa de su propio padre[566], conseguimos el reconocimiento por parte del Senado, de Italia, y finalmente, de todas las naciones, de haber salvado a la Patria. ¿Pudo sucederle a algún hombre algo más insigne? Aquellos a causa de cuyo crimen las religiones fueron arrumbadas y maltratadas yacen en parte destrozados y dispersos; pero los que fueron cabecillas de éstos y de sus crímenes, aquellos cuya impiedad contra todo lo religioso sobrepasó a todos, no sólo no escaparon en vida al tormento y al deshonor, sino que incluso se vieron privados de la sepultura y de las exequias que les hubieran correspondido[567].

43 QUINTO.—Conozco esos hechos, hermano, y doy gracias a los dioses que bien se lo merecen. Pero con demasiada frecuencia vemos que las cosas marchan un poco de otra manera.

MARCO.—No valoramos justamente, Quinto, cuál es el castigo divino, sino que somos arrastrados al error por las opiniones del vulgo y no distinguimos la verdad. Ponderamos las miserias humanas a partir de la muerte, del dolor físico o espiritual, de una condena judicial, cosas que estoy de acuerdo en que son humanas, y que les han sobrevenido a muchas personas buenas. Severo es el castigo del crimen, y además de las secuelas que conlleva, constituye por sí mismo la pena máxima. Hemos visto a esos que si no hubieran sentido odio por la patria nunca hubieran sido enemigos nuestros, inflamados por el deseo, por el miedo o temerosos ante la conciencia de su acción inmediata; despreciando otras veces las instituciones religiosas y judiciales, corruptas por ellos mismos; por depravación de los hombres, no de los dioses.

44   Voy a contenerme ya y a no proseguir más lejos, y ello no tanto porque tengo una cantidad mayor de castigos que la que pedí. Me limitaré a exponer brevemente que el castigo divino tiene una doble vertiente ya que consta del remordimiento de los vivos y de la mala reputación para los muertos, hasta tal punto que su muerte es aprobada no sólo con una decisión, sino incluso con alegría por parte de los vivos.

---

[566] Cicerón guardaba en su casa una estatua de Minerva, que depositó en el templo de Júpiter en el Capitolio antes de partir para el exilio (cfr. Plutarco, *Cicerón,* 31).

[567] El cadáver de Clodio fue llevado por sus secuaces a la Curia, en donde lo quemaron y abandonaron sin exequias (cfr. Cic. *Mil.* 86).

Que los campos de cultivo no se consagren. Estoy de xviii 45 acuerdo totalmente con Platón, quien se expresa más o menos con estas palabras, si es que he logrado interpretarlo: «Así pues, la tierra, lo mismo que el hogar de las casas, es lugar consagrado a todos los dioses. Por lo tanto que nadie consagre de nuevo lo mismo. Por otra parte, el oro y la plata, tanto en las ciudades como en privado o en los templos, es algo que incita a la envidia. El marfil, extraído de un cuerpo sin vida, es una ofrenda no suficientemente pura para un dios. El bronce y el hierro son ya instrumentos propios para la guerra, no para un lugar sagrado. De madera, en cambio, que cada cual haga la ofrenda que quiera pero que conste de una sola pieza de madera; lo mismo en cuanto a la piedra en los templos públicos; respecto al tejido, que su confección no sobrepase el trabajo que una mujer realiza en un mes. Por otra parte, es el color blanco el que conviene de manera especial a la divinidad; en todas las cosas, pero principalmente en los tejidos; en cambio, prohíbanse los teñidos, a excepción de las enseñas de guerra. Sean las ofrendas más propias de la divinidad las aves y las figuras terminadas en un solo día y por un solo pintor; asimismo, las demás ofrendas sigan el ejemplo de ésta[568].» Éstos son los deseos de aquél. Pero yo, vencido por los vicios humanos o por los recursos de los tiempos actuales, no pongo unos límites tan estrictos respecto a las demás cosas: sospecho que el cultivo de la tierra sería más torpe, si a la hora de servirse de ella o de someterla al hierro se interpusiera algún tipo de superstición.

ÁTICO.—Para mí está claro eso. Ahora no falta tratar del carácter perpetuo de los ritos sagrados y del derecho de los Manes.

MARCO.—¡Admirable memoria la tuya, Pomponio! A mí ya se me había escapado eso.

ÁTICO.—Así me parece. No obstante, si yo recuerdo esos temas 46 y estoy impaciente por oírlos es, sobre todo, porque atañen al derecho pontifical y al civil.

MARCO.—Ciertamente, muchas son las respuestas y los escritos que han dejado los más expertos acerca de estos asuntos; yo, por mi parte y a lo largo de toda esa nuestra conversación, cualquiera que sea el género de ley a que nos condujera

---

[568] Todo el texto entrecomillado es una traducción que Cicerón hace de Platón, *Las Leyes*, XII, 955e-956b.

nuestra discusión, examinaré en la medida de lo posible la
parte de nuestro derecho civil tocante a ese mismo tipo; pero
de forma tal que sea bien conocido el pasaje fundamental de
donde se deduzca cualquier parte del derecho, de manera
que no sea difícil, para quien sea capaz de desenvolverse con
su sola razón, obtener la solución jurídica de cualquier causa
o problema nuevo que se le presentara, una vez conocida la
fuente fundamental adonde habrá de ir a buscarla.

XIX 47   Pero los jurisconsultos, sea por divagar para que parezca
que saben muchas cosas y muy difíciles, sea por lo que es
más verosímil, por no saber enseñar –pues no sólo el conocimiento es objeto de arte, sino que existe también un arte de
enseñar– es por lo que muchas veces dividen hasta el infinito
cuestiones que descansan en un solo y único concepto. A
propósito de esto, y como ejemplo, ¡qué amplitud no le dan
los Escévolas[569], pontífices los dos, y ambos expertísimos del
derecho! «A menudo» –dice el hijo de Publio– «oí a mi padre decir que no se es buen pontífice si no se conoce el derecho civil.» ¿Todo? ¿Por qué? ¿Qué le interesa a un pontífice
el derecho relativo a las paredes, a las aguas o a cualquier
otro tema que no esté relacionado con la religión? ¡Qué poquito representa esto! En mi opinión, los ritos religiosos, los
votos, las ferias, los sepulcros y alguna cosa más de este tipo
si la hay. ¿Por qué, entonces, le damos tanta extensión siendo cuestiones tan pequeñas? Sobre los ritos religiosos, materia bastante extensa, téngase esa única norma: que se conserven siempre y que se transmitan de familia en familia y, tal
como dispuse en la ley, que los ritos sagrados tengan carácter
48   perpetuo. Gracias a la autoridad de los pontífices se consiguieron esos principios y derechos: para que no cayeran en
el olvido los ritos religiosos con la muerte del cabeza de familia, se adscribían juntamente con el dinero a aquéllos en
quienes recaía la herencia a la muerte de aquél. Planteado
este único principio, que es suficiente para el conocimiento
de la disciplina, surge una multitud enorme de cuestiones de
las que se llenan los libros de los jurisconsultos. En efecto, se
preguntan que quiénes están obligados a los ritos religiosos.
La razón de que sean los herederos es la más justa; pues no

---

[569] Parece referirse a Publio Mucio Escévola (cónsul en 133) y a Quinto
Mucio Escévola (cónsul en 95), hijo del anterior; ambos fueron pontífices.

hay ninguna persona que pueda hacer mejor las veces de quien ya abandonó esta vida. En segundo lugar, el que a la muerte de éste y por testamento obtiene una cantidad tan grande como la de todos los herederos: tal cosa también es conforme a la norma pues está de acuerdo con el objetivo propuesto. En tercer lugar, y si no hubiere heredero, el que hubiere obtenido por usucapión la propiedad de la mayor parte de los bienes que eran de aquél en el momento de su muerte. En cuarto, si no hubiere nadie que hubiere obtenido alguna cosa de su propiedad, que sea aquel de los acreedores que se reserve la mayor parte. Y finalmente, está aquella per- 49 sona que, debiendo dinero al que murió y no habiéndole satisfecho la deuda a nadie, sería considerado como si hubiera obtenido tal cantidad.

Esto es lo que nos enseña Escévola, pero que no fue así xx prescrito por los antiguos. Estos lo exponían con estas palabras: de tres maneras se adquiere la obligación de los ritos sagrados: por herencia, por haber obtenido la mayor parte de su fortuna o habiendo sido legada la mayor parte de la fortuna si obtuviere algo de ella. Pero sigamos al pontífice. 50 En consecuencia, estáis viendo que todo depende de aquel principio general: que la voluntad de los pontífices es que los ritos sagrados vayan unidos a la fortuna y consideran que las ferias y ceremonias se han de adscribir a los mismos.

Y esto también lo enseñan los Escévolas: cuando hay partición, si en el testamento no se hubiere registrado la parte reservada, y éstos mismos recibieran menos que lo que se les deja a todos los otros herederos, que queden libres de las cargas religiosas. En los casos de donación, esto mismo se interpreta de manera distinta: lo que el cabeza de familia aprobó en la donación de alguien que esté bajo su propia potestad, es válido; lo que se hace sin su conocimiento, si no lo aprueba, no es válido. De estos planteamientos surgen mil 51 pequeñas cuestiones, que cualquiera que tenga inteligencia, si las refiere a la fuente de donde provienen, ¿no las entendería facilísimamente por sí mismo? Por ejemplo, si alguien tomara una cantidad menor para eludir la carga de los ritos sagrados y después alguno de sus herederos exigiese como su parte aquello que éste de quien él es heredero hubiere dejado de tomar, y esa fortuna sumada a la anterior no resultara menor que la que se hubiere dejado a todos los otros herederos, el que hubiere exigido esa cantidad está obligado, él solo sin los coherederos, a las cargas religiosas. Es más, también procuran que a quien le fuere legado más de lo que está permitido recibir libre de obligaciones religiosas, libere a los herederos testamentarios por el procedimiento del «cobre y la balanza»[570], especialmente porque en tal situación el asunto pierde el carácter de herencia y queda como si no hubiera sido legada tal fortuna.

XXI 52 A propósito de este punto y de otros muchos yo os hago la siguiente pregunta a vosotros, Escévolas, pontífices máximos y personas, a mi juicio, agudísimas, ¿qué razón hay para que juntéis el derecho civil con el pontifical? Pues en cierto modo con el conocimiento del derecho civil estáis aboliendo el pontifical. Las obligaciones religiosas han sido asociadas a la fortuna personal por la autoridad de los pontífices y no por ninguna ley. En consecuencia, si vosotros os limitarais a ser sólo pontífices, perduraría la autoridad pontifical; pero como sois al mismo tiempo expertísimos en derecho civil, resulta que con esta ciencia burláis aquélla. Los pontífices máximos Publio Escévola y Tiberio Coruncanio[571], así como los demás, decidieron que estaban obligados a las cargas religiosas los que recibieran tanta fortuna como el resto de los herederos.

53 Esto es derecho pontifical. ¿Qué se le añade a esto del derecho civil? La cláusula de la partición, previsoramente redactada: que se reserven cien sestercios. Con ello se inventó el método mediante el cual la fortuna quedaba libre de la carga de los deberes religiosos. ¿Y qué ocurre si el que hacía testamento no hubiese querido tomar esta precaución? He aquí lo que advierte al menos este jurisconsulto y pontífice al mismo tiempo: que tome menos cantidad de la que se le deja a todos los herederos. Los anteriores pontífices decían que tomara lo que tomara quedaba obligado; ahora en cambio queda libre de las cargas religiosas. Pero nada tiene que ver con el derecho pontifical, sino que procede esencialmente del derecho civil, el que se libere al heredero testamentario mediante el procedimiento del «cobre y la balanza», dejando el asunto en

---

[570] *Per aes et libram,* esto es, mediante una venta simulada; se trata del mismo ritual que describe Gayo (*Inst.* I, 119, etc.) en el que efectivamente se utilizaba una balanza y una pieza de cobre, símbolo del dinero pagado.
[571] Para Escévola, véase nota 569. Tiberio Coruncanio, cónsul en 288, es el primer Pontífice Máximo de origen plebeyo.

la misma situación que si el dinero no hubiera sido legado, si el legatario hizo prometer en contrato la misma cantidad que se le había legado, de forma que se le debiera tal cantidad de dinero de acuerdo con el contrato y tal no estuviera…

… un hombre muy instruido de quien fue muy amigo 54 Acio[572]; sin embargo, creo que se guiaba por el último mes del año que, lo mismo que para los antiguos era febrero, así para éste era diciembre[573]. Por otra parte, consideraba que era algo consustancial a la piedad rendir los honores fúnebres con el sacrificio de víctimas mayores.

Es tan grande la escrupulosidad en el culto religioso de los xxii 55 sepulcros que se afirma que no es lícito dar sepultura fuera de los ritos religiosos de su clan familiar, y así lo juzgó entre nuestros antepasados Aulo Torcuato[574], a propósito de la familia Popilia. Y los días *denicales,* así llamados a partir de *nex* [«muerte»], puesto que se celebran en honor de los muertos, no se llamarían ferias, como los días de descanso en honor de los demás dioses del cielo, si nuestros antepasados no hubieran tenido la voluntad de contar en el número de los dioses a los que hubieran abandonado esta vida. Es norma jurídica celebrarlas en días tales que no haya fiestas ni públicas ni privadas. Toda la ordenación del derecho pontifical muestra un gran escrúpulo y respeto religioso. Y no es necesario que nosotros hagamos una exposición minuciosa de cuándo termina el luto de una familia; o en qué tipo de sacrificios se inmolan corderos al Lar; o de qué modo se cubre con la tierra el hueso cortado a la víctima; o cuáles son las obligaciones jurídicas contraídas en la inmolación de una cerda; o a partir de qué momento una tumba reúne la condición de tumba y comienza a ser considerada con respeto religioso. En mi opi- 56 nión, el tipo más antiguo de sepultura es aquel que Ciro utiliza en Jenofonte[575], en efecto, el cuerpo es devuelto a la tie-

---

[572] Lucio Acio, poeta trágico nacido en 170; Cicerón llegó a conocerlo.
[573] Hasta el 153 a.C., el año comenzaba en marzo; de ahí los nombres de *Quintilis* (llamado *Julius* a partir de 44 a.C. en honor de Julio César), *Sextilis* (llamado *Augustus* a partir del 8 d.C. en honor de Augusto), *September, October, November* y *December,* esto es, mes quinto, mes sexto, etcétera.
[574] Aulo Manlio Torcuato; no se sabe nada seguro de este personaje.
[575] Cfr. *Ciropedia* 8, 7, 25 ss.: «Cuando muera, hijos míos, no coloquéis mi cuerpo sobre oro ni sobre plata, ni cualquier otra cosa; devolvedme a la tierra lo más rápidamente posible. Pues, ¿hay algo más feliz que verse mezclado con la tierra, la que produce y alimenta tantas cosas hermosas y buenas?».

rra, colocado y dispuesto de tal manera que queda cubierto como por el manto de su madre. La tradición cuenta que con ese mismo rito fue enterrado nuestro rey Numa en el sepulcro que está no lejos del altar del dios Fons[576]; y sabemos que la familia Cornelia ha usado este tipo de sepultura hasta nuestra propia época.

Sila, victorioso, ordenó dispersar los restos de Gayo Mario, enterrado junto al Anio, dejándose llevar por un odio más cruel que le convenía a una persona, si ésta hubiera sido tan prudente como apasionado se mostró él. Y no sé si porque temía que pudiera ocurrirle lo mismo a su cuerpo, fue él el primer patricio de la familia Cornelia que decidió ser incinerado. Dice Enio a propósito del Africano: «Aquí yace aquél». Y con razón, pues «yace» se dice de aquellos que son enterrados. Y, sin embargo, no adquiere la consideración de «su tumba» antes de que se hayan cumplido los ritos debidos y se haya hecho el sacrificio del cerdo. Y eso que ahora se dice, de manera general de todos los sepultados, que han sido *inhumados,* cosa que entonces era exclusiva de aquellos a los que la tierra[577] arrojada sobre ellos los había cubierto, costumbre que confirma el derecho pontifical. En efecto, antes de que se haya echado la tierra encima del esqueleto, el lugar donde ha sido quemado el cadáver no tiene carácter religioso: una vez echada la tierra encima, entonces aquél está inhumado, su tumba recibe el nombre de sepultura y es entonces, finalmente, cuando ésta queda abrazada por un gran número de derechos religiosos. Así, cuando alguien resulta muerto en un barco, siendo después arrojado al mar, su familia no tiene que purificarse, según un decreto de Publio Mucio[578], basándose en que su osamenta no estaría sobre tierra firme; el heredero está obligado a sacrificar una cerda, a guardar tres días de fiesta y a realizar un sacrificio expiatorio con un cerdo hembra[579]. Si hubiera muerto en el mar, pero sin violencia, tendría las mismas obligaciones con la excepción del sacrificio expiatorio y los días de fiesta.

[57]

[576] *Fons* (castellanizado, *Fonto*) es un dios-deificación de la naturaleza. Pasa por ser hijo de Jano.
[577] En latín *tierra* es *humus; inhumar* es, pues, «introducir en la tierra», «enterrar».
[578] Publio Mucio Escévola.
[579] Nótese el arcaísmo «cerdo hembra» *(porcus femina),* junto al más moderno «cerda» *(porca)* para la expresión del género.

ÁTICO.—Yo entiendo de qué trata el derecho pontifical, pero,   xxiii 58
pregunto, ¿qué es lo que contemplan las leyes?
MARCO.—Pocas cosas, Tito, y según creo, no desconocidas para
vosotros. Pero no se refieren tanto al carácter religioso como
al derecho sepulcral. Dice una ley de las Doce Tablas: «A un
hombre muerto ni se le sepulte ni se le queme en la ciudad».
Yo creo que por el peligro de incendio. Por otra parte, la
adición de «ni se le queme» demuestra claramente que sepultar no es incinerar, sino inhumar.
ÁTICO.—¿Y qué decir del hecho de que después de las Doce
Tablas se haya dado sepultura en la ciudad a hombres ilustres?
MARCO.—Yo creo, Tito, que se trata de casos como el de Poplícola, o el de Tuberto, a los que les fue concedido este honor
con anterioridad a la ley y como premio a su virtud, honor que
sus descendientes mantuvieron con todo derecho; o bien los
que, como Gayo Fabricio[580], consiguieron ser dispensados
de esta prohibición legal gracias también a su virtud. Pero lo
mismo que la ley prohíbe dar sepultura en la ciudad, se decretó también por el colegio de los pontífices que no era conforme a derecho hacer sepulcro en un lugar público. Conocéis el templo del Honor, fuera de la puerta Colina. Que
existió en ese lugar un altar nos lo recuerda la tradición. El
encontrarse allí una placa que llevaba inscrito «del Honor»
fue el motivo de que se le dedicara este templo. Pero, como
había muchos sepulcros en este lugar, fueron levantados por
el arado. En efecto, el colegio estableció que un lugar público no podía estar ligado a un culto religioso privado.

Las demás disposiciones de las Doce Tablas relativas a la   59
reducción de los gastos y a las lamentaciones fúnebres fueron casi todas tomadas de las leyes de Solón. Dice así: «No
se haga más que esto. Que no se pula la pira con el hacha».
Ya conocéis lo que sigue. En efecto, de niños aprendíamos
las Doce Tablas como un poema obligatorio; ya nadie se lo
aprende. Por lo tanto, una vez reducido el gasto funerario a
tres velos, una pequeña túnica de púrpura y diez flautistas,

---

[580] Publio Valerio Publícola (o Poplícola) es uno de los personajes legen-
darios de la transición de la Monarquía a la República (cfr. *rep.* II, 53 y notas
198 y 200). Aulo Postumio Tuberto fue cónsul y dictador de los primeros
tiempos de la República. Gayo Fabricio, cónsul por segunda vez en 278, destacó en la guerra contra Pirro; su austeridad era proverbial.

eliminó incluso la costumbre de la lamentación: «que las mujeres no se arañen las mejillas ni tengan el *lessus* fúnebre». Sexto Elio[581] y Lucio Acilio[582], antiguos comentaristas, dijeron que no entendían bien esta palabra, pero que sospechaban que debía significar algún tipo de vestido fúnebre. Para Lucio Elio[583], *lessus* significa más o menos un llanto lúgubre como la propia palabra indica[584]. Lo que considero más verosímil porque la ley de Solón prohíbe lo mismo. Son estas cosas dignas de elogio y valederas tanto para los ricos como para la plebe. Y es algo, sobre todo, natural el eliminar la discriminación de la fortuna en la muerte.

XXIV 60   Asimismo, las Doce Tablas suprimieron el resto del aparato funerario que tiende a aumentar la ostentación del dolor. Dice así: «que a una persona muerta no se le quiten huesos para hacerle después un funeral». Hace excepción de la muerte en guerra o en el extranjero. También aparecen en las leyes normas sobre la unción y sobre el banquete: «Suprímase la unción hecha por esclavos y todo acto de beber agrupados alrededor». Con razón se suprimen y no se suprimirían si no hubieran existido esas costumbres. «Que no haya aspersiones fastuosas, ni grandes coronas, ni incensarios». Pero se indica que las distinciones honoríficas se extienden hasta los muertos, ya que ordena que la corona producto de la virtud sea colocada sobre el que la ganó y sobre su padre sin que ello constituya fraude de ley. Yo creo que era muy frecuente que se realizaran varios funerales para un solo difunto y que se alzaran varios lechos mortuorios; también se prohibió por ley que se realizaran tales cosas. Y aunque en esta ley aparezca la prohibición de «que no se le deposite oro», ved cuán humildemente contempla la excepción otra ley [prescribe con otra ley]: «Pero quienes lleven unidos dientes de oro y se les sepultase o incinerase con ellos, considérese que no violan la ley». Y de paso observad que se toman como cosas distintas sepultar e incinerar.

61   Hay además otras dos leyes relativas a los sepulcros; una de las cuales vela por los edificios de los particulares; la otra,

---

[581] Sexto Elio Peto, cónsul en 198, jurista autor de los *Tripertita*.
[582] Jurista contemporáneo de Catón el Viejo.
[583] Lucio Elio Estilón, maestro de Cicerón y de Varrón.
[584] Se desconoce la etimología. Cicerón parece relacionarla con el verbo griego *elelizein* (De Plinval).

por los sepulcros propiamente dichos. En efecto, el hecho de que impida «que la pira funeraria o crematorio nuevo se erijan a menos de sesenta pies de las otras casas, sin el consentimiento del dueño», es por temor a un gran incendio[585]. Por otra parte, el hecho de que impida la usucapión sobre «el foro», esto es, el vestíbulo del sepulcro o sobre «el lugar de incineración», vela por el derecho de los sepulcros. Éstos son los preceptos que nos encontramos en las Doce Tablas y que sin duda siguen a la naturaleza, que es la norma de la ley. Los demás descansan en la costumbre: que se anuncie el funeral si hay juegos, que el director del funeral emplee ujier y lictores; que en un discurso ante los reunidos se recuerden 62 los honores de las personas ilustres, y que se acompañe con el canto al son de la flauta, acto que recibe el nombre de nenia[586], vocablo con el que también en griego se designan los cantos fúnebres.

ÁTICO.—Me causa alegría el que nuestro derecho esté de acuer-   xxv do con la naturaleza, y me causa una gran satisfacción también la sabiduría de nuestros antepasados. Pero yo exijo que, lo mismo que hay una limitación en el gasto para las demás cosas, la haya también para los sepulcros.

MARCO.—Muy bien exigido. Creo que ya has tenido ocasión de ver en el sepulcro de Gayo Fígulo[587], a qué grado de suntuosidad se ha llegado. Muchos ejemplos de nuestros antepasados que todavía hoy se pueden contemplar, nos muestran que en otro tiempo ese deseo de ostentación fue mínimo. Los intérpretes de nuestra ley, en el capítulo que ordena eliminar gasto excesivo y la ostentación del luto del derecho de los dioses Manes, deben entender en primer lugar que se ha de reducir la grandiosidad de los sepulcros. Y no fueron 63 descuidados estos aspectos por los más sabios de los legisladores. En efecto, en Atenas, permaneció en la costumbre de aquéllos, desde Cécrope[588], según cuenta, este derecho de inhumación en la tierra; una vez que los más allegados lo

---

585 Texto muy alterado, aunque ése parece ser el sentido.
586 Se desconoce la existencia en griego de *nenia,* pero en cambio existe *neníaton*, nombre de cierto canto frigio.
587 Quizá se trate de Gayo Marcio Fígulo, cónsul colega de César en 64, pero se ignora la fecha de su muerte.
588 Uno de los reyes míticos del Ática. Según la tradición, enseñó a los hombres a edificar ciudades y a enterrar a los muertos.

había realizado y se había cubierto de tierra el cadáver, se sembraba de cereales, en la idea de ofrecerle al muerto seno y regazo, como si de su madre se tratara; además, para devolverle a los vivos un suelo purificado por sus frutos. Le seguía el banquete al que asistían los allegados con coronas; una vez que se pronunciaba ante ellos un discurso laudatorio en honor del muerto, basado en la verdad –en efecto, mentir era considerado contrario a la ley divina–, se terminaba la ceremonia debida. Más tarde, tal como escribe el de Falero[589], comenzaron a volverse suntuosos los funerales y el aparato de lamentaciones; por ello, fueron suprimidos por la ley de Solón; ley que, casi en los mismos términos, introdujeron nuestros decenviros en la décima Tabla. En efecto, las referencias a los tres velos y demás aspectos como aquello son de Solón. Lo relativo a las lamentaciones está expresado con las mismas palabras: «Que las mujeres no se arañen las mejillas, ni tengan *lessus* fúnebre».

Sobre los sepulcros, en cambio, no se encuentra en Solón nada más que lo de «que nadie los destruya ni entierre a nadie ajeno» y lo de que hay un castigo «para el que hiciere violencia, arrojara o rompiere el túmulo crematorio –pues tal creo que es lo que se corresponde con *tymbos*–, el monumento o una columna», dice la ley. Pero un poco después, a causa de estas magnificencias de los sepulcros que vemos en el Cerámico[590], se estableció por ley «que nadie hiciera un sepulcro que supusiera un trabajo superior al que diez hombres harían en tres días».

Y no estaba permitido adornarlo con estucos, ni colocar encima esas figuras que llaman «hermes»[591]; tampoco estaba permitido que se pronunciaran discursos para elogiar al muerto, si no era en los entierros públicos y por ningún otro orador que no fuera el oficialmente designado para este fin. También estaba prohibida la afluencia masiva de hombres y mujeres, con objeto de reducir las manifestaciones de dolor; en efecto, la afluencia de personas aumenta el duelo. Por esa

64

XXVI

65

66

---

[589] Cfr. nota 128.

[590] Barrio de Atenas, así llamado probablemente por las numerosas alfarerías que había en él. Situado al noroeste de la Acrópolis, se extendía hacia el exterior de la ciudad; en este extremo eran enterrados con gran pompa los ciudadanos muertos en campaña.

[591] Bustos de Hermes (Mercurio).

razón, Pítaco[592] prohíbe totalmente la asistencia a un funeral de personas ajenas. Pero, cuenta el mismo Demetrio de Falero, de nuevo, que la grandiosidad de los funerales y sepulcros –la misma que más o menos se da hoy en Roma– se incrementó otra vez. Costumbre esta que él mismo redujo con una ley. Fue éste un hombre, como sabéis, no sólo muy erudito, sino también un ciudadano muy capacitado para los asuntos públicos y para la salvaguardia del Estado. En consecuencia redujo el gasto suntuoso no sólo con la determinación de un castigo, sino también con una limitación de tiempo: en efecto, ordenó que la conducción se realizara antes del amanecer. Por otra parte, fijó un límite para los nuevos sepulcros; pues no quiso que se colocara nada sobre el túmulo de tierra excepto una columnita de tres codos de altura o una mesa o una vasija, pero no de mayor altura; y para que se velara por el cumplimiento de esta norma nombró a un magistrado especial.

Esto fue lo que dispusieron tus queridos atenienses. Pero, XXVII 67 veamos a Platón, quien remite los ritos funerarios a los intérpretes de las cuestiones religiosas, actitud que nosotros mantenemos. Sobre los sepulcros, en cambio, dice lo siguiente: prohíbe que se tome alguna parte de campo cultivable o que se pudiera cultivar para destinarla a sepulcro; pero que aquellos campos que por la naturaleza del terreno pudieran resultar sólo aptos para recibir los cuerpos de los muertos sin perjuicio de los vivos, que se utilicen al completo; por el contrario, la tierra que, como una madre, pueda producir frutos y suministrar comida, que nadie nos la reduzca a menos, ni vivo ni muerto. Prohíbe, además, la construcción de un sepulcro 68 más grande que el que podrían terminar cinco hombres en cinco días, así como erigir o colocar lápidas de piedra, excepción hecha de la que vaya a contener la inscripción laudatoria del difunto, que no debe sobrepasar cuatro versos heroicos[593] o «largos», como los llama Enio. Contamos, por tanto, también con la autoridad de este gran hombre en lo concerniente a los sepulcros; y también fue puesto límite por éste[594] al gasto de los funerales, que quedó fijado en una cantidad

---

[592] Legislador de Mitilene y uno de los Siete Sabios (cfr. n. 28).
[593] Platón, *Las Leyes* XII, 958 d-e.
[594] Platón, *ibid.*, 959 d.

que oscila de cinco minas a una, de acuerdo con el censo correspondiente a cada uno. A continuación expone aquellas famosas ideas acerca de la inmortalidad de las almas y de la tranquilidad que espera a las personas buenas después de la muerte, así como de los castigos de los impíos.

69 Pues bien, ahí tenéis desarrollado, creo, todo el capítulo relativo a las religiones.

QUINTO.—Es cierto, hermano, y con todo lujo de detalles, pero, continúa con el resto.

MARCO.—Bien, voy a continuar; y ya que os parece bien que me lance sobre ello, voy a darle término en la conversación de hoy; eso espero, sobre todo en un día como éste; pues veo que Platón hizo lo mismo y expuso todo su discurso sobre las leyes en un solo día de verano. Por consiguiente, voy a hacerlo así, y hablaré sobre las magistraturas. Pues es eso, sin duda, lo que constituye, una vez establecidas las bases religiosas, el más firme pilar de la república.

ÁTICO.—Bien, tú habla y sigue el plan que comenzaste.

Libro III

MARCO.—Seguiré entonces, tal como me propuse, los pasos de aquel hombre divino, a quien acostumbro a llenar de elogios, movido por cierta admiración, quizá más veces de lo que sería conveniente.

ÁTICO.—Te refieres a Platón, claro.

MARCO.—A ese mismo, Ático.

ÁTICO.—Desde luego, nunca conseguirías elogiarlo demasiado ni demasiadas veces. Pues, hasta nuestros amigos, aquéllos cuya voluntad es que no se elogie a nadie que no pertenezca a los suyos[595], me conceden total libertad para mostrar estimación por él.

MARCO.—¡Y bien que hacen, por Hércules! ¿O es que hay algo más digno del buen gusto de una persona como tú, que has conseguido lo más difícil de las asociaciones: la de la seriedad con la simpatía?

ÁTICO.—Me alegro de haberte interrumpido, puesto que me has dado un clarísimo testimonio de la buena consideración que me tienes. Pero, continúa como habías comenzado.

MARCO.—¿Comenzamos, entonces, por elogiar a la ley misma con elogios verdaderos y propios de su género?

ÁTICO.—De acuerdo, tal como has hecho con la ley de las religiones.

MARCO.—Pues bien, veis que la función esencial de la magistra- 2 tura consiste en gobernar y en dar órdenes rectas, útiles y consecuentes con las leyes. En efecto, tal como las leyes gobiernan a los magistrados, así gobiernan los magistrados al pueblo; y puede afirmarse ciertamente que el magistrado es

---

[595] Parece referirse a los epicúreos, cuyo amor por el maestro propendería a ser exclusivo.

una ley que habla, y a su vez, la ley es un magistrado mudo.

3   Además, no hay nada más apropiado al derecho y condición de la naturaleza –cuando digo esto quiero que se entienda que me refiero a la ley– que la facultad del mando, sin la cual no podría mantenerse en pie ni una casa, ni una ciudad, ni una nación, ni todo el género humano, ni la naturaleza, ni el propio mundo. Pues éste obedece a Dios, y a él obedecen los mares y tierras; y la vida de los hombres está sometida a los mandatos de la ley suprema.

II 4   Y ya por llegar a hechos más cercanos y conocidos de nosotros, todas las naciones antiguas han obedecido a reyes en otros tiempos. Este tipo de poder, en principio, se les confería a los más justos y prudentes (principio este que tuvo una gran importancia en nuestro Estado mientras estuvo regido por el poder real) y, después, se le iba otorgando sucesivamente a los descendientes; y todavía permanece en los países en los que aún hoy gobiernan reyes. Por otra parte, a los que no les gustó la monarquía, no es que no quisieran obedecer a nadie, sino que lo que no querían eran tener que obedecer siempre a una sola persona. Además, nosotros, dado que estamos dando leyes a pueblos libres y lo que pensamos sobre la mejor forma de gobierno ya lo hemos dicho en un tratado anterior en seis libros[596], acomodemos las leyes al tipo de constitución política que cuenta con nuestra

5   aprobación. Por consiguiente, es necesaria la existencia de magistrados, sin cuya prudencia y buen hacer no es posible la existencia de la ciudad, y en cuya organización se basa todo el sistema de equilibrio del Estado. Y no sólo han de establecerse límites a la competencia y poder de los magistrados, sino también a la obligación de obediencia de los ciudadanos. En efecto, el que ejerce bien el mando es necesario que haya obedecido alguna vez; y el que obedece prudentemente parece digno de mandar también alguna vez. Así pues, conviene que el que obedece tenga la esperanza de que algún día va a ejercer el mando; y que el que lo está ejerciendo piense que en breve tiempo tendrá que obedecer. Además, no sólo prescribimos que acaten y obedezcan a los magistrados, sino también que los honren y tengan afecto,

---

[596] *La República.*

tal como hizo Carondas[597] en sus leyes. Con razón, nuestro admirado Platón afirmó que pertenecían al género de los Titanes aquellos que se rebelan contra los magistrados, como hicieron aquellos contra los dioses del cielo[598]. Una vez establecido este planteamiento, vayamos a las leyes mismas, si os parece bien.

ÁTICO.—A mí, la verdad, me parece bien eso, y ese orden de exposición.

MARCO.—«Sean los poderes conforme a derecho y que los ciudadanos los obedezcan con modestia y sin oponerles resistencia. Que el magistrado reprima al ciudadano desobediente y culpable por medio de la multa, los grilletes o los azotes, a no ser que un poder igual o mayor o el pueblo lo vetaren, ante los cuales habrá derecho de apelación. Cuando un magistrado hubiere sentenciado o impuesto una sanción, que se decida ante el pueblo la determinación de la multa o castigo. En el ejército no haya derecho de apelación contra el que ejerce el mando; y lo que ordenare el que dirige la guerra sea considerado con fuerza de ley y plenamente válido.

»Haya varios magistrados inferiores con derecho limitado para las distintas funciones. En el ejército manden sobre los que se les encomendó y sean sus tribunos[599]. En la vida civil custodien los fondos públicos[600], vigilen las cárceles, encárguense de que se cumplan las penas capitales[601], acuñen con el sello oficial las monedas de plata y oro[602], juzguen los litigios pendientes[603], y ejecuten cualquier orden que decretare el Senado.

»Haya ediles encargados de la ciudad, del avituallamiento y de los juegos solemnes y sea para ellos éste el primer escalón de la carrera hacia honores más elevados.

»Que los censores confeccionen el censo del pueblo consignando: edades, descendencia, número de esclavos y fortuna. Que se cuiden de los edificios de la ciudad, de sus

III 6

7

---

[597] Cfr. nota 481.
[598] Platón, *Las Leyes,* III, 701 b-c.
[599] Los *tribunos militares.*
[600] Se trata de la figura del *cuestor.*
[601] Los *triunuiri capitales.*
[602] Los *triunuiri aere argento aura flando feriundo* («magistrados encargados de fundir y acuñar el cobre, la plata y el oro»).
[603] Los *decemuiri stlitibus iudicandis.*

templos, de sus calles, de la hacienda y de los impuestos. Organicen en tribus las partes del pueblo; después hagan la clasificación de fortunas, edades y órdenes; hagan el censo de jóvenes, de caballeros y de infantes; prohíban que haya célibes, que regulen las costumbres del pueblo, que no consientan el deshonor en el Senado, que sean dos censores al mismo tiempo y que ejerzan la magistratura durante cinco años. Las restantes magistraturas sean anuales. Que tal poder exista siempre.

8 »El árbitro del derecho, que tendrá la misión de juzgar los asuntos privados o de mandar que se juzguen, sea el pretor. Sea éste el guardián del derecho civil. Tenga éste tantos colegas con el mismo poder cuantos decretare el Senado u ordenare el pueblo.

»Haya dos magistrados con poder regio; y que tales sean llamados pretores, jueces y cónsules, por sus funciones de presidir, juzgar y consultar[604]. Que estos tengan la suprema autoridad sobre el ejército y no obedezcan a nadie. La seguridad del pueblo romano sea para ellos la ley suprema.

9 »Que nadie obtenga la misma magistratura si no hubiere transcurrido el intervalo de diez años. Que respeten los límites de edad de acuerdo con la ley que determina los años[605].

»Mas cuando haya una guerra importante o luchas civiles, que uno solo, por un periodo no superior a seis meses, si el Senado lo decretare, asuma las mismas facultades legales que los dos cónsules; y que éste sea nombrado con los auspicios favorables jefe del pueblo[606]; y tenga a uno que mande la caballería con igual rango y facultades que el administrador de la justicia cualquiera que fuere.

»Mas, cuando no haya cónsules ni jefe del pueblo, no haya los restantes magistrados; que los auspicios pasen al Senado y que los senadores presenten a uno de ellos mismos

[604] Ésa parece, en efecto, su relación etimológica: *praetor* de *prae-ire* («ir delante», «preceder»), *iudex* de *iudicare* («juzgar») y *consul* de *consulere* («consultar(se)», «deliberar»). En los primeros tiempos de la república, la máxima magistratura parece haber recibido el nombre de *pretor;* después, el de *cónsul*, quedando en manos del primero la administración de justicia.
[605] La *lex annalis* fijaba el límite de edad a la que se podía acceder a una de las magistraturas.
[606] Se trata de la figura del *dictator* que obtenía todo el poder político constituyéndose en Jefe del Pueblo *(magister populi),* siendo asistido por un Jefe Militar *(magister equitum).*

con facultad para nombrar cónsules en los comicios de acuerdo con las reglas[607].

»Las magistraturas con poder supremo[608], las inferiores y las de poder delegado, cuando el Senado lo decretare o el pueblo lo ordenare, salgan de la ciudad. Lleven a cabo las guerras legítimas con justicia; que respeten a los aliados; que contengan a los suyos y a sí mismos; que aumenten la gloria de su pueblo, que regresen a casa con honor.

»Que nadie sea embajador para provecho propio.

»Aquellos que la plebe creare en número de diez para su propia defensa y en contra de la violencia sean sus tribunos; y lo que éstos vetaren o propusieren a la plebe tenga fuerza de ley; que sean inviolables y que no se deje a la plebe privada de tribunos.

»Que todos los magistrados tengan derecho de auspicios 10 y de juzgar; y que el Senado se componga de personas procedentes de éstos. Que sus decretos tengan fuerza de ley. Mas, si otra autoridad igual o mayor los vetare[609], guárdense consignados en el registro.

»Este orden senatorial debe estar libre de corrupción. Que sea modelo para los demás.

»Cuando se haya de realizar elección de magistrados, o juicios del pueblo, o se haya de dar órdenes o prohibiciones, la votación será no secreta para los nobles y libre para la plebe.

»Mas, si hubiere algún asunto que se saliere de las com- IV petencias de los magistrados y requiera ser llevado a cabo, que el pueblo elija a quien ha de llevarlo a cabo y le conceda el derecho a hacerlo.

»El derecho a convocar al pueblo y al Senado téngalo el cónsul, el pretor, el jefe supremo del pueblo y el de la caballería y aquel al que los senadores presentan para proponer la elección de los cónsules; los tribunos que la plebe creare para sí tengan el derecho a convocar al Senado; que los mismos presenten ante la plebe lo que les fuere de utilidad.

---

[607] Figura del *interrex*.

[608] Magistraturas *cum imperium,* esto es, con poder militar y judicial, eran las de los cónsules, pretores y dictador. Los censores, ediles, cuestores y tribunos tenían solamente *potestad.*

[609] Todo magistrado podía oponerse mediante el veto *(intercessio)* a los actos de su colega o de sus inferiores. Los tribunos de la plebe, aun siendo de inferior categoría, podían oponerse a los de cualquier magistrado.

»Que las asambleas del pueblo y del Senado sean moderadas.

11   »El senador que no asistiere que presente una justificación o incurra en culpa. Que el senador hable a su turno y con moderación. Que domine los asuntos públicos. »No haya violencia en la asamblea del pueblo. Un poder igual o mayor tenga más valor. Mas, si ocurriere un desorden en una asamblea sea responsable el que la hubiere convocado. El que vetare una medida funesta sea considerado ciudadano salvador.

»Los que presidieren una asamblea observen los auspicios; obedezcan al augur público; las medidas que hubieren sido expuestas y presentadas públicamente en el erario y dadas a conocer[610], sométanse a consulta. Y que no se someta a consulta más que un asunto cada vez; que el asunto sea expuesto al pueblo; que se permita la exposición del mismo por magistrados y particulares.

»Que no se propongan leyes de privilegio[611]. Si se tratare de la pena capital a un ciudadano, no se podrá emitir sentencia más que a través del comicio supremo[612] de aquellos a los que los censores hubieren inscrito al hacer la clasificación del pueblo.

»No acepten ni den regalos al presentar la candidatura para un cargo, ni mientras lo desempeña, ni una vez terminado el desempeño del mismo. Y si alguno transgrediere en algo estas leyes, tenga un castigo proporcional al delito.

»Que los censores se encarguen de velar por el sentido original de las leyes. Los que de nuevo vuelvan a la vida privada den cuenta a los censores de su gestión, sin que por ello queden más exentos del cumplimiento de la ley.

Se ha procedido a la lectura pública de la ley: retiraos y daré orden de que se os entregue la tablilla[613].

v 12   QUINTO.—Qué brevemente, querido hermano, has puesto ante nuestros ojos la organización completa de las magistraturas;

---

[610] Los proyectos de ley tenían que ser previamente expuestos públicamente en el Erario *(promulgatae)* antes de ser sometidos a votación.

[611] *Priuilegia* significa en latín «leyes que sólo afectan a determinados particulares»; no guardan, por tanto, el requisito de la generalidad.

[612] Esto es, los *Comicios Centuriados*.

[613] Cicerón imita al presidente de una Asamblea donde se hubiera presentado un proyecto de ley. Se trata, pues, de palabras de ritual, mediante las que se abre el proceso de votación.

pero es poco más o menos la de nuestra ciudad, si bien tú has añadido alguna pequeña novedad.

MARCO.—Tu observación es muy justa, Quinto. Éste es, en efecto, el modelo de Estado que Escipión elogia en aquel tratado[614] a cuyo carácter equilibrado da su máxima aprobación; Estado que no hubiera podido conseguirse sin una organización de las magistraturas como ésta. Pero, tened en cuenta que el sostén de la república lo constituyen los magistrados y son los que la dirigen; viendo su organización se comprende claramente qué género de Estado tenemos entre los varios que pueden ser. Y como resulta que este Estado fue constituido por nuestros mayores con mucha sabiduría y prudencia, no encontré nada o muy poco en relación con las leyes que yo estimara que debería añadirse con innovación.

ÁTICO.—Y ahora, lo mismo que hiciste a instancia mía en las 13 leyes sobre la religión, nos vas a explicar, a propósito de las magistraturas, cuáles son las razones por las que esa organización te gusta más.

MARCO.—Haré, Ático, como quieres, y desarrollaré este tema tal como ha sido estudiado y debatido por los más sabios de Grecia; y tal como lo proyecté, trataré también de nuestra legislación.

ÁTICO.—Yo estoy deseando oír ese género de exposición.

MARCO.—Lo más importante se dijo ya en aquella obra, pues se hizo necesario, ya que se trataba de investigar sobre el mejor modelo de Estado. Pero sobre este tema de los magistrados se han realizado algunos estudios muy profundos; primero, por Teofrasto[615]; después, por Diógenes el Estoico[616].

ÁTICO.—¿Cómo dices? ¿También los estoicos han tratado estas VI 14 cuestiones?

MARCO.—No, en absoluto, si exceptuamos al que he citado hace un momento y, en segundo lugar, a Panecio[617], gran persona y erudito como pocos. Aquellos antiguos trataban sobre el Estado de manera muy aguda, pero en teoría; no como nosotros, que lo hacemos con un fin práctico para el pueblo y la

---

614 *La República.*
615 Cfr. nota 460.
616 Diógenes de Babilonia o de Seleucia (hacia 240-h. 150). Formó parte de la embajada ateniense a Roma, junto con Carnéades y el peripatético Critolao (en 156/5).
617 Cfr. nota 36.

sociedad. Estos estudios proceden sobre todo de la Academia, en la época en que la dirigía Platón. Después, Aristóteles esclareció toda esta cuestión de la constitución del Estado en sus discusiones, al igual que Heráclides del Ponto[618], discípulo directo de Platón. También Teofrasto; formado por Aristóteles, se ocupó, como vosotros sabéis, de este tipo de cuestiones; y el también educado por Aristóteles, Dicearco[619], tampoco estuvo apartado de tales reflexiones y estudios. Después, un seguidor de Teofrasto, el famoso Demetrio de Falero, a quien he mencionado más arriba, desarrolló de manera admirable esta doctrina, y al hacerla salir del ocio y de las escuelas de los eruditos, no sólo la sacó a la luz del sol y al polvo de la calle, sino que incluso la llevó a la vanguardia, a la primera línea del frente. En efecto, nosotros podemos recordar a muchas personas que siendo mediocres en sabiduría fueron grandes hombres de Estado y a muchos hombres cultísimos pero que no fueron muy expertos en la práctica política. ¿Acaso es fácil encontrar, fuera de Demetrio[620], a una persona que sobresalga en uno y otro aspecto, esto es, que sea el primero en los estudios teóricos y el primero también en regir el Estado?

ÁTICO.—Yo creo que es posible e, incluso, que éste estaría entre nosotros tres[621]. Pero, continúa como habías comenzado.

vii 15   MARCO.—Pues bien, aquéllos se plantean la cuestión de si convendría que hubiera un solo magistrado en la ciudad, al que tendrían que obedecer los demás. Entiendo que tal es lo que les pareció a nuestros mayores, tras la expulsión de los reyes. Pero, puesto que el modelo monárquico de Estado, en otro tiempo admitido, fue repudiado después, no tanto por los defectos de la institución monárquica en sí, como por los de la propia persona del rey, resulta que sólo fue repudiado el nombre de rey, pero su sentido permanecerá siempre que una sola persona llegue a mandar sobre todos los demás magistrados.

16   Por ello, no es sin motivo el que Teopompo[622], en Lacedemonia, instituyera a los éforos para servir de oposición a los

---

[618] Heráclides del Ponto (h. 390-310).
[619] Dicearco de Mesene (h. 350-280?). Autor de *Constituciones.*
[620] Demetrio de Falero gobernó Atenas de 317 a 307.
[621] Parece que es una clara alusión a Cicerón.
[622] Rey de Esparta durante 47 años (785-738). A él se atribuye la creación del *eforado.*

reyes, lo mismo que entre nosotros los tribunos a los cónsules. Pues el cónsul posee aquella misma característica basada en el derecho, esto es, que todos los demás magistrados le presten obediencia, a excepción del tribuno, que surgió más tarde para que no sucediera lo que antes había sucedido. En efecto, la primera disminución del poder consular se produjo cuando surgió quien no iba a estar sometido a él, y después cuando prestó su auxilio a los demás, no sólo a los magistrados, sino también a los particulares que se oponían al cónsul.

QUINTO.—Estás hablando de un gran mal; pues al nacer ese 17 poder, decayó la autoridad de los aristócratas y aumentó la fuerza de la masa.

MARCO.—No es así, Quinto. Pues no sólo era inevitable que aquel poder pareciera al pueblo excesivamente altanero y violento. Una vez que se le opuso una fuerza equilibradora y prudente… la ley atañe a todos …[623].

«Que regresen a casa con honor.» En efecto, ninguna otra VIII 18 cosa, excepto el honor, se han de traer consigo los hombres de bien y honrados tanto de los enemigos como de los aliados.

Y esto sí que es manifiestamente claro: que nada hay más vergonzoso que el que se nombre a alguien para una embajada cuya misión no sea el interés de la república. Voy a pasar por alto de qué modo se las han apañado y se las apañan estos personajes que con el pretexto de una misión oficial van a la búsqueda de sus propias herencias o contratos de crédito. Quizá sea esto un defecto de la condición humana. Pero yo pregunto, ¿hay en verdad algo más escandaloso que el nombramiento de embajador para un senador sin obligaciones oficiales, sin encargos ni ninguna función pública? Ese género de embajadas lo hubiera suprimido yo cuando fui cónsul –pues aunque parecieran estar para beneficio del Senado, no obstante el Senado en pleno aprobó mi moción– si no hubiera sido porque un irresponsable tribuno de la plebe se me opuso entonces con su veto. No obstante, reduje el tiempo; y lo que era indefinido lo dejé en anual. De esta manera, la vergüenza permanece, pero se ha eliminado su duración indeterminada[624].

---

[623] Hay en este texto una extensa laguna.
[624] Cicerón dice en *Att.* 15, 11, 4, que este tipo de embajadas (*liberae legationes*) vieron su duración limitada en virtud de una ley Julia. Sobre la oposición de un tribuno a la misma no se sabe nada.

Pero, ahora ya, si parece bien, dejemos las provincias y volvamos a Roma.

ÁTICO.—A nosotros sí nos parece bien; pero a los que están en las provincias les gusta poco eso.

19 MARCO.—Pero, si prestaran obediencia a estas leyes, Tito, nada sería para ellos más dulce que Roma y que su propia casa, y nada más penoso y desagradable que la provincia.

Pero viene ahora la ley que sanciona la potestad que los tribunos de la plebe tienen en nuestra república. Acerca de ella no es necesario comentar nada.

QUINTO.—¡Por Hércules, hermano! Yo quiero saber cuál es tu opinión sobre tal potestad. Pues a mí, al menos, me parece funesta, ¡como que nació de la revolución y para la revolución! Si queremos recordar su primitivo origen, vemos que se creó en medio de guerras civiles y con ocasión de haber sido tomados y asediados distintos lugares de la ciudad. Después, como si se tratara de «un niño monstruosamente deformado» y a tenor de lo ordenado en la Ley de las Doce Tablas[625], fue rápidamente aniquilado; pero al poco tiempo, no sé de qué manera recreado, volvió a nacer mucho más horrible y repugnante. ¿Y dejó algo por hacer? Primero, como cosa digna de un impío, arrebató todo honor a los senadores; igualó en nivel las cosas más bajas con las más altas, confundiéndolas y mezclándolas. Y aun cuando había echado por tierra la autoridad de los grandes, no por ello descansó un momento. Y para dejar de lado a Gayo Flaminio[626] y los hechos que por antiguos nos parecen ya rancios, ¿dejó algún derecho a los hombres honrados el tribunado de Tiberio Graco?[627]. Aunque ya cinco años antes, el más ruin y sórdido de los hombres, el tribuno de la plebe Gayo Curiacio había arrojado a los calabozos a los cónsules Décimo Bruto y Publio Escipión[628] –¡qué hombres y qué grandeza la suya!–, cosa que jamás había sucedido antes. Pero ¿acaso no deses-

IX

20

---

[625] Dionisio de Halicarnaso (II, 15) atribuye a Rómulo la medida de la destrucción de los niños monstruosamente deformados. Cicerón, como vemos, lo hace a las Doce Tablas.

[626] Tribuno en 232, cónsul en 223 y en 217. Propuso el reparto de las tierras del campo Gálico y Piceno.

[627] En el año 133.

[628] Cinco años antes, esto es, en 138. Se trata de los cónsules Décimo Junio Bruto y Publio Cornelio Escipión Nasica.

tabilizó toda la república el tribunado de Gayo Graco[629], con los puñales que él mismo dijo haber arrojado al foro para que los ciudadanos se apuñalaran entre ellos? ¿Qué voy a decir ya de Saturnino[630], de Sulpicio[631] y otros de quienes no pudo desprenderse la república sin recurrir a las armas? Además, 21 ¿para qué hablar de cosas viejas o ajenas en lugar de las nuestras actuales? ¿Habría habido alguna persona tan osada y tan enemiga nuestra como para pensar en provocar nuestra ruina, si no hubiera podido afilar contra nosotros la espada de algún tribuno? Y como esos hombres criminales y perdidos no pudieron encontrarlo, no ya en ninguna casa, sino en ninguna familia, consideraron que había que provocar la confusión en la ordenación de las distintas familias aprovechando las tinieblas que cubrían a la república. Y constituye para nosotros una distinción y nos proporciona una fama capaz de inmortalizar nuestra memoria, el hecho de que no se pudiera encontrar ningún tribuno, bajo ningún precio, para actuar contra nosotros, si se exceptúa a quien no le estaba permitido por ley ser tribuno[632]. Pero ¡qué estragos no cometió aquél! Sin duda los que puede cometer la demencia de una bestia inmunda, desprovista de razón y de nobles ideales, inflamada en este caso por las locuras de otros muchos. Por ello, en este asunto aplaudo decididamente a Sila, pues con su propia ley quitó a los tribunos de la plebe la potestad de cometer injusticias, dejándoles la potestad de prestar auxilio; y a nuestro amigo Pompeyo siempre lo colmo de los más grandes y altos elogios en todas sus actuaciones, pero en el asunto de la potestad tribunicia me callo. Pues no me gusta criticarlo, pero tampoco puedo elogiarlo[633].

MARCO.—Distingues muy claramente los defectos del tribunado, Quinto, pero es injusto que en un proceso de acusación se haga la enumeración de los males y antología de los defectos, pasando por alto, en cambio, sus cosas buenas. En efecto,

---

[629] En 123.
[630] Lucio Apuleyo Saturnino en el año 100.
[631] Publio Sulpicio Rufo, tribuno en 88, fue el promotor de una ley que mejoraba las condiciones de los no ciudadanos.
[632] Alusión a Clodio quien, siendo patricio, se hizo adoptar por el plebeyo Gayo Fonteyo, para poder obtener el tribunado.
[633] Sila casi había suprimido la institución del tribunado al limitar el derecho de éstos a convocar al pueblo, así como el de veto. Pompeyo se los restablecería más tarde (en 70 a.C.).

de esa manera se puede descalificar incluso al consulado; sólo con que te dedicaras a recopilar las faltas de los cónsules a los que no quiero enumerar. Yo estoy de acuerdo en que es verdad que hay algo malo en la potestad tribunicia en sí misma, pero sin ese mal no tendríamos el bien que se ha querido obtener con ella. «La potestad de los tribunos de la plebe es excesiva.» ¿Y quién lo niega? ¡Pero la violencia del pueblo es mucho más cruel y más irreflexiva! Cuando tiene un líder es más moderado en ocasiones que si no tuviera ninguno. En efecto, un líder piensa que avanza a costa de su propio riesgo; el ímpetu popular, en cambio, no tiene conciencia de su propio riesgo. «Pero a veces se desborda su pasión.» Y a menudo se calma. Pues ¿hay algún colegio tan desesperado para que ninguno de sus diez miembros tenga la mente sana? Pero si fue un tribuno no sólo relegado, sino incluso desposeído de su potestad, quien provocó la caída del propio Tiberio Graco. Pues, ¿qué otra cosa lo hizo caer sino el haber despojado de la potestad al colega que le oponía el veto?[634]. Pero tú observa la sagacidad de nuestros mayores en este asunto: una vez que los senadores concedieron esa potestad a la plebe, las armas cayeron a tierra, la revolución se extinguió y se encontró la fórmula de compromiso, gracias a la cual los más humildes creyeron que se equiparaban a los nobles; y en esto sólo se basó la salvación de la ciudad. «Pero fueron dos los Gracos.» Y además de éstos, aunque podrías citar un gran número, pues se nombraban diez cada vez, encontrarías que muchos tribunos fueron funestos, irreflexivos, incluso, y no buenos la mayoría; pero, al menos, el orden senatorial se ve libre del odio y la plebe no provoca conflictos peligrosos por reivindicar sus derechos. En consecuencia, o no se debería haber expulsado a los reyes, o bien habría que haber dado a la plebe la libertad de hecho y no de palabra. La cual, no obstante, se les dio, pero de manera que fuera guiada por muchas y excelentes instituciones a prestar obediencia a la autoridad de los nobles. Por otra parte, nuestra causa, mi buen y queridísimo hermano, topó incidentalmente con la potestad tribunicia, pero no tuvo ningún conflicto con el tri-

24

25

XI

---

[634] Marco Octavio había vetado la reforma agraria propuesta por su colega del Tribunado, Tiberio Graco; fue destituido como tribuno en una asamblea a instancias de este último.

bunado en sí. Pues, no fue la plebe excitada la que mostró hostilidad a nuestra política, sino las puertas abiertas de las cárceles y las hordas de esclavos instigadas contra mí, a lo que se ha de añadir también el terror militar. Y nuestra lucha no fue sólo con aquella gente, sino además con un momento especialmente crítico de la política, ante el que si ‹no› hubiera cedido, la patria no hubiera recibido el duradero fruto de mi buen servicio. Y esto lo demostró el resultado de los acontecimientos: ¿Hubo alguien, no digo ya libre, sino incluso esclavo digno de merecer la libertad, a quien mi salvación no le resultara muy querida? Pero si el resultado de las acciones   26 que llevé a cabo por la seguridad de la república no hubiese sido grato a todos los ciudadanos, y si el odio desbordado de la masa enfurecida no me hubiera lanzado al exilio y el poder tribunicio hubiera instigado al pueblo contra mí, tal como hizo Graco con Lenate[635], o Saturnino con Metelo[636], también lo sobrellevaríamos, mi querido hermano Quinto, y nos darían consuelo no tanto los filósofos que había en Atenas (cuyo deber era ése), como aquellos ilustres varones que al ser expulsados de aquella ciudad prefirieron verse privados de una ciudad ingrata antes que permanecer en una corrupta[637]. Respecto a Pompeyo, en cambio, el que tú no lo apruebes en modo alguno en este solo punto creo que se debe a que no prestas suficiente atención al hecho de que éste no sólo tenía que mirar qué era lo mejor, sino también qué era lo necesario. Pues, se dio cuenta de que no se podía tener en suspenso este poder en esta ciudad: puesto que si con tanto esfuerzo nuestro pueblo lo había exigido cuando aún no lo conocía, ¿cómo podría pasarse sin ello una vez que lo había conocido? Es propio de un ciudadano prudente no abandonar en manos de otro ciudadano peligrosamente popular una causa que no era peligrosa y sí tan popular como para no poder oponerse a ella. Sabes, hermano, que en una conversación de este género, para poder pasar a otro asunto, se acostumbra a decir: «Justamente», o «de acuerdo, así es».

---

[635] Gayo Popilio Lenate, cónsul en 132, fue desterrado por Gayo Graco en 123.

[636] Quinto Cecilio Metelo se opuso a acatar la ley agraria de Saturnino y tuvo que partir al exilio en el año 100.

[637] Alusión a Temístocles, Milcíades y Arístides, quienes fueron víctimas del ostracismo.

QUINTO.—Yo, al menos, no estoy de acuerdo. No obstante, me gustaría que continuaras con lo restante.

MARCO.—Desde luego eres perseverante, y te mantienes en tu antigua opinión.

ÁTICO.—¡Por Hércules! Que yo tampoco disiento de nuestro amigo Quinto. Pero, oigamos lo que queda por decir.

xii 27 MARCO.—Pues bien, a continuación se le otorga a todos los magistrados sin exclusión el derecho de tomar los auspicios y de juzgar; de juzgar, con el fin de que hubiera un poder emanado del pueblo ante el cual se pudiera acudir en apelación; de tomar los auspicios, para que oportunos retrasos impidieran la celebración de muchos comicios no provechosos. En efecto, muchas veces los dioses inmortales reprimieron con los auspicios el ímpetu injusto del pueblo.

Por otra parte, la razón de que el Senado esté compuesto por miembros que previamente hayan ejercido alguna magistratura es debida a que es popular, sin duda, que nadie obtenga la más alta dignidad de otra manera que no sea a través del pueblo, una vez suprimido el procedimiento de cooptación por los censores. Pero inmediatamente aparece el elemento que palia este defecto, esto es, el hecho de que la autoridad del Senado quede consolidada con nuestra ley. Pues, a continuación dice: «Que sus decretos tengan fuerza

28 de ley». Y el planteamiento es el siguiente: si el Senado es el encargado de tomar decisiones de carácter público y si cualquier medida que decretare, todos la van a defender, y si las restantes órdenes expresaran su voluntad de que la república sea gobernada bajo la dirección del orden principal, a partir de este equilibrio del derecho, al estar la potestad en el pueblo y la autoridad en el Senado, podría mantenerse aquel moderado y armonioso sistema político; sobre todo, si se llega a prestar obediencia a la ley que viene a continuación, que dice así: «Este orden senatorial debe estar libre de corrupción. Que sea modelo para los demás».

QUINTO.—Excelente, de verdad, es esa ley, hermano; pero lo de que «el orden senatorial debe estar libre de corrupción» es algo muy elástico y necesita de un censor que lo interprete[638].

---

[638] En 312, el plebiscito Orvinio había encargado a los censores la función de confeccionar la lista del Senado. Tenían facultades para excluir, mediante la *nota censoria,* a un ciudadano de la vida pública durante cinco años.

ÁTICO.—Aunque todo ese orden esté contigo y guarde un gra-   29
tísimo recuerdo de tu consulado; con tu permiso, yo diría:
puede dejar exhaustos no sólo a los censores, sino incluso a
todos los jueces.
MARCO.—¡No digas esas cosas, Ático! Pues el tema de nuestra
conversación no es este Senado, ni estos hombres que ahora
lo componen, sino los que lo compondrán en el futuro, si
por casualidad se aceptaran estas leyes. Y al ordenar la ley
estar libre de toda corrupción, ni siquiera llegará a ingresar
en este orden la persona que se viera afectada de corrupción.
Pero es difícil conseguir tal cosa sin cierta educación y disciplina, sobre las que tendremos algunas palabras si halláramos
mos ocasión y tiempo.
ÁTICO.—Ocasión, desde luego, no faltará, puesto que guardas   30
el orden de las leyes; de tiempo, en cambio, dispones de tanto, cuanto dure el día. Además, aunque lo pasaras por alto,
yo volveré a recordarte ese punto sobre la educación y la
disciplina.
MARCO.—Tú, la verdad, Ático, es que lo harías no sólo con ese
punto, sino con cualquier otro que yo pasara por alto.
«Que sea modelo para los demás.» Si mantenemos esta
norma, lo mantenemos todo. De la misma forma que toda la
sociedad suele verse afectada por las pasiones y vicios de los
ciudadanos principales, también así se enmienda y corrige
con la moderación de éstos. Se ponía como ejemplo de respuesta apropiada la que Lucio Lúculo[639], excelente persona
y gran amigo de todos nosotros, había dado con ocasión de
habérsele echado en cara la magnificencia de su villa de Túsculo; ésta fue: que él tenía dos vecinos; el de más arriba, un
caballero romano; y el de más abajo, un liberto; y que poseyendo éstos villas grandiosas, era necesario que también se le
concediera a él el tenerla, puesto que se le permitía a quienes
eran de rango inferior. ¿No ves, Lúculo, que en ti está el
origen de que desearan tal cosa aquellos a quienes no les
estaría permitido si tú no lo hicieras? Pues, ¿quién iba a so-   31
portar a ésos, al ver sus villas llenas de estatuas y pinturas, en
parte de carácter público, pero otras incluso sagradas y religiosas? ¿Quién no haría añicos esos caprichos, si no fuera

[639] Lucio Licinio Lúculo, cónsul en 74, tuvo una participación muy importante en la guerra contra Mitrídates.

porque los mismos que tendrían el deber de hacerlo estuvieran dominados por la misma pasión?

XIV   En efecto, el hecho de que pequen las personas eminentes no es un mal tan grande (a pesar de que constituya un mal por sí mismo) como el hecho de que surjan muchísimos imitadores de la gente principal. Pues, si se pasa revista a la historia, se puede ver que, tal como fueron los hombres eminentes de una ciudad, así fue la ciudad; y que cualquier cambio que surgiera en las costumbres de las personas más importantes, lo mismo se siguió en el pueblo. Y esto no es menos cierto que lo que piensa nuestro admirado Platón[640]. El cual dice que al cambiar los cantos de los músicos se cambia el carácter de la ciudad; yo, en cambio, creo que las costumbres de las ciudades cambian cuando lo hacen la vida y las costumbres de los nobles. Por ello, las clases superiores, al ser corruptas son responsables de un daño mayor al Estado, porque no sólo hacen perjuicio por el hecho de corromperse ellos, sino también porque corrompen y hacen más daño con el ejemplo que con su falta. Además esta ley, que va referida a todo un orden en su conjunto, puede aún restringirse: en efecto, unos pocos y, concretamente, los pocos que se distinguen por su honor y fama, pueden corromper o corregir las costumbres de la ciudad. Pero sobre esto ya es suficiente y ya fue tratado con más detalle en aquella otra obra[641]. Por lo tanto sigamos con el resto.

XV 33   Lo que viene a continuación va referido a las votaciones; de éstas, ordeno que sean no secretas para los aristócratas y libres para el pueblo.

ÁTICO.—¡Por Hércules! Mira que puse atención y no he entendido bien qué pretenden esa ley y esas palabras.

MARCO.—Te lo diré, Tito, y voy a meterme de lleno en una cuestión difícil y que se ha discutido mucho y muchas veces: la de si para nombrar un magistrado, para juzgar a un reo o para aprobar una ley o una propuesta de ley, es mejor que los votos se emitan públicamente o en secreto.

QUINTO.—¿También hay duda en eso? Me temo que voy a volver a disentir de ti.

---

[640] Véase más arriba el II, 39 de esta misma obra.
[641] *La República.*

MARCO.—No lo harás, Quinto. Pues yo soy de la opinión que sé que tú siempre has tenido: que nada sería mejor que el voto de viva voz; pero habrá que ver si es posible ponerlo en práctica.

QUINTO.—Permíteme decirte, hermano, que es, sobre todo, esa 34 opinión la que más engaña a los inexpertos y la que más frecuentemente causa perjuicio a la república; esto es, cuando se afirma que algo es verdadero y justo, pero se dice que no es posible ponerlo en práctica, o sea, que no se puede imponer al pueblo. Pues, en primer lugar, el pueblo se opone siempre que se actúa con rigor; en segundo lugar, es mejor ser golpeado por la violencia defendiendo una buena causa que ceder ante una mala. Por otra parte, ¿quién no se da cuenta de que la ley del sufragio emitido mediante tablillas fue la que arrebató completamente la autoridad de los nobles? Nunca el pueblo libre sintió necesidad de la misma, pero la pidió a gritos cuando se vio oprimido por la tiranía y la prepotencia de los nobles. Además, se han emitido sentencias más graves sobre hombres poderosísimos cuando se han emitido de viva voz que cuando se ha hecho mediante tablillas. Por lo tanto, lo que se debía haber hecho era quitar a los poderosos su desmedida inclinación a votar por causas no buenas, en lugar de proporcionar al pueblo un subterfugio, la tablilla, con el fin de que pueda ocultar con ella su viciado voto a las gentes de bien, que de ese modo ignoran qué es lo que opina cada cual. Además, nunca se ha visto que sea un hombre de bien el que proponga o promueva ese sistema de votación.

Cuatro son las leyes reguladoras del voto mediante tabli- XVI 35 llas; de las cuales, la primera va referida al nombramiento de magistrados: tal es la ley Gabinia[642], propuesta por un oscuro y sórdido personaje. Le siguió, dos años después, la ley Casia[643], sobre los juicios populares y que fue propuesta por un noble, Lucio Casio; pero que, dicho sea con respeto a su familia, se apartó de las personas de bien y se dedicó a cazar al vuelo el más pequeño de los aplausos con sus artes demagógicas. La tercera, relativa a la aprobación o retirada de las leyes, es la de Carbón[644], sedicioso y perverso ciudadano, a

---

[642] En 139.
[643] En 137.
[644] En 131. Propuesta por Gayo Papirio Carbón; condenado en 119, se

quien ni siquiera su vuelta junto a las personas de bien le
36   pudo reportar que éstos le salvaran. Sólo en un caso parecía
dejarse el voto de viva voz, excepción que habría hecho el
propio Casio, en el de alta traición. Y también a este tipo de
juicios proveyó de tablilla Gayo Celio[645], quien durante toda
su vida tuvo el pesar de haber causado perjuicio a la república
con el único fin de condenar a Gayo Popilio[646]. También
nuestro abuelo, persona de extraordinario valor, se opuso
durante toda su vida, en este municipio, a Marco Gratidio y
eso que estaba casado con su hermana, esto es, nuestra abue-
la; y el motivo era que proponía una ley de sufragio mediante tablillas. Gratidio «levantaba una tempestad en un vaso de
agua», como dice el refrán; tempestad que más tarde levantó
su hijo Mario en el mar Egeo. Y el cónsul Marco Escauro[647]
dijo a nuestro abuelo, con ocasión de haber sido llevado este
asunto ante él: «¡Ojalá, Marco Cicerón, que hubieras prefe-
rido aplicar ese ánimo y valor tuyos a los altos intereses de la
37   república en lugar de a los municipales!». En consecuencia,
puesto que no estamos pasando revista ahora a las leyes del
pueblo romano, sino que nos remontamos a las que fueron
abolidas o redactamos otras nuevas, no creo que tengas que
hablar de qué es posible aplicar a este pueblo, sino de qué es
lo mejor. Y a tu amigo Escipión se le echa la culpa de la ley
Casia, de cuya propuesta se dice que él fue impulsor; si tú
propones una ley de sufragio por tablillas, tú sólo responde-
rás de ella. Pues, ni a mí me agrada, ni a nuestro amigo Ático
por lo que puedo entender de la expresión de su rostro.

XVII ÁTICO.—Ciertamente, a mí nunca me agradó la demagogia; y
afirmo que el mejor modelo de Estado es el que constituyó
este cónsul que está aquí con nosotros, esto es, el que está en
manos de los «mejores».

38 MARCO.—Vosotros sí que, por lo que veo, rechazáis una ley sin
necesidad de tablilla. Pero yo, aunque ya habló suficiente
Escipión en defensa de sí mismo en aquella obra[648], no obstante, concedo generosamente esa libertad al pueblo, de ma-

---

suicidó.
    [645] En 107.
    [646] Celio acusó a Gayo Popilio Lenate del crimen de lesa majestad e hizo
que la votación sobre el mismo fuera secreta.
    [647] Marco Emilio Escauro, cónsul en 115, líder del partido aristocrático.
    [648] *La república.*

nera que las personas de bien recobren y utilicen su prestigio. En efecto, la ley que yo leí sobre los votos decía así literalmente: «sea no secreta para los nobles y libre para la plebe». Y el sentido que esta ley encierra es éste: derogar todas las leyes que han sido propuestas después, las que encubren el voto con cualquier medio para que nadie mire en la tablilla, ni solicite el voto para otro, ni interpele con ese fin. También la ley Maria tendió puentes estrechos[649].

Estas medidas, si se tomaron para obstaculizar a los profesionales de la intriga, como ocurre en general, no las censuro; pero, si, no obstante, las leyes no valieran para erradicar la intriga, que tenga el pueblo su tablilla, como si de un garante de su libertad se tratara, con la condición de que la muestre a uno de los ciudadanos mejores y más respetables; y que se la ofrezca voluntariamente, de tal forma que la libertad consista precisamente en esto, en que se le dé al pueblo la potestad de sentirse honradamente agradecido a las personas de bien. Y ésa es la razón de que ahora suceda eso que dijiste hace un rato, Quinto, que la tablilla de voto condena a muchos menos que lo que acostumbraba a condenar la voz, porque el pueblo tiene suficiente con que se le permita hacerlo: una vez conseguido este derecho, entrega el resto de su voluntad a quien tenga ascendencia sobre él o haya conseguido su favor. Y así, por no hablar de los sobornos en las votaciones, ¿no ves, en las ocasiones en que la intriga guarda silencio, preguntar en las votaciones qué piensan los hombres mejores? Por ese motivo, con nuestra ley se concede una libertad formal, se mantiene la autoridad de los hombres de bien y se elimina la causa de las luchas.

Sigue a continuación el artículo referido a quiénes tienen derecho a convocar al pueblo o al Senado. Le sigue una norma importante y, en mi opinión, muy destacable: «que las asambleas del pueblo y del Senado sean moderadas», esto es, comedidas y tranquilas. Pues, el presidente modera y da for-

39

XVIII 40

---

[649] La ley Gabinia de 139 había modificado la forma de votación: en lugar de hacerse de viva voz pasó a ser secreta. El voto se emitía mediante una tablilla de cera. Los electores partían del lugar que ocupaba su tribu y tenían que ir por un pequeño puente hasta la tribuna, en donde se depositaba la tablilla. En estos puentes solían colocarse representantes de los candidatos para influir y presionar sobre los electores. En 119, Mario hizo que se estrecharan estas pasarelas, de forma que en ellas no cupiera más que un solo hombre.

ma no sólo a los pensamientos y voluntades de los que preside, sino a la expresión de sus rostros incluso. Esto no entraña dificultad en el caso del Senado; en efecto, un senador es una persona cuyo espíritu no se modela de acuerdo con el del presidente de la asamblea, sino que quiere ser considerado en sí mismo como individualidad. Tres son los mandatos para éste: que asista, pues el asunto adquiere más respetabilidad cuando la asistencia es numerosa; que hable a su turno, esto es, cuando se le requiera su opinión; y con sentido de la medida, no vaya a hacerse interminable. En efecto, la brevedad a la hora de expresar la opinión es algo digno de encomio no sólo en un senador sino también en el orador en general; nunca hay que utilizar un largo discurso (lo que muchas veces se hace por maniobras políticas), de no ser en el caso en que el Senado esté tomando una decisión errónea sin que haya ningún magistrado que pueda venir en su ayuda y se haga preciso agotar todo el día; o bien en el caso de que la causa sea tan compleja que se necesite de la facilidad de palabra del orador, ya sea para exhortar, ya sea para exponerla; en uno y otro género de discursos destaca en gran manera nuestro admirado Catón. El sentido de aquel añadido de la ley, cuando dice «que domine los asuntos públicos», es que le es necesario al senador conocer la administración pública –lo que abarca un sinfín de aspectos: de qué ejército dispone, qué recursos existen en el tesoro público, a quiénes tiene la república como aliados, a quiénes como amigos, a quiénes como tributarios, con qué ley se rige cada uno de ellos, con qué condición, con qué tratado–; y le es necesario también dominar el procedimiento tradicional de las tomas de decisión y conocer los ejemplos de los predecesores. Ahora ya veis cuál es el tipo de ciencia, de eficacia y de conocimiento histórico, sin los que en modo alguno puede estar preparado un senador.

41

42   A continuación vienen las asambleas del pueblo, en las que lo primero y principal es que «no haya violencia». Nada hay, en efecto, más pernicioso para los ciudadanos, nada tan contrario al derecho y a las leyes, nada menos civilizado y humano que servirse de la violencia, cualquiera que sea su fin, en un Estado ya constituido y ordenado. Y la ley ordena obedecer al que interpone el veto; nada más notable que ello: es preferible, en efecto, que se impida una buena medida antes que ceder ante una mala.

En cuanto a lo que yo ordeno «que sea responsable el   xix
que la hubiere convocado», lo he dicho partiendo totalmente de la opinión de un hombre destacado por su prudencia,
Craso[650], a quien el Senado siguió en aquella ocasión en que,
tras informar al cónsul Gayo Claudio[651] sobre la sedición de
Gneo Carbón[652], decretó que no podía haber sedición sin la
complacencia del que convoca y preside al pueblo, puesto
que tiene capacidad legal para disolver la reunión en el momento en que se hubiere comenzado a poner el veto y a pro-
ducirse tumultos. Y quien instiga cuando no se puede deba-
tir nada es que busca la violencia; con nuestra ley pierde la
impunidad ante este hecho.

Luego sigue aquello de «el que vetare una medida funesta sea considerado ciudadano salvador». ¿Quién no se va a   43
afanar por servir a la república, cuando la ley le honra con
tan ilustre título?

Inmediatamente después vienen las que también tenemos en las instituciones y leyes públicas: «que observen los
auspicios», «que obedezcan al augur público». Por otra parte, es propio de un buen augur recordar que debe estar pres-
to ante cualquier acontecimiento importante para la república y que ha sido entregado a Júpiter Óptimo Máximo como
su intérprete y ministro, de la misma manera que a él aquéllos a los que ordenara estar en la observación de los auspicios, y que le han sido asignadas determinadas regiones del
cielo, de las que a menudo podrán obtener recursos en favor
de la república. A continuación viene lo relativo a la exposición pública de los proyectos de ley, a la obligación de deba-
tir las cuestiones de una en una y al derecho a ser escuchados
que tienen particulares y magistrados.

Es en ese momento cuando han sido trasladadas aquí dos   44
notabilísimas leyes tomadas directamente de las Doce Tablas: una de ellas suprime las leyes de excepción o privilegio[653]; la otra prohíbe la proposición de pena capital para un
ciudadano romano ante otra instancia que no sea un comicio

---

[650] Licinio Craso, uno de los interlocutores del *De oratore* de Cicerón,
famoso orador, cónsul en 95.
[651] Gayo Claudio Pulcro, cónsul en 92.
[652] Gneo Papirio Carbón, tribuno de la plebe en 92, cónsul en 85, partidario de Mario.
[653] Los *priuilegia* (cfr. nota 611).

supremo. Es de admirar que nuestros mayores tuvieran tan gran previsión de futuro, cuando todavía no se habían inventado los revolucionarios tribunos de la plebe, ni se había pensado en ellos siquiera. Fue voluntad de ellos el que no se dieran leyes que afectaran sólo a particulares, pues eso constituye un privilegio. ¿Hay algo más injusto que una ley de ese tipo, cuando el significado de ley es precisamente lo que se decreta y manda para todos sin exclusión? Y no quisieron que se emitieran sentencias sobre individuos si no era en los comicios centuriados. En efecto, el pueblo organizado según el censo de su fortuna, según su rango y su edad aplica más reflexión a su voto que cuando es convocado indiscriminadamente por tribus.

45   Por ello, en el proceso que se siguió contra nosotros, decía con razón Lucio Cota[654], hombre de gran talento y extraordinaria prudencia, que no se había procedido legalmente conmigo, en absoluto. Pues aparte del hecho de haberse celebrado aquellos comicios bajo la presencia armada de los esclavos, además tampoco podían ser considerados válidos los comicios por tribus en una cuestión capital, como no era válido ningún comicio para dar leyes que afectaran sólo a determinados individuos particulares. Por lo tanto, no nos era necesaria una ley para derogar otras que en absoluto habían cumplido los requisitos legales. Pero resultó que os pareció mejor a vosotros y otras ilustres personas que toda Italia en su conjunto mostrara cuál era su opinión sobre esa misma persona, sobre la que los esclavos y bandidos aseguraban haber realizado alguna votación.

XX 46   Sigue lo relativo a la aceptación de dinero y a la intriga electoral, y como son leyes que han de ser sancionadas más a través de juicios que por palabras se añade: «tenga un castigo proporcional al delito»; de forma que cada cual sea golpeado en su propio vicio; que la violencia se sancione con la pena capital, la avaricia con la multa y la ambición desenfrenada de honores con la deshonra.

Las leyes finales no han tenido uso entre nosotros, pero son necesarias para interés público. Nosotros no tenemos nada que salvaguarde a las leyes, y de esa manera, son leyes aquellas que nuestros funcionarios quieren que sean; tene-

---

[654] Lucio Aurelio Cota, cónsul en 65.

mos que solicitarlas a nuestros escribanos, no tenemos ninguna relación oficial consignada en los archivos oficiales. Los griegos eran más cuidadosos de esto y nombraban *nomophylakes;* éstos no sólo prestaban atención a los textos escritos (pues esa actividad también existía entre nuestros antepasados), sino también a las acciones de los hombres, recordándoles la observancia del orden legal. Encárguense de esta ta- 47 rea los censores, dado que es nuestra voluntad que los haya siempre en nuestra república. Los que salieran de una magistratura, que den cuenta y expongan ante aquéllos qué gestión han realizado durante el desempeño de la misma, y que los censores emitan un juicio previo sobre ellos. Esto en Grecia se hace por medio de acusadores constituidos públicamente, pero no pueden ser muy severos si no ejercen la función con carácter voluntario. Por lo tanto, es preferible que el acto de rendición de cuentas y de exposición de la defensa se haga ante los censores, sin perjuicio de que su responsabilidad permanezca intacta ante la ley, el acusador y los tribunales.

Pero, sobre los magistrados ya hemos hablado bastante, a no ser que vosotros echéis algo en falta.

ÁTICO.—¿Cómo? ¿Es que si nosotros no decimos nada, el pro- 48 pio tema no te sugiere qué es lo que debes exponer a continuación?

MARCO.—¿A mí? Supongo, Pomponio, que será sobre los tribunales de justicia, pues es un tema conexo al de las magistraturas.

ÁTICO.—¿Cómo? ¿Piensas que no tienes nada más que decir sobre el derecho del pueblo romano tal como tenías proyectado?

MARCO.—¿Qué es lo que tú echas de menos sobre este punto?

ÁTICO.—¿Yo? Algo cuya ignorancia por parte de los que se ocupan de los asuntos públicos considero digno de la mayor vergüenza. Pues tal como tú acabas de decir que las leyes se obtienen de los funcionarios, yo también observo que la mayoría de los magistrados, dada su ignorancia del derecho, saben tanto cuanto quieren los funcionarios auxiliares. Por esa razón, si consideraste que debías hablar sobre las transferencias de los deberes religiosos con ocasión de la propuesta de las leyes relativas a la religión, ahora debes examinar las competencias y poderes de estas magistraturas que acaban de ser establecidas por la ley.

49 MARCO.—Lo haré brevemente, si es que puedo conseguirlo. Pues, con mayor profusión de palabras ya escribió sobre este asunto, dedicándoselo a tu querido padre, su compañero Marco Junio[655]; y en mi opinión, con gran pericia y rigor. Por otra parte, nuestro deber es reflexionar por nosotros mismos sobre el derecho natural y hablar sobre él; sobre el derecho del pueblo romano, en cambio, lo que podemos decir es lo que se nos ha conservado y transmitido.

ÁTICO.—Lo mismo creo yo y eso mismo que tú dices es lo que espero.

(Fragmentos)

1. *Mas, aquellos que tratan sobre la bondad de la muerte, por desconocer totalmente la verdad, utilizan el siguiente argumento: si no hay nada después de la muerte, la muerte no es un mal, pues arrebata la capacidad de sentir el mal. Pero, si las almas sobreviven, en ese caso también es un bien, pues supone la inmortalidad. Cicerón desarrolló así esta opinión en su tratado Las Leyes:* congratulémonos, pues la muerte nos deparará un estado que será mejor que el que tenemos en vida, o al menos, no peor. Pues, una vida en la que el espíritu mantiene su vigor sin el cuerpo es una vida propia de dioses; pero, si carece de la capacidad de sentir, no hay duda de que no es ningún mal[656].

2. *Por otra parte, ahora son malos por ignorar lo que es justo y lo que es bueno. Cosa que ciertamente vio Cicerón, pues en su tratado Las Leyes dijo:* «De la misma manera que el mundo, gracias a una sola y misma naturaleza, mantiene una cohesión y apoyo en todas sus partes, que se corresponden entre sí; así, todos los hombres, pese a la unión que existe entre ellos por naturaleza, entran en discordia por causa del error y no se dan cuenta de que son consanguíneos y de que están sometidos a un solo y único poder protector; si esto se supiera, no hay duda de que los hombres llevarían una vida propia de dioses»[657].

---

[655] Marco Junio Congo Gracano, así llamado por su amistad con G. Graco (Plinio, *nat.* 33, 36). Autor de una obra perdida *(De potestatibus)*.

[656] Testimonio de Lactancio *(inst.* 3, 19, 2). Según Vahlen debe situarse este fragmento en el libro II, 53.

[657] Testimonio de Lactancio *(inst.* 5, 8, 10). Este fragmento debe situarse probablemente no tras I, 33, sino tras la primera parte de I, 57.

3. *Dice Cicerón que Grecia tomó una grave y osada decisión, al consagrar en los gimnasios estatuas de Cupidos y de Amores (…); y, como si quisiera superar a los griegos en prudencia, se opuso a este parecer afirmando que lo que debe consagrarse son las virtudes*[658].

4. *Cicerón, en el Libro tercero de Las Leyes:* «¿Quién podrá mirar por los aliados, si no posee el criterio de lo que es útil o inútil?»[659].

5. *Cicerón en el Libro quinto de Las Leyes:* «Puesto que parece que el sol ha declinado un poquito desde el mediodía, y todavía este lugar no queda totalmente cubierto por las sombras de estos jóvenes árboles, ¿no quieres que bajemos hasta el Liris y continuemos con lo que nos queda a la sombra de aquellos alisos?»[660].

---

[658] Testimonio de Lactancio (*inst.* 2, 20, 14). Debe situarse probablemente en la laguna tras II, 28.

[659] Testimonio de Macrobio (*De differentiis* 17, 6). Debe situarse en la laguna tras III, 17.

[660] Testimonio de Macrobio (*Sat.* 6, 4, 8).

Índice de nombres